EINE KULINARISCHE ENTDECKUNGSREISE
durch Hausruckviertel | Innviertel Mühlviertel | Traunviertel | Mostviertel

Fünf Viertel in Ober- und Niederösterreich

Claudia Dabringer
Andreas Hechenberger
Christian Rogl

EINE KULINARISCHE ENTDECKUNGSREISE
durch Hausruckviertel | Innviertel Mühlviertel | Traunviertel | Mostviertel

Fünf Viertel in Ober- und Niederösterreich

Inhalt

Übersichtskarte	10
Vorwort	15

WEIDEGÄNSE IM WOLLBAD – MÜHLVIERTEL — 17

Weindlhof	20
Hofladen Rosstauscher	22
Café Konditorei Lebzelterei Lubinger	26
Biohof Hackl	28
Biohof Wirany	30
Biergasthaus Schiffner	32
Biohof Döberl	34
Bio-Eis Stadler	36
Mühlviertler Ziegenhof	38
REZEPTE AUS DER REGION	40

Dreierlei: Unsere beliebte Vorspeisenvariation
Erdäpfelkas
Freistädter Biertrüffel
Gefülltes Schweinefilet
Eisparfait mit Ziegenfrischkäse
Gezogener Apfelstrudel

HOFMANNSTHAL AM HAUSRUCK – HAUSRUCKVIERTEL — 46

Bäckerei Takacs	50
Riethalerhof	52
GemüseLust Hofladen Haiß	54
Lamm und Wildkräuter Grausgruber	56
Salzkammergut Biofreilandeier	58
Traunstein-Kernöl	60
MostOthek	62
D'Brennerin	64
Bio-Hof Haslmayr	66
Schnaps & Design	68
Habermair	70
Ritterbräu	72
REZEPTE AUS DER REGION	74

Lammrollbraten mit Wildkräuterfülle
Marinierte Forelle mit Buchweizen-Eierblinis und Schnittlauchsauerrahm
Kernöl-Topfenaufstrich
B'soffener Kapuziner
Gekochtes Rindfleisch mit klassischen Beilagen
Topfen-Gewürzbrot

WELTWUNDER UND WIPFELSTÜRMER – INNVIERTEL — 80

Imkerei Pointecker	84
Leikermosermühle	86
Obergut	88
Marienhof	90
Imkerei Burgstaller	92

REZEPTE AUS DER REGION — 94	Gasthof Auerhahn — 126
Schweinfiletmedaillons mit Honigglasur	Kremstaler Freilandpute — 128
Apfelschmalz	Konditorei Sturmberger — 132
Kirchdorfer Schweinskotelett nach Bauernart mit Serviettenknödel	Wirt im Hochhaus — 136
Innviertler Ofenbraten	Rainer's Schafspezialitäten — 138

VOLLKOMMENE VIERKANTER — 96

TV-GROUPIES AN DER TRAUN – TRAUNVIERTEL 102

Steigerwirt — 106	Gasthof Rahofer — 140
Biobauernhof Zöttl — 108	Landhotel Grünberg am See — 142
Gasthaus Sternwirt — 110	Reichlgut — 144
Benediktinerstift Kremsmünster — 112	Direktvermarktung Klement — 146
Stiftschank Kremsmünster — 116	Jagerbauer — 148
Confiserie Wenschitz GmbH — 118	Gasthof Kemmetmüller — 150
Spezialitätenhof Deichsel — 120	Ischler Lebkuchen Franz Tausch — 152
Bestleitner Hendl — 122	Stockinger Rapsöl — 154
Fischzucht Maier — 124	Ansfeldner Gänse und Enten — 156
	W2) Wurm & Wurm — 158

🍴 REZEPTE AUS DER REGION — 160	Gasthof Mitter — 180
Soufflierter Restentalsaibling mit Kartoffelrösti und gebratenem Gemüse	Mostheuriger Hansbauer — 182
Ofenbrat'l vom Gustino-Schwein	Destillerie Hiebl — 184
Gebratener Saibling mit Petersilienkartoffeln	Konditorei und Dampfbäckerei Piaty — 186
Weidegans nach Mutters Art	
Saltimbocca von der Bestleitner Hendlbrust	Schlosswirt — 188
Schweinemedaillons mit Muscheln	
Truthahnrollbraten	Zeillerner Mostg'wölb — 190
Espresso-Kirsch-Trüffel	Mostland Gen.m.b.H. — 192
Schafkäsestrudel mit Blattsalat	
Erdäpfelknödel mit Schwammerlsauce	Bachlerhof — 194
Topfenknödel pikant und süß	Gasthof Bruckner — 196
„Leberschedl"	
Weidegans à la Klement	Mostheuriger „Zur steinernen Birne" — 198
Braumeistersteak	Gasthaus Schrittwieser — 200
Ölkuchen	
Ansfeldner Freilandgans nach Art des Hauses	Landgasthof Bärenwirt — 202
Palatschinken mit W2)-Kirschen-Amaretto-Fruchtaufstrich	Stadtbrauhof — 208
Trauner Fischsuppe	
	Bio-Bauernhof Kaltenbrunner — 210
„MITANAUND" IM MOSTVIERTEL – MOSTVIERTEL — 172	Gasthaus Mahrer — 212
Mostviertlerwirt Ott — 176	
Konditorei Konfiserie Schadauer — 178	

Gasthof Teufl	214
Melktaler Hofkäserei	216
Florian's Teichstüberl	218
Gasthof Fischer	220
Moststube Pihringer	222
Kirchenwirt	224
Fischerparadies	226
Wastlbauer	228
Landgasthaus Berndl	230

REZEPTE AUS DER REGION — 232
Gefüllter Schweinslungenbraten mit Mostsauce und Grammelschmarrn
Seitenstettner Mosttorte
Gebackene Apfelknödel auf Preiselbeersauce
Mocca-Wind
Schlosswirts Lammkrone mit geschmortem Gemüse
Bauernschmaus
Schweinekoteletts in Kümmel und Wieselburger Biersabayon
Mostkekse
Tournedos von der Stute mit Hanfbiersauce, Dinkelvollkorn-Gemüsepralinen und gedämpftem Wurzelgemüse
Beiriedschnitte auf Schwammerlgulasch mit Lauchroulade
Vollkornbrot
Kalbsbries gebacken mit Spargelnudeln
Gebratene Schulter vom Junglamm mit Erdäpfellaibchen
Zanderfilet kross gegrillt mit Spargel auf Rieslingrisotto
Wilhelmsburger Pfanndl
Haussülzchen mit geräucherter Regenbogenforelle, mariniert mit Birnenbalsam und Balsamico-Glace
Mostbraten mit Kartoffelroulade
Schweinsfilet in Minzpaniere mit Schupfnudeln und Mostviertel Apfelchutney

Adressverzeichnis	244
Rezeptverzeichnis	252
Impressum	256

Hausruckviertel
Innviertel
Mühlviertel
Traunviertel
Mostviertel

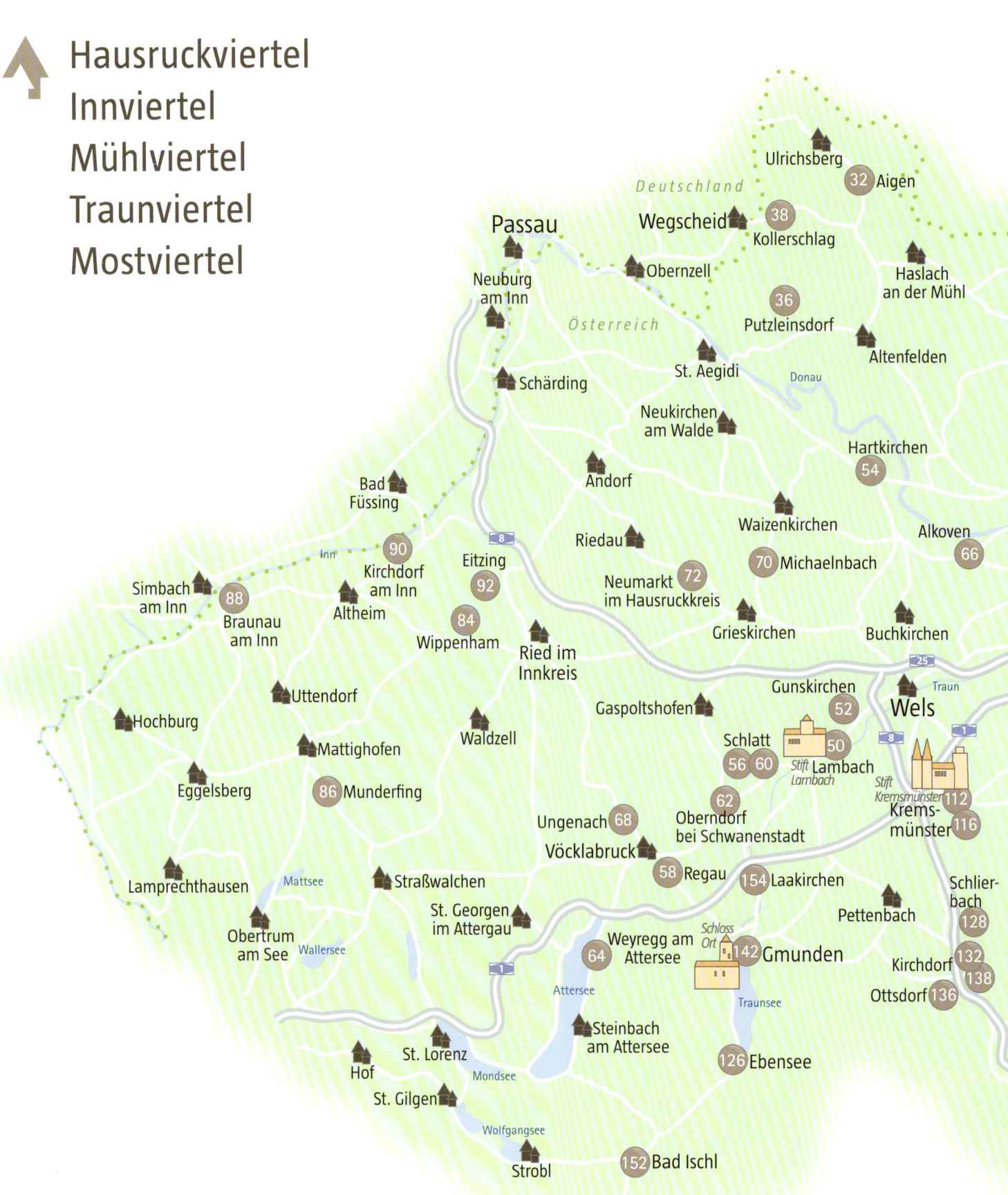

Die Zahlen (15) sind identisch mit den Seitenzahlen der einzelnen Betriebe in diesem Buch und bezeichnen ihre Lage in der Region.

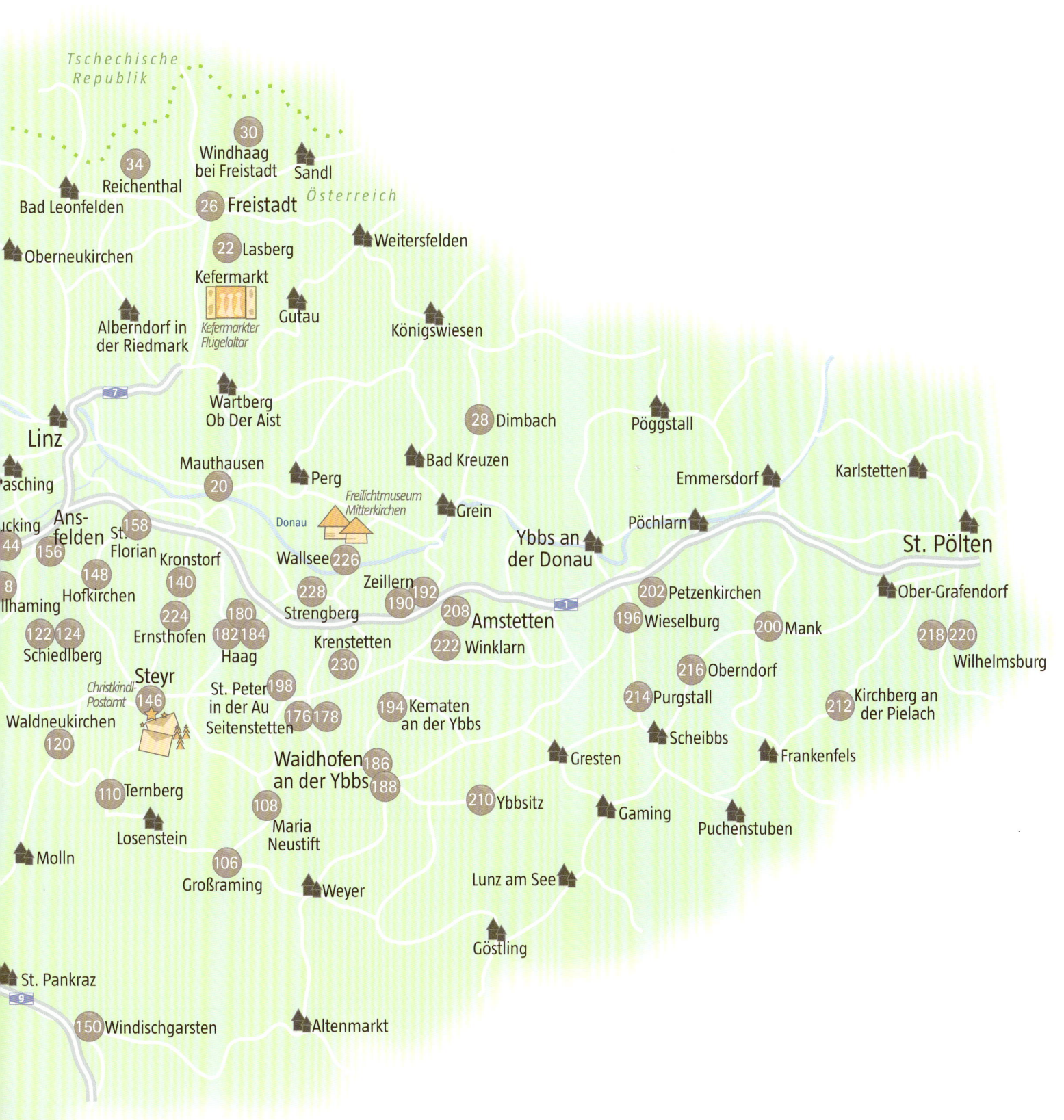

Ruine Schaunberg

Vöcklabruck

Vergnügliche fünf Viertel

Berge mit bis zu 3 000 Metern, Seen mit 191 Metern Tiefe sowie drei große Naturräume mit dem Mühlviertel, dem nördlichen Alpenvorland und den Gebirgen – Oberösterreich ist an Vielfalt kaum zu überbieten. Geografisch ist das viertgrößte österreichische Bundesland eingebettet zwischen Bayern, Südböhmen sowie Salzburg, Niederösterreich und der Steiermark. Und in die letzteren drei strahlt das Oberösterreichische sanft, aber bestimmt aus. Mit Salzburg teilt es sich das Salzkammergut, mit Niederösterreich die Donauregion, mit der Steiermark das Dachsteinmassiv und die Eisenwurzen.

Das Land „ob der Enns" ist in Vierteln geteilt: Seit 1779 stiften Hausruck-, Inn-, Traun- und Mühlviertel Identität im Volk. Trotzdem hält man sich nicht immer an historisch-politische Grenzen: Das niederösterreichische Mostviertel schwappt durch das beliebte Getränk und die dazu gehörigen weiten Apfel- und Birnbaumflächen nach Oberösterreich hinüber – oder ist es umgekehrt? Genau weiß das wohl keiner, und richtig wichtig ist es auch nicht. Was zählt, sind die Gemeinsamkeiten, auf die man vertraut, die man pflegt und weiter gibt. Deshalb werden Sie in diesem Buch, das sich sprachspielerisch mit „fünf Vierteln" beschäftigt, keine Abhandlung politischer Verwaltungsbezirke finden, sondern die Beschreibung von Regionen, die ihre Besonderheit liebevoll feiern.

Aktivurlauber finden in den fünf Vierteln ein reiches Betätigungsfeld. Wanderer und Naturfreunde haben die Qual der Wahl, denn Oberösterreich leistet sich allein 24 Europa-Schutzgebiete, darunter der Nationalpark Gesäuse und der Nationalpark Kalkalpen. Dort sind auch viele Mountainbiker zuhause, die froh sind, wenn es „wüd durch'n Woid" geht. Radfahrer freuen sich über die 30 Radwanderwege, die sich kreuz und quer durch Berg und Tal ziehen. Wer einen Motorrad hat, macht die Wildalpen-Tour oder fährt durch das mystische Mühlviertel. Auch Wassersportler sind hier verschwenderisch gut bedient: Segeln, Surfen und Kiten, Raften und Rudern, Schwimmen und Schifferl fahren kann man auf über 20 verschiedenen Seen, imposant und eindrucksvoll die einen, intim und idyllisch die anderen. Golfer haben viele Möglichkeiten, das Eisen zu schwingen, während Reiter gerade im Mühlviertel das Glück auf dem Rücken der Pferde so richtig auskosten können. Und nicht zuletzt sind die fünf Viertel ein Eldorado für Gesundheitsbewusste: Wollbäder gibt es hier ebenso wie Wickel nach Kneipp, Inhalationen mit Heilsole heben das Wohlbefinden gleichermaßen wie Ganzkörper-Kältetherapien das Immunsystem stärken – und das alles bei gehobener Hotellerie.

Almwiesen voller Saft und Kraft, weite Wälder und Felder sowie klare Bäche und Seen stärken nämlich nicht nur die Identität, sondern sind auch die Grundlage für die Vielfalt der heimischen Spezialitäten. Ganz groß sind in diesem Teil von Österreich die Knödel – andernorts nennt man sie Klöße, Kleeß oder Knepp. Sie kommen süß und herzhaft daher, oft in Begleitung vom rustikalen Brat'l aus der Rein oder vom eleganten Steak. Was für Niederösterreich, das Burgenland und die Steiermark der Wein, ist für Oberösterreich und das angrenzende Mostviertel der Most aus Äpfel oder Birnen. Dabei haben findige Produzenten auch diese Grenzen gesprengt und schaffen originelle Kombinationen, die dem Traditionsobst neuen Schwung geben. Schwung – dafür steht auch das oberösterreichische Bier. Die Universität Wien listet knapp 40 Brauereien auf, die sich dem Hopfensaft widmen – nicht alle in großen Umfang, aber nicht minder ambitioniert. Das trifft auch auf die Edelbrenner zu, die zu den besten der Welt gehören. Sich mit anderen zu messen, zeigt den eigenen Platz im individuellen Universum – deshalb nehmen viele Getränkehersteller und direktvermarktende Bauern an Wettbewerben teil. Und sie schneiden sehr gut ab, sind stolz auf ihre Erfolge und freuen sich, diese im vorliegenden Buch präsentieren zu können.

Erleben Sie die Vielfalt der fünf Viertel in dieser kulinarischen Entdeckungsreise!

Freistadt

Weidegänse im Wollbad

Große Mühl, Kleine Mühl und Steinerne Mühl – von diesen drei Flüssen, die es durchfließen, hat das Mühlviertel seinen Namen bekommen. Hügelig, abwechselnd mit Wäldern und Feldern bewachsen, dehnt es sich zwischen Bayern, Niederösterreich und Tschechien aus. Der Boden ist karg und aus Granit, zählt zur Böhmischen Masse und hat den Menschen immer schon viel abverlangt. Doch gerade dieser Mangel an Reizen im Übermaß lässt diese Region zu einer idealen Gegend zum Entspannen und sanfter Aktivität werden.

Der Böhmerwald ist eine einzige Einladung für grenzenloses Wandern, Radeln und Langlaufen zwischen Österreich, Tschechien und Deutschland. Und weil das Auge in Ruhe schweifen kann, freut es sich über die von der Natur platzierten Besonderheiten wie die Findlinge. Viele von ihnen sind zu Kultplätzen geworden, von denen es im Mühlviertel jede Menge gibt und die zum Wahrzeichen der Region geworden sind. Wer durch das größte zusammenhängende Waldgebiet Europas zieht, begegnet ihnen immer wieder. Allein 500 Kilometer örtliche Gehstrecken und 124 Kilometer Weitwanderwege bieten ausreichend Wadenstoff. Das Naturschauspiel der „Wackelsteine" erlebt übrigens auch, wer durch den 1 000 Hektar großen Nationalpark Mühlviertel spaziert.

Abseits der großen Ballungszentren haben sich einige Gemeinden zum Erholungsraum Mühlviertler Alm zusammengetan – auch hier können Wanderer tief Luft holen und den Alltag Alltag sein lassen. Der „Wollness-Weg" in Weitersfelden im Zeichen der Schafwolle etwa führt zu 90 Prozent über Naturwege, vorbei an einem Naturkino und Zwischenstromwiesen. Der Unterweißenbacher Fernblickweg wiederum ist ein Rundweg mit vielen Aussichtspunkten, ins Weißenbachtal, in das hügelige Mühlviertel und bei guter Fernsicht auch in die Alpen. Glücklich sein kann man im Mühlviertel auch auf dem Rücken von Pferden. Die größte Reitregion Europas punktet mit einem optimal beschilderten, 560 Kilometer langen Reitwegenetz.

Auch Wegenetze der anderen Art durchkreuzen das Mühlviertel, die Museumsstraße beispielsweise. An ihr befinden sich 26 Ausflugsziele, die nicht nur bei Schlechtwetter einen Besuch lohnen. Unter anderem sind dem Schnaps, dem Most, den Bienen oder der Wäschepflege Museen gewidmet. Die Gotikstraße wiederum führt an Orten vorbei, in denen Perlen gotischer Baukunst aufgefädelt sind. Darunter sind Kostbarkeiten wie der Kefermarkter Flügelaltar, die Wallfahrtskapelle Maria Bründl oder Freistadt mit seinen Kirchen, der Stadtbefestigung und dem Schloss.

Die Mühlviertler Alm steht aber auch für Gesundheit. Seit jeher kommen Menschen zur Radonquelle nach Bad Zell, auf der Suche nach Hilfe bei rheumatischen Beschwerden, Abnutzungserscheinungen und Erkrankungen der Atemwege. Oder man taucht einmal in ein Wollbad ein – verwundert darüber, wie wenig man schwitzt und wie harmonisiert man dem weichen, ganz und gar nicht kratzigen Flaum entsteigt!

Kefermarkter Flügelaltar

Die Mühl

Schlögerner Schlinge

Genuss ist im Mühlviertel nicht nur das Schweifenlassen des Blickes, das Entdecken von Naturerlebnissen oder das Pflegen des Körpers. Essen ist hier wesentlicher Bestandteil des Wohlbefindens, hat man doch zahlreiche Schmankerln vor der Haustüre. Den Hopfen etwa, der nur in speziellen Gebieten gut gedeiht. Das Mühlviertel erfüllt mit langen Sommertagen die nötigen Voraussetzungen für die Blüte. Natürlich werden die Dolden hauptsächlich für Bier verwendet; Tee, Öl, Bäder, Brot und Schnaps entstehen jedoch ebenfalls daraus. Als kulinarische Delikatesse gilt der im Frühjahr geerntete Hopfenspargel. Die Mühlviertler-Alm-Weidegans ist ein weiteres kulinarisches Highlight. Seit 1992 wird sie auf der Mühlviertler Alm gehalten und zeichnet sich durch die geringen Bratverluste gegenüber einer Intensivmastgans aus. Während diese üblicherweise zwölf Wochen gemästet werden, hat die Alm-Weidegans mehr als das Doppelte an Zeit, um heranzuwachsen und sich ausschließlich am Weidegras zu erfreuen. Das Mühlviertel ist auf jeden Fall ein Viertel zum Wandern, Wohlfühlen und Verweilen!

Freilichtmuseum Mitterkirchen

Österreichische Spezialitäten und einnehmende Gastlichkeit

Weindlhof

Eine herrliche Aussicht über die Dächer von Mauthausen auf Donau, Ötscher und Pöstlingberg, gepaart mit guter Küche und einnehmender Gastfreundlichkeit – dafür steht der Weindlhof. Seine pfiffigen Gerichte österreichischer Prägung haben Birgit und Christian Siebenhofer Anerkennung von Gault Millau und Falstaff eingebracht. „Meine Frau und ich wollten uns nie dem Haubendruck aussetzen, haben uns jedoch über den Zuspruch sehr gefreut," sagt Wirt und Koch Christian Siebenhofer.

Dabei kamen die beiden aus der Haubengastronomie, als sie 2001 den Beschluss fassten, Pensionsgäste nicht mehr zum Essen fort zu schicken, sondern sie auch kulinarisch ans Haus zu binden. „Inzwischen haben wir über 70 Prozent Stammgäste", freut sich Siebenhofer. Und sie schätzen österreichische Spezialitäten mit Bodenhaftung und Fantasie. Der Weindlhof-Klassiker nennt sich Vorspeisen-Variation: Tafelspitzsülzchen, Dörrzwetschken-Grammelknödel und gebackene Chiliblunzen. Jeden Monat wechselt die Speisekarte, oft finden sich modern interpretierte Gerichte aus alten Kochbüchern darunter. „Die einfachsten Gerichte sind vielfach die besten", weiß Siebenhofer. Dazu schenkt er vorwiegend österreichischen Wein aus, vorrangig schon als Empfehlungen auf der Menükarte, um seine Gäste zu überraschen. Die Zutaten für die Siebenhofer'schen Kreationen kommen zum Großteil aus Österreich, idealerweise sind sie im nächsten Umkreis verfügbar. Das Gemüse kommt zum Beispiel aus dem fruchtbaren Marchland und das Bio-Fleisch aus dem Weideland Mühlviertel.

Mauthausen und der Weindlhof sind als Ausgangspunkt für Sternfahrten jenseits des Touristenstromes wie geschaffen. Doch auch Geschäftskunden haben den Weindlhof entdeckt, schätzen das Frühstück mit Säften aus der Region und selbst gemachtem Birchermüsli sowie das dreigängige Business-Menü und die mit Internet ausgestatteten, 2010 komplett neu gestalteten Zimmer.

Dreierlei: Unsere beliebte Vorspeisenvariation

Das Rezept zur Spezialität des Hauses finden Sie auf Seite 40

Weindlhof
Kirchenweg 12
A-4310 Mauthausen
☎ 00 43 (0) 72 38 / 26 41
www.weindlhof.at

Hofladen Rosstauscher

Die Natur ins Alltägliche einbinden

Erdäpfelkas

Das Rezept zur Spezialität des Hauses finden Sie auf Seite 40

„Hier umgeben ein weites Becken wie ein Wall vier Berge, die blicken ins liebliche Tal. Vom Gresberg, dem Kegel, vom Braunberg so breit, vom Kopenberg und Hoh' Haus schaut der Wanderer weit." So schwärmerisch beschreibt ein anonymer Dichter den Markt Lasberg. Und auf dem Gresberg, der heute Grensberg heißt, liegt der Rosstauscher-Hof von Erich Innendorfer und Ursula Painsi. Der Blick kann hier schweifen, die Zeit scheint zwar nicht stehengeblieben, aber keine wichtige Größe zu sein. Die Kinder der beiden, Mona und Jakob, wachsen mit Rindern und Schweinen, drei Hunden und 22 Katzen auf, können über Äcker, Wiesen und den Wald streifen. „Wäre ich weiter in Linz geblieben, hätte ich unsere Kinder wahrscheinlich nicht", sagt Ursula Painsi. Am Hof könne sie viel bewirken, weil der Bauer einfach immer Erzeuger und Ernährer sei: „Ich bewundere sie für ihr Engagement und den Elan, den sie für unsere Arbeit aufbringt", sagt Erich Innendorfer über seine Frau. Nicht selbstverständlich für eine ehemalige „Stadtpflanze", die jetzt nur hin und wieder die urbane Anonymität vermisst.

„Am besten gefällt mir an meinem Beruf, dass ich frei bin, das zu tun, was wir uns vornehmen", sagt Innendorfer. Und das ist jede Menge. Seit 2006 vermarkten die beiden ihre biologischen Produkte selbst am Hof. Und dass das Kochen eine Leidenschaft von Ursula Painsi ist, merkt man an der riesigen Palette von Produkten. Vom Schwein gibt es beispielsweise nicht nur Speck, sondern auch Würste, Blunz'n, Honigschinken, faschierte Laibchen und Leberschädel: „Das ist eine Spezialität aus Schweinefleisch und Leber im Netz", erklärt sie. Ihre Fertiggerichte sind gesund und schmackhaft, wie Gulasch und Fünferlei Knödel, Beuschl und Surfleisch beweisen. „Wir kaufen selbst nur Bioprodukte und möchten unseren Kunden dasselbe bieten."

Wöchentlich wird auf dem 27 Hektar großen Bauernhof geschlachtet, im eigenen Schlachthaus, um den Tieren den Transportstress zu ersparen. „Es lässt sich schwer leugnen, dass wir dabei sind, den Kontakt zur Natur zu verlieren", sind sich die beiden einig. Und deshalb können sich die Rosstauscher-Kunden zu jeder Zeit den Stall und die frei laufenden Tiere anschauen: „Wer sich dafür Zeit nimmt, legt Wert auf gutes Fleisch." Und dieses Fleisch ist auch deshalb wertvoll, weil die Tiere auf Wiesen grasen, die mit effektiven Mikroorganismen bearbeitet sind. „Wir arbeiten dabei mit Hefe, Fotosynthese und Milchsäurebakterien, die wir zum Düngen und zur Bodenverbesserung sowie im Stall verwenden. Dort wirken sie fäulnishemmend", erklärt Erich Innendorfer. Die EM-Technologie hilft sogar dabei, den Salat länger knackig zu halten. Um das zu erreichen, besprüht man ihn mit einer Lösung aus natürlichen Mikroorganismen. Die Natur ins tägliche Leben einzubinden, ist die Mission der beiden. Und so ist es nur konsequent, wenn auch die Wärme von Hackschnitzeln aus dem eigenen Wald und von der Sonne kommt, die über dem Rosstauscher-Hof scheint.

Auf dem guten Grensberg-Boden sprießt fast alles, was Ursula Painsi im Hofladen an Gemüsigem und Obstigem verkauft: Marmeladen und Gelees, Sirupe und Säfte, Moste und Eingemachtes. Etwas ganz besonderes ist der Veilchensirup, „damit bringt man sogar Keuchhusten weg", sagt Erich Innendorfer. Nur die Nudeln und Eier, Ziegen- und Schafkäse sowie Honig, Schokolade und Cremes kommen von Bauern aus der näheren Umgebung. „Man darf einfach nicht stehen bleiben, das funktioniert nicht mehr. Schließlich ist das Leben Wachstum", sagt Ursula Painsi.

Lasberg

Hofladen Rosstauscher

Hofladen Rosstauscher
Grensberg 7
A-4291 Lasberg
00 43 (0) 79 47 / 72 16
www.hofladen-rosstauscher.at

Café Konditorei Lebzelterei Lubinger

Erfolgreich mit handwerklich hochwertigen Produkten

Freistädter Biertrüffel

Das Rezept zur Spezialität des Hauses finden Sie auf Seite 41

„Ohne Fleiß kein Preis!" Dieser Leitspruch hat den Gründer der Konditorei und Lebzelterei Hans Lubinger stets geprägt. Heute führen sie die beiden Söhne Max und Hannes in zweiter Generation, Enkel Stefan als jüngster Konditormeister setzt die Tradition in dritter Generation fort.

1967 eröffneten Hans und Margarete Lubinger ihre erste kleine Café-Konditorei in Freistadt, in der Böhmergasse 4. Mit unermüdlichem Fleiß und Ehrgeiz konnten sie bereits zehn Jahre später das schöne, bereits im 16. Jahrhundert urkundlich erwähnte Bürgerhaus am Hauptplatz 10 erwerben und es nach umfangreicher Renovierung zum Sitz der heutigen Café Konditorei und Lebzelterei machen.

Der Erfolg begründet sich in den hervorragenden Produkten, die bei Lubinger noch handwerklich hergestellt werden und es berühmt gemacht haben, besonders die Lebkuchen und das Speiseeis. Den nach uralten Geheimrezepturen und unter Verwendung nur hochwertiger Rohstoffe hergestellten Lebkuchen gibt es in zahlreichen Varianten zu kaufen. Die kühlen Köstlichkeiten werden als Milch-, Frucht- und Soft-Speiseeis angeboten, wobei gerade die außergewöhnliche Qualität und der hervorragende Geschmack des Softeises selbst Skeptikern wahre Lobeshymnen entlockt. „Gibt man oben Gutes hinein, kommt auch unten nur Gutes heraus", sagt Meister Hans Lubinger senior. Und dann sind da noch die vielen Kuchen, Torten und Plundergebäcke – über 30 verschiedene Sorten stehen am Wochenende in der Vitrine – eine wahre Augenweide!

2008 begeisterte Hans Lubinger senior mit der größten Weihnachtskrippe der Welt aus Biberteig-Lebkuchen – 5,3 Meter lang und 2,3 Meter hoch in Relief-Ausführung – nicht nur die Öffentlichkeit, sondern setzte sich selbst mit diesem gigantischen Meisterwerk auch ein Denkmal, das dem Zuckerbäckerhandwerk alle Ehre macht.

Johannes Lubinger ist der Künstler der Familie und auch als Eisschnitzer und Autor eines eigenen Marzipanbuches bekannt. Er lebt mit seinen kunst-, fantasie- und teils humorvollen Tortenverzierungen seine Kreativität aus und verwandelt die wohlschmeckenden Köstlichkeiten auch in optische Schmankerln.

Café Konditorei Lebzelterei Lubinger
Lubinger GmbH
Hauptplatz 10
A-4240 Freistadt
☎ 00 43 (0) 79 42 / 7 26 86
www.lubinger.at

Im Einklang mit der Natur

Biohof Hackl

Die Zwölf-Kilometer-Strecke von Grein nach Dimbach ist ein kurviger Traum für jeden Motorradfahrer; der „Hackl" in Vorderdimbach einer für Freunde der organisch-biologischen Milchwirtschaft. „Gesunde Lebensmittel beginnen in einem gesunden Boden. Davon profitieren schlussendlich auch Pflanzen, Tiere und Menschen", sagt Johann Nenning, der mit seiner Frau Renate den Erbhof im Strudengau bewirtschaftet. Als die beiden 1995 beschlossen, auf chemischen Pflanzenschutz und Kunstdünger zu verzichten, ernteten sie bei der Konkurrenz Kopfschütteln. Doch das hat die Nennings nicht davon abgehalten, 2005 auf Bio-Landwirtschaft umzustellen und weitere drei Jahre später sich der biologisch-dynamischen Milchwirtschaft nach Demeter zuzuwenden. Dazu gehört unter anderem, dass Kuhfladen in Hörnern gesammelt, während des Winters in der Erde versenkt und im Frühling nach dem Ausgraben mit Wasser vermischt werden. Dieses wird durch Rühren dynamisiert. „Das Gemisch wirkt wie Homöopathie für den Boden", sind Johann und Renate Nenning überzeugt. Die begeisterte Gärtnerin hatte in ihrem Reich zwischen Pfingstrosen und Pastinaken ohnehin schon lange biologischen Anbau für die Selbstversorger-Familie gepflegt. „Uns geht es nicht um mehr Ertrag, sondern darum, im Einklang mit der Natur zu leben. Unsere Kühe geben vielleicht weniger Milch, leben aber dafür länger."

Über 20 Stück Fleckvieh stehen im Stall der Nennings, liegen auf Stroh und können an jedem Tag des Jahres entscheiden, wo sie sich hinlegen. 150 Tage davon sind sie auf der Weide, wo sie kräftiges Gras, Blumen und Kräuter fressen. „Wenn sie die Wahl haben, die Pflanzen auf der Wiese oder die auf dem Acker zu vertilgen, entscheiden sie sich immer für die Wiese", erzählen die beiden. Im Winter werden die Kühe nur mit hofeigenem Futter versorgt. Was die Kühe schenken – die Milch nämlich –, wird sehr verantwortungsvoll bearbeitet, nach dem schonendsten Verfahren pasteurisiert. Für die verschiedenen Joghurts und Topfenspezialitäten kommen nur biologische Lebensmittel zum Einsatz. Zu haben sind sie bei Biohändlern und Nahversorgern in den Gemeinden der Umgebung, gerne auch mit Hauszustellung. Außerdem gestalten die Nennings für verschiedene Anlässe Geschenkkörbe mit den unterschiedlichen Milchprodukten des Hofes.

Biohof Hackl
Vorderdimbach 12
A-4371 Dimbach
☎ 00 43 (0) 72 60 / 72 47

Biohof Wirany

Biologische Spezialitäten vom Erbhof

🍴 **Gefülltes Schweinefilet**
Das Rezept zur Spezialität des Hauses finden Sie auf Seite 41

Urkundlich erwähnt wurde der Wirany-Hof erstmals 1519. 1990 haben Leopold und Annemarie Kastler den Hof übernommen. Bereits 1995 haben die beiden auf biologische Landwirtschaft umgestellt und seit 2008 ist der Betrieb anerkannter Erbhof. Die Familie bewirtschaftet 13 Hektar Nutzfläche und 15,5 Hektar Wald. Inzwischen leben auf dem Hof zehn Milchkühe mit weiblicher Nachzucht, 20 Zuchtschweine, Ferkel, Mastschweine und einige Hühner. Die Geburt bei den Ferkeln wird stets überwacht, da die Schweine nicht in Käfigen eingesperrt sind, sondern sich frei bewegen können. Und so kann es vorkommen, dass das Ehepaar Kastler abwechselnd die Nächte im Schweinestall verbringt.

1995 haben die beiden mit der Vermarktung von einigen Bio-Produkten begonnen, die sich inzwischen etwas ausgeweitet hat. Leopold Kastler hat bereits viele Kurse absolviert und macht neben dem Frischfleisch, Speck und vielerlei Wurstspezialitäten von der Hauswurst bis zu den Leberknödeln so ziemlich alles. Die Familie Kastler beliefert mit ihren Spezialitäten einige Lebensmittelgeschäfte, und die Produkte sind auch ab Hof erhältlich, Frischfleisch nach telefonischer Vorbestellung.

Familie Kastler wurde beim Waldviertler Direktvermarkterpreis „Goldene Ähre" für die Bio-Hauswurst, Bio-Käsewurst und Bio-Knoblauchwurst ausgezeichnet. Den zweiten Platz erreichten sie bei der Speckkaiser-Prämierung der Wieselburger Messe und der Räucherprämierung von Oberösterreich für ihren Bio-Karreespeck und Bio-Bauchspeck. Weiter wurden sie als „Genusssalon" ausgezeichnet. Die Bio-Bauern besitzen auch das Gütesiegel. „Jammern hilft nichts, man muss nur das Beste draus machen. Und das geht auch mit einer kleinen Landwirtschaft", sagt der Landwirtschaftsmeister und Vater von drei Kindern. Obwohl es am Anfang nicht ganz einfach war, ist die Familie stolz, dass sie ihre Landwirtschaft im Vollerwerb führen kann.

Biohof Wirany
Oberpassberg 3
A-4263 Windhaag bei Freistadt
☎ 00 43 (0) 79 43 / 2 52

Weltmeisterliches aus und mit Bier

Biergasthaus Schiffner

„Wir wollen den Gaumen zum Explodieren bringen", sagt Karl Schiffner, Wirt des Biergasthauses in Aigen-Schlägl und amtierender Bier-Sommelier-Weltmeister. Dass dabei Bier im Spiel ist, versteht sich beinahe von alleine. Über 2 000 verschiedene Hopfensäfte hatte Schiffner bisher in seinem Sortiment, ständig gustierbar sind um die 150 aus aller Welt. In seinem Bierkulinarium will er Neugierigen nahebringen, wie sich saisonale Küche mit Bier kombinieren lässt. Und entdeckt dabei selbst immer wieder neue Horizonte: „Derzeit bin ich fasziniert von der Paarung Schokolade und Bier. Vor allem Biere, die in Eichen-, Calvados- oder Whiskyfässern gelagert wurden, eignen sich dazu hervorragend." Jene, die schon länger im Biergasthaus ein und aus gehen oder experimentierfreudig sind, mögen bereits seinen Kaiserschmarrn mit Zwetschkenröster in Begleitung von Samichlaus, einem der stärksten Biere der Welt. Mit seinem kräftigen Dörrobst-Aroma passe es aber auch hervorragend zu Mohnnudeln, sagt der weltmeisterliche Biersommelier.

Sein schönstes Geschenk ist es, wenn über den Gesichtern seiner Gäste die Sonne aufgeht: „Sie bekommen ein Leuchten in den Augen, verspüren sofort ein entspanntes Gefühl und strahlen", hat Schiffner beobachtet. Und am eigenen Leib erfahren, als er, der Weinliebhaber, auf Bier „umgesattelt" hat. Als der Weinsommelier gebeten wurde, an einem Ausbildungskonzept zum Biersommelier mitzuwirken, war's um ihn geschehen. Seither kämpft er um den Hopfensaft und das ihm typische Aroma, denn „der Trend geht eindeutig zu weniger Geschmack", bedauert Schiffner. Wer dem zuvorkommen und sich auf eine Gaumenexplosion vorbereiten will, sollte mit einem Bier-Aperitif beginnen, „vielleicht mit einem belgischen Starkbier mit Kräutern oder einem Cocktail aus Ale und Campari." Schiffner ist übrigens ein leidenschaftlicher Longdrink-Kreateur. Beispiel Birracolada: „Dazu benötigen Sie zwei Teile Rum, zwei Teile Mandellikör, ein Teil Kokossirup und drei Teile Ananassaft. Die Zutaten werden dann mit Eis in einem Shaker geschüttelt und danach in ein Cocktailglas gegeben. Jetzt brauchen Sie nur noch mit dunklem Hefeweizen aufzugießen." Ausprobieren!

Biergasthaus Schiffner
Linzer Straße 9
A-4160 Aigen-Schlägl
☎ 00 43 (0) 72 81 / 88 88
www.biergasthaus.at

Biohof Döberl
Wertvolle Ziegenmilch vom Vier-Generationen-Anwesen

Nach dem Motto: „Geht es den Tieren gut, geht es auch uns gut", lebt Ingrid Sonnberger stolz und gerne mit ihrem Mann Franz bereits in der vierten Generation auf dem Döberl-Hof, dessen Geschichte sich bis ins 16. Jahrhundert zurückverfolgen lässt. 1994 haben die beiden auf Bio-Betrieb umgestellt und mit zwölf Saanenziegen ihren Bauernhof erweitert.

Die knapp 40 glücklichen Milchziegen inklusive eines Bockes haben Tag und Nacht freien Auslauf und leben gemeinsam mit 200 Bio-Legehennen sowie 12 Milchkühen auf dem Vier-Generationen-Anwesen. Die Fütterung erfolgt ausschließlich mit Gras und Heu sowie Getreide aus eigenem Anbau, also silagefrei. „Unsere Ziegen sind nicht nur niedlich, sondern geben uns überaus vitaminreiche Rohmilch zurück. Außerdem enthält Ziegenmilch krebsbekämpfende Eigenschaften sowie wertvolle Eiweiße und Mineralstoffe", sagt Franz Sonnberger. Zudem gilt sie als Heilmittel gegen Lungenerkrankungen, soll Zuckerkrankheit bekämpfen sowie Magen- und Darmstörungen lindern. Schweizer Ernährungswissenschaftler betonen darüber hinaus, dass Ziegenmilch das ideale Frühstücksgetränk für die körperliche,

geistige und seelische Kraft ist, die man im Alltag braucht.

Aus bester Heumilch stellen Franz Sannberger und seine Frau Ingrid Kuh- und Ziegenbutter, Topfen, diverse Aufstriche, Frischkäselaibchen, Rahm und Joghurt sowie Frischmilch her und vermarkten diese Erzeugnisse auch. Alle Produkte sind am Wochenende auf den Linzer Märkten sowie donnerstags und freitags am Hof erhältlich. Mit diesen Schmankerln haben die Sonnbergers bei diversen Prämierungen bereits zahlreiche Preise in Bronze, Silber und Gold gewonnen. 2010 wurden drei Produkte (Butter, Liptauer aus Ziegenmilch und Ziegenkäselaibchen) zur Bewertung eingereicht, alle drei haben eine Goldmedaille erhalten. Für die Butter gab es zusätzlich die besondere Auszeichnung des „Kasermandls" in Gold.

Biohof Döberl
Kohlgrub 6
A-4193 Reichenthal
☎ 00 43 (0) 72 14 / 42 54

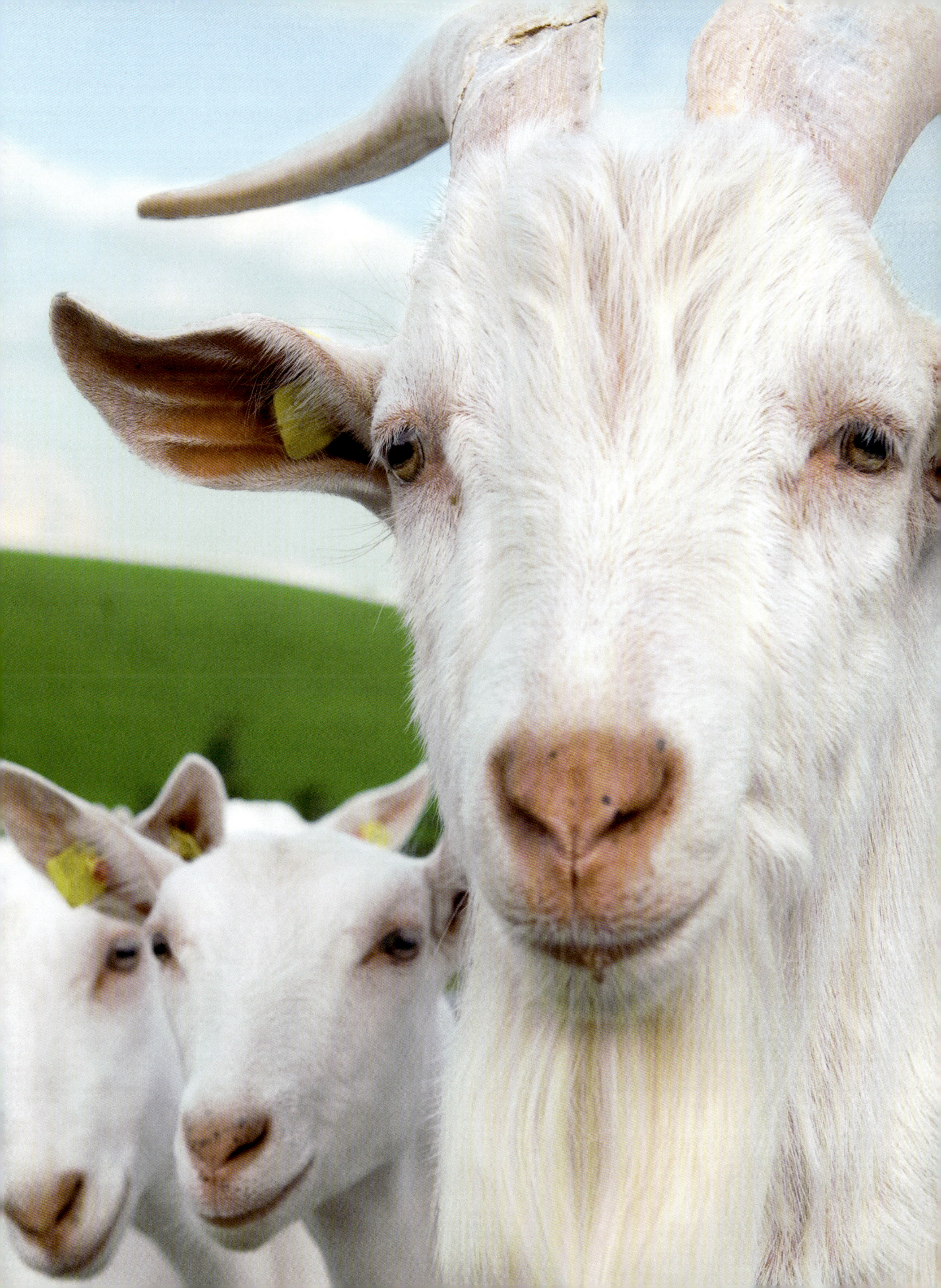

JOGHURT-HEIDELBEER BIO-EIS

Stadler
BIO-EIS

100 ml

9 120030 822415

Kühle Köstlichkeiten in hervorragender Qualität!

Bio-Eis Stadler

Zuerst glaubt man an Malaga-Eis, doch dann erobert langsam der Kaffee die Geschmacksnerven und vereint sich harmonisch mit dem Rum, den Sylvia Stadler in ihr, vom Wiener „Genuss-Salon" 2006/2007 mit Gold ausgezeichnetes „Fairtrade Kaffee mit Rum-Bio-Eis" gibt. 20 verschiedene Sorten produziert sie gemeinsam mit Ehemann Gerhard und den drei Kindern. Man könnte meinen, sie lebten in einem Paradies, mit so vielen Verlockungen in nächster Nähe – von wegen: „Sie müssen sich das Eis verdienen, füllen das Eis in die Becher, helfen beim Verpacken und Stempeln", erklärt Sylvia Stadler.

1992 haben sie und ihr Mann den milchproduzierenden Betrieb mit zwölf Kühen übernommen und sofort auf biologisch umgestellt. Ein Jahr später begann die Direktvermarktung von Milch und Joghurt, Topfen und Sauerrahm. „Käsen war nie ein Thema für uns, dafür das Eis umso mehr", erinnert sich Stadler. Die Familie arbeitet ganz ohne fertige Mischungen, dafür mit biologischen Zutaten aus der Region. „Das Angebot an Sorten richtet sich nach den Ingredienzen, die wir bekommen können", sagt Sylvia Stadler. Wer auf Kuhmilch allergisch reagiert, muss trotzdem nicht auf Eis verzichten: Das Stadler'sche Bio-Eis gibt es auch auf der Basis von Ziegenmilch.

Bio-Eis Stadler
Krien 40
A-4134 Putzleinsdorf
☎ 00 43 (0) 72 83 / 85 42
www.bio-eis.net

Mühlviertler Ziegenhof

Das Beste aus der Ziegenmilch

Eisparfait mit Ziegenfrischkäse

Das Rezept zur Spezialität des Hauses finden Sie auf Seite 42

Lange Jahre blühten auf den Wiesen rund um den Saxinger-Hof über den Dächern von Kollerschlag nur Löwenzahn und Hahnenfuß, denn die Familie hatte das Anwesen verpachten müssen. Ende 1999 holten sie es sich wieder zurück. Seitdem sind die Weiden mit Glockenblumen und Steinnelken übersät, die nicht nur das menschliche Auge erfreuen, sondern auch den Gaumen der 32 Bio-Ziegen kitzeln. Sie leben in einer Umgebung, die mit effektiven Mikroorganismen gepflegt wird. Die natürlichen Milchsäure- und Hefebakterien verbessern den Boden und lassen das Gemüse prächtig gedeihen: „Seit ich meine Karotten damit behandle, wachsen sie außergewöhnlich gut – im Gegensatz zu früher", erzählt Maria Saxinger schmunzelnd.

Eigentlich hat die Mutter von fünf Kindern wenig Zeit für das Käsen, und trotzdem macht es ihr Freude, die Ziegenmilch zu verschiedenen Schmankerln zu verarbeiten. Den Frischkäse legt sie in Öl ein oder kombiniert ihn mit Kräutern, den ungereiften Schnittkäse gibt es in vier unterschiedlichen Geschmacksrichtungen. Und auf ein kräftiges Bauernbrot bereitet Maria Saxinger Kürbis-, Schnittlauch-, Meerrettich- und Bärlauch-Aufstriche zu. Darüber hinaus bietet sie Frucht- und Naturjoghurt an – auf dem Bauernmarkt in Passau-Neustift, ausgesuchten Geschäften und natürlich ab Hof. Die Saxingers sind absolute Fans von Ziegenmilch, hat sie doch gegen die Bronchitis der Kinder geholfen. Von ihren Kunden wissen sie, dass auch Verstopfung, Schnarchen und Hautprobleme damit aus der Welt geschafft werden können. „Wenn in der Früh ein wenig Ziegenmilch übrig bleibt, gebe ich es abends ins Badewasser. Danach ist die Haut wunderbar weich", sagt Karl Saxinger. Neu im Sortiment ist Ziegenmolke in den Geschmacksrichtungen Orange/Maracuja und Apfel/Mango. „Man muss für die Verbraucher attraktiv bleiben", ist Maria Saxinger überzeugt.

Neben den Milchprodukten vermarkten die beiden leidenschaftlichen Tänzer auch das Frischfleisch der Kitze sowie Dauer- und Hauswürste und Leberkäse von den Ziegen.

Mühlviertler Ziegenhof
Höhenweg 11
A-4154 Kollerschlag
☎ 00 43 (0) 72 87 / 83 63

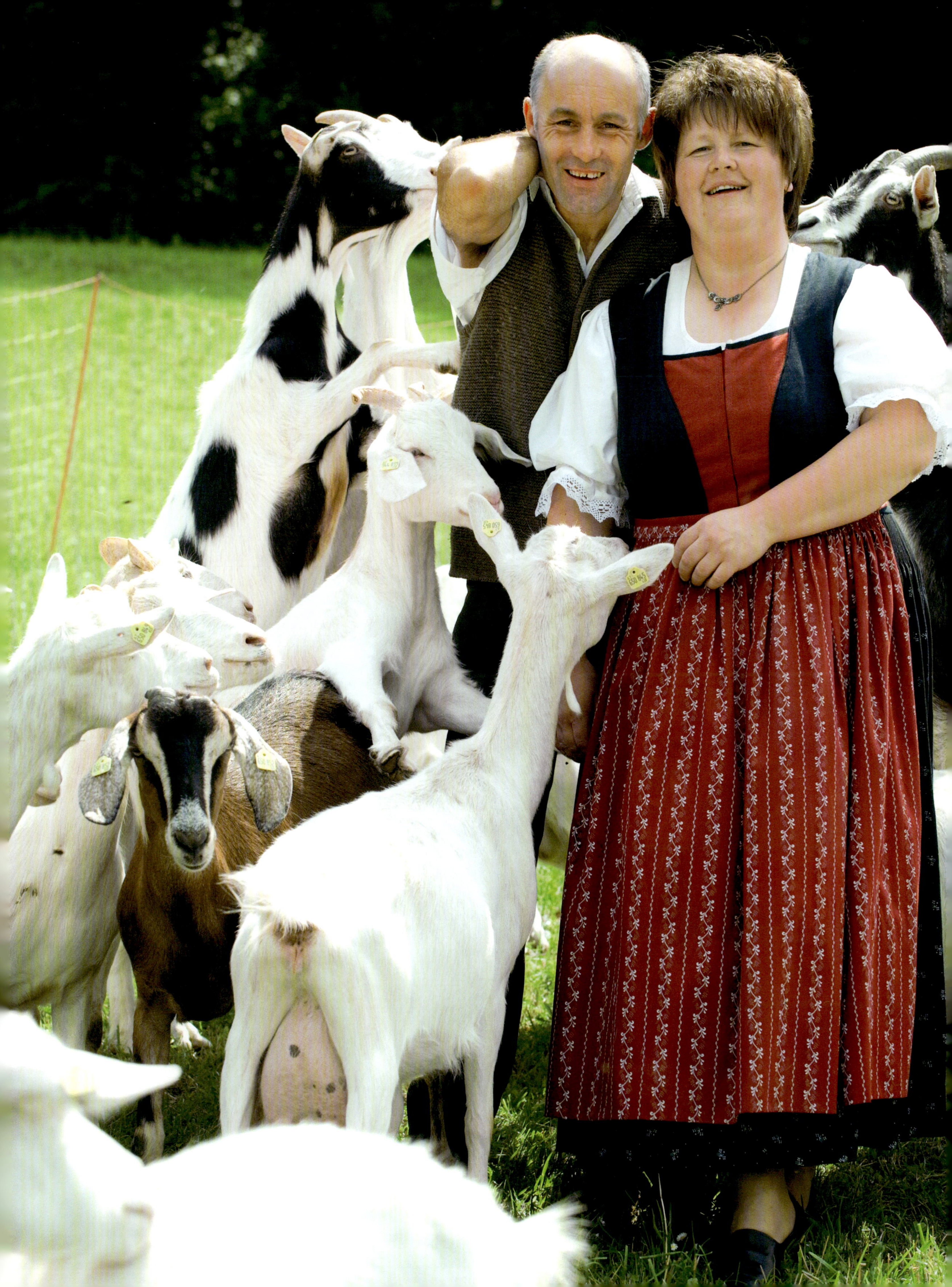

Dreierlei: Unsere beliebte Vorspeisenvariation
1. Dörrzwetschken-Grammelknödel auf Kraut
2. Gebackene Chiliblunzen auf Erdäpfelsalat
3. Tafelspitzsulz mit Gemüsevinaigrette

Weindlhof, S. 21

Zutaten für 6 Personen

Knödel 1 EL Butterschmalz | 150 g Grammeln, gehackt | 60 g Zwiebel, geschnitten | 80 g Dörrzwetschken | 1 Knoblauchzehe, fein gewürfelt | Salz, Pfeffer
Erdäpfelteig 150 g mehligkochende Erdäpfel vom Vortag | 100 g Mehl | 2 Dotter | 20 g flüssige Butter | Salz

Das Fett erhitzen, Zwiebel darin glasig rösten, Grammel, Dörrzwetschken und Gewürze darunterheben, kalt stellen.
Erdäpfel pressen, mit den anderen Zutaten, zu einem Teig kneten, 10 Minuten rasten lassen. In der Zwischenzeit aus der Grammelmasse kleine Knödel formen, mit dem Erdäpfelteig einhüllen und in kochendem Salzwasser circa 10 Minuten kochen. Die Grammelknödel auf Sauerkraut oder Krautsalat anrichten.

Chiliblunze 1 EL Zwiebel, fein geschnitten | 3 EL Pflanzenöl | 250 g Blutwurst, ohne Haut | 1 Chilischote | Salz

Zwiebel in Öl anschwitzen, die Blutwurst dazugeben. Kurz durchrösten, mit Salz und Chili abschmecken und in eine passende Form drücken. 1 Stunde abkühlen lassen. Anschließend in 1 cm dicke Scheiben schneiden, wie ein Schnitzel panieren und in heißem Fett herausbacken. Auf Erdäpfelsalat anrichten.

Tafelspitzsulz 400 g gekochter Tafelspitz | 250 ml Rindsuppe | 1 Knoblauchzehe, gepresst | 50 g Karotten | 50 g gelbe Rüben | 50 g Sellerie, in kleine Würfel geschnitten | 5 Blätter Gelatine | 250 ml Gemüsevinaigrette | Vogerlsalat, Cocktailtomaten und Kapuzinerkresse | Salz, Pfeffer

Tafelspitz in feine Scheiben schneiden, die Rindsuppe mit den Gewürzen abschmecken, mit dem Gemüse einmal kurz aufkochen und die eingeweichte Gelatine darin auflösen. Den Tafelspitz schichtweise in eine Terrine schlichten, mit der Rindsuppe bedecken, circa 4 Stunden kaltstellen. Zum Anrichten den Tafelspitz in 2 cm dicke Scheiben schneiden. Mit der Gemüsevinaigrette marinieren und der Kresse, Vogerlsalat und den Tomaten garnieren.

Erdäpfelkas

Hofladen Rosstauscher, S. 22

Zutaten für 4 Personen

500 g mehligkochende Erdäpfel | 1 Zwiebel | 2 kleine Knoblauchzehen | 1 Becher Bio-Sauerrahm | ½ Becher Bio-Joghurt | Petersilie und Schnittlauch | Muskat | Salz, Pfeffer

Zubereitung

Die Erdäpfel kochen, dann schälen, stampfen und auskühlen lassen. Die Zwiebel hauchdünn schneiden, den Knoblauch hacken. Die Zwiebel und den Knoblauch zu den Erdäpfeln geben. Die restlichen Zutaten mischen und dazugeben. Das Ganze abschmecken und am besten mit Kürbiskernöl genießen.

Freistädter Biertrüffel

Café Konditorei Lebzelterei Lubinger, S. 26

Zutaten für 50 Pralinen
200 ml Freistädter Medium Bier oder Weihnachtsbock | 40 ml Glykose (Zuckersirup) | 100 ml Obers | 40 g Dotter | 40 g Malzzucker | 640 g weiße Kuvertüredrops | 100 g Butter | 140 g Freistädter Bierschnaps | dunkle Schokoladenhohlkugeln | weiße Kuvertüre zum Verzieren

Zubereitung
Bier, Glykose und Obers aufkochen. Dotter und Malzzucker in einem hohen Gefäß mit dem Stabmixer aufmixen. Die kochende Flüssigkeit dazugeben und mischen. Über die weiße Kuvertüre gießen und vorsichtig umrühren, bis sich die Kuvertüre komplett aufgelöst hat. Temperierte Butter einarbeiten. Den Bierschnaps einrühren. In dunkle Hohlkugeln füllen und über Nacht abstocken lassen. Verschließen und mit weißer Kuvertüre ausfertigen.

Gefülltes Schweinefilet

Biohof Wirany, S. 30

Zutaten für 4 Personen
1 Schweinefilet | 1–2 Semmeln | 100 ml Milch | 30 g Butter | 1 Ei | Petersilie | Muskat | Salz | Bratfett zum Bestreichen

Zubereitung
Für die Fülle die Semmeln in Milch einweichen. Die Butter schaumig rühren und das Ei hinzufügen. Zusammen mit den Gewürzen zu den eingeweichten Semmeln geben und gut mischen.
Den Backofen auf 200 °C vorheizen. Das Filet seitlich aufschneiden, sodass ein großes Schnitzel entsteht. Klopfen und leicht salzen. Die Fülle darauf geben, Fleisch zusammenrollen und seitlich zusammennähen. Im Backofen 1 Stunde braten und immer wieder mit Fett bestreichen.

💡 Für die Soße wahlweise Schwammerl oder grüne Pfefferkörner im Bratenfond schwenken, mit Mehl binden und abschmecken. Dazu passen Kartoffeln und Gemüse der Saison.

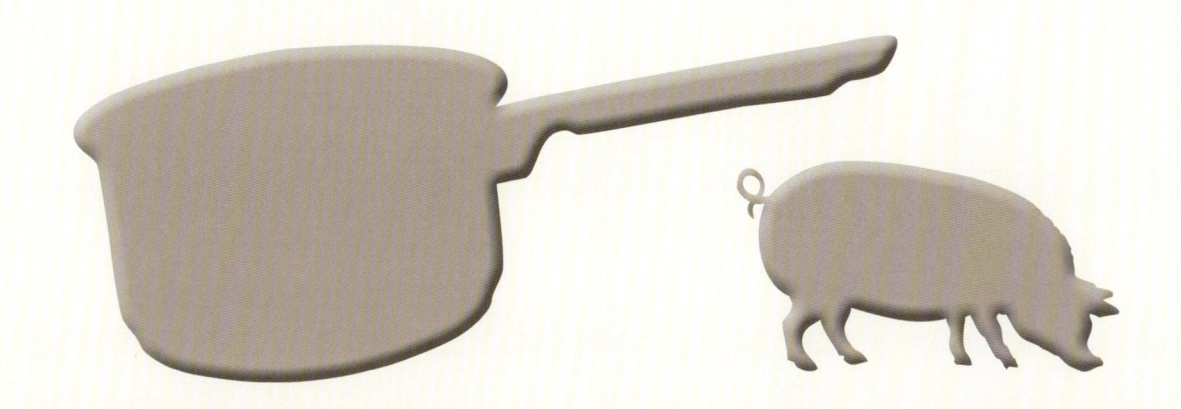

Eisparfait mit Ziegenfrischkäse

🏠 Mühlviertler Ziegenhof, S. 38

Zutaten für 4 Personen
6 Eier | 200 g Feinkristallzucker oder Rohrohrzucker | 300 g Ziegenfrischkäse oder Ziegentopfen | 500 ml Obers | 1 Vanilleschote

Zubereitung
Die Eier mit dem Zucker über Dampf schaumig schlagen. Anschließend kaltstellen. Den gerührten Ziegenfrischkäse mit der Eier-Zucker-Masse verrühren. Zuletzt das geschlagene Obers und das Vanillemark vorsichtig unterziehen. Die Masse in eine Kastenform füllen und in das Tiefkühlfach stellen. Das Parfait in Scheiben schneiden und mit verschiedenen Früchten der Saison garniert servieren.

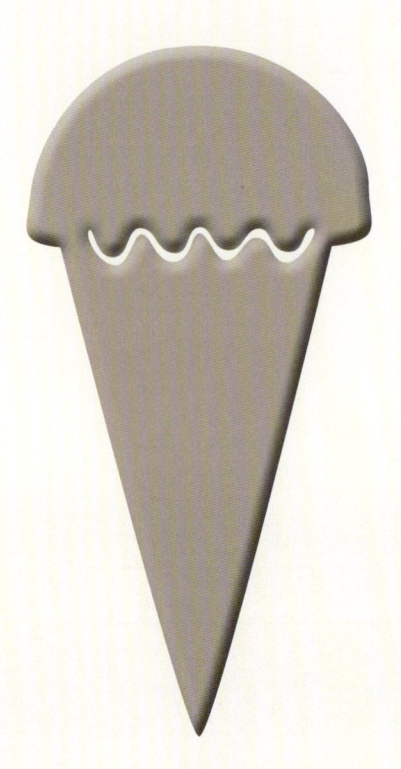

Gezogener Apfelstrudel

💡 Rezepttipp aus dem Verlag

Zutaten für 4 Personen
Teig 215 g glattes Mehl | 2 EL Öl | 1 Ei | 80 ml warmes Wasser | 1 Prise Salz
Füllung 1,5 kg säuerliche Äpfel | Saft von 1 Zitrone | 80 g Semmelbrösel | 2 EL Butter | 80 g Rohzucker | 2 Msp. gemahlenen Zimt | 40 g Walnüsse, grob gerieben | 40 g Rosinen
5 EL zerlassener Butter

Zubereitung
Den Backofen auf 180 °C vorheizen. Für den Teig die Zutaten miteinander verkneten, den Teig mit Öl bestreichen. Einen warmen Topf darüberstülpen und mindestens eine halbe Stunde ruhen lassen. Dann auf einem bemehlten Tischtuch dünn auswalken, über den Handrücken dehnen und ziehen, bis er möglichst dünn ist.
Für die Füllung die Äpfel schälen und fein raspeln, mit Zitronensaft beträufeln. Die Semmelbrösel in der Butter rösten. Die Brösel zu den Äpfeln geben, dann den Rohzucker, Zimt, Walnüssen und Rosinen dazugeben. Alles gut vermischen. Der gezogene Teig wird mit der Hälfte der zerlassenen Butter bestrichen, in der Mitte des Teiges, in einem schmalen Streifen, die Füllung geben. Den Teig von allen Seiten um die Füllung schlagen und auf ein mit Backpapier ausgelegtes Blech geben. Die Oberseite des Strudels mit der restlichen zerlassenen Butter bestrichen. Im vorgeheizten Ofen circa 35 Minuten backen.

💡 Mit einer Kugel Vanilleeis oder mit Schlagobers servieren.

Die Mühl

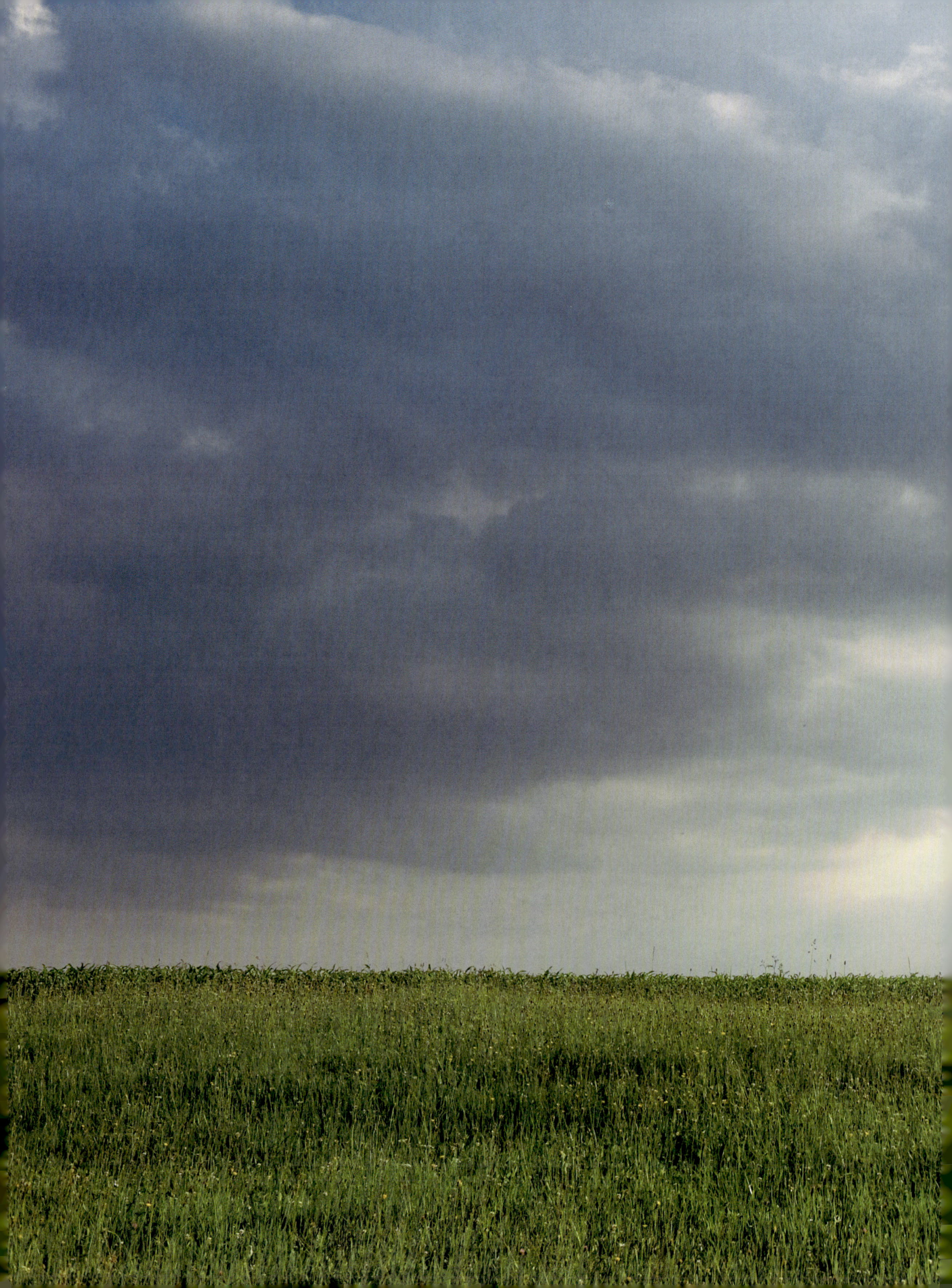

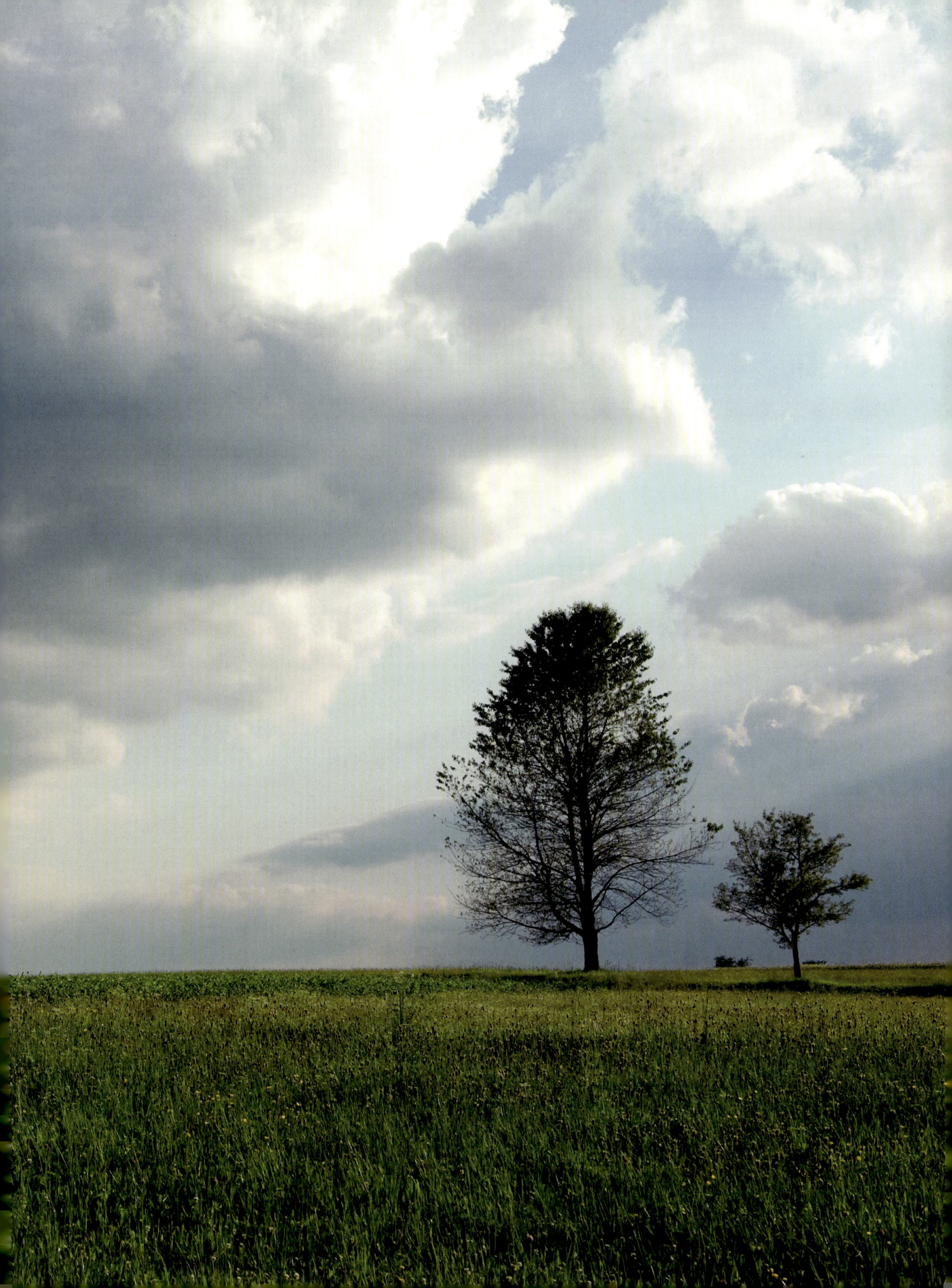

Stift Lambach

Hofmannsthal am Hausruck

Von Haibach ob der Donau im Nordosten bis nach Steinbach am Attersee im Südwesten erstreckt sich jene Region, der die Hügelkette Hausruck ihren Namen gibt. Während die Westgrenze des Hausruckviertels seit jeher durch die bis 1779 bestehende Grenze zu Bayern definiert ist, bildete die Ostgrenze bis ins 19. Jahrhundert weitgehend der Fluss Traun. Dazwischen liegt eine sanfte Landschaft, die zum Aktivsein ebenso einlädt wie zum „Hans guck in die Luft"-Dasein und zum Aufsaugen neuer kultureller und kulinarischer Eindrücke.

Die bekannteste Region des Hausruckviertels ist jene um den Attersee. Österreichs größter Binnensee mit knapp 47 Quadratkilometern Fläche ist damit auch der größte der Salzkammergut-Seen, die sich in unmittelbarer Nähe befinden. Hier treffen sich Prominente und Prominierer, um der Tradition der Sommerfrische nachzuspüren. Dem Maler Gustav Klimt, der Litzlbach, Kammer und Weißenbach in seinen Landschaftsbildern verewigt hat, ist ein eigener Themenweg gewidmet. In Unterach ließen sich die Komponisten Hugo Wolf und Johannes Brahms zum Entspannen und zum Arbeiten nieder. Untrennbar mit dem Attersee verbunden ist auch Gustav Mahler. In seinem Komponierhäuschen in Steinbach vollendete er die Zweite Symphonie, komponierte das „Rheinlegendchen" und schrieb 1895/96 die Dritte Symphonie. Den legendären Pianisten Friedrich Gulda zog es ebenso nach Steinbach, im Jahr 2000 wurde er auf dem örtlichen Friedhof beigesetzt. Sein Kollege Jörg Demus hat am Attersee das Klaviermuseum „Museum Cristofori" begründet. Das sanfte Schlagen der Wellen hat auch zahlreiche Schriftsteller inspiriert: Arthur Schnitzler, Heimito von Doderer, Hugo von Hofmannsthal und Thomas Bernhard etwa. Vielleicht gibt es auch deshalb so viele ausgewiesene „Glücksplätze" rund um den See, die mit den verschiedensten Botschaften versehen sind. So soll der Birnbaum-Platz am Gerlhamer Moor förderlich für kraftvolle Fröhlichkeit sein und daran erinnern, dass alles seinen Platz hat. Am besten besucht man diesen Glücksplatz am frühen Vormittag oder Abend.

Hochgefühle entstehen am Attersee auch durch die vielfältigen Sportmöglichkeiten, die ein Gewässer dieser Größe mit sich bringt, Motor- und

Segelboote findet man en masse. Berühmt ist der „Rosenwind": Er ist eine für den Attersee typische Thermik, die sich durch die einmalige topografische Lage entwickeln kann. Um die vorige Jahrhundertwende nannten die Sommerfrischler den See den „Frauensee", denn da konnte man inkognito in schlimmsten Hitzewellen den kühlen Rosenwind genießen, ohne die noble Blässe zu riskieren! Beliebt ist der Attersee aber auch bei Tauchern und Radfahrern. Im Winter lockt er mit beleuchteten Rodelbahnen und Langlaufloipen.

Nur sechs Kilometer entfernt lockt der Mondsee als wärmster See des Salzkammergutes. Der Sage nach ritt Herzog Odilo von Bayern in der Nacht von der Rückseite der Drachenwand an und erkannte erst kurz vor einem Absturz den Mond, der sich im See spiegelte. So sei der Name Mondsee entstanden. Auf Odilo geht auch die Gründung des Klosters zurück, dessen dreischiffige Basilika durch den Film „The Sound of Music" weltweit bekannt wurde. Eine der Schlüsselszenen des Films – die Hochzeitsszene – wurde 1964 hier gedreht. Baron Georg von Trapp, ein ehemaliger österreichischer U-Boot-Kommandant und Witwer mit sechs Kindern heiratet sein Kindermädchen, die frühere Nonne Maria. Die Kirche gehört seither zu den bekanntesten Filmdrehorten der Welt.

Landschaft im Hausruckviertel

Hausruckviertel

Vöcklabruck

Wels

An kulturellen Höhepunkten ist das Hausruckviertel auch jenseits von Wasserwellen reich. Man denke nur an das Kloster Lambach. Das überwiegend barocke Benediktinerstift wurde 1056 vom später heilig gesprochenen Bischof Adalbero gegründet. Spektakulär: Das einzige noch erhaltene barocke Stiftstheater Österreichs ist die älteste bespielbare Theaterräumlichkeit des Landes. Astronomiefans zieht es ins Schlossmuseum Peuerbach, wo dem Hofastronom von Kaiser Friedrich des Dritten, Georg von Peuerbach, ein Denkmal gesetzt wird. Die Ausstellung zeigt die damalige enge Beziehung der Astronomie zur Astrologie und Alchemie auf. Und Romantiker werden von Wasserschloss Aistersheim begeistert sein. Immer wieder finden Konzerte oder Märkte in dem Renaissanceschloss statt, die einen Besuch wert sind.

Bei all den Sehenswürdigkeiten Hunger auf Vitamine bekommen? Das Hausruckviertel ist für seine Obstspezialitäten bekannt. Einen Birnen-Apfel-Most gegen den Durst, ein saftiger Tafelapfel aus den größten Obstbaugebieten Oberösterreichs oder ein raffiniertes Gemüsegericht mit taufrischen Zutaten aus dem Eferdinger Landl – greifen Sie zu!

Stift Lambach

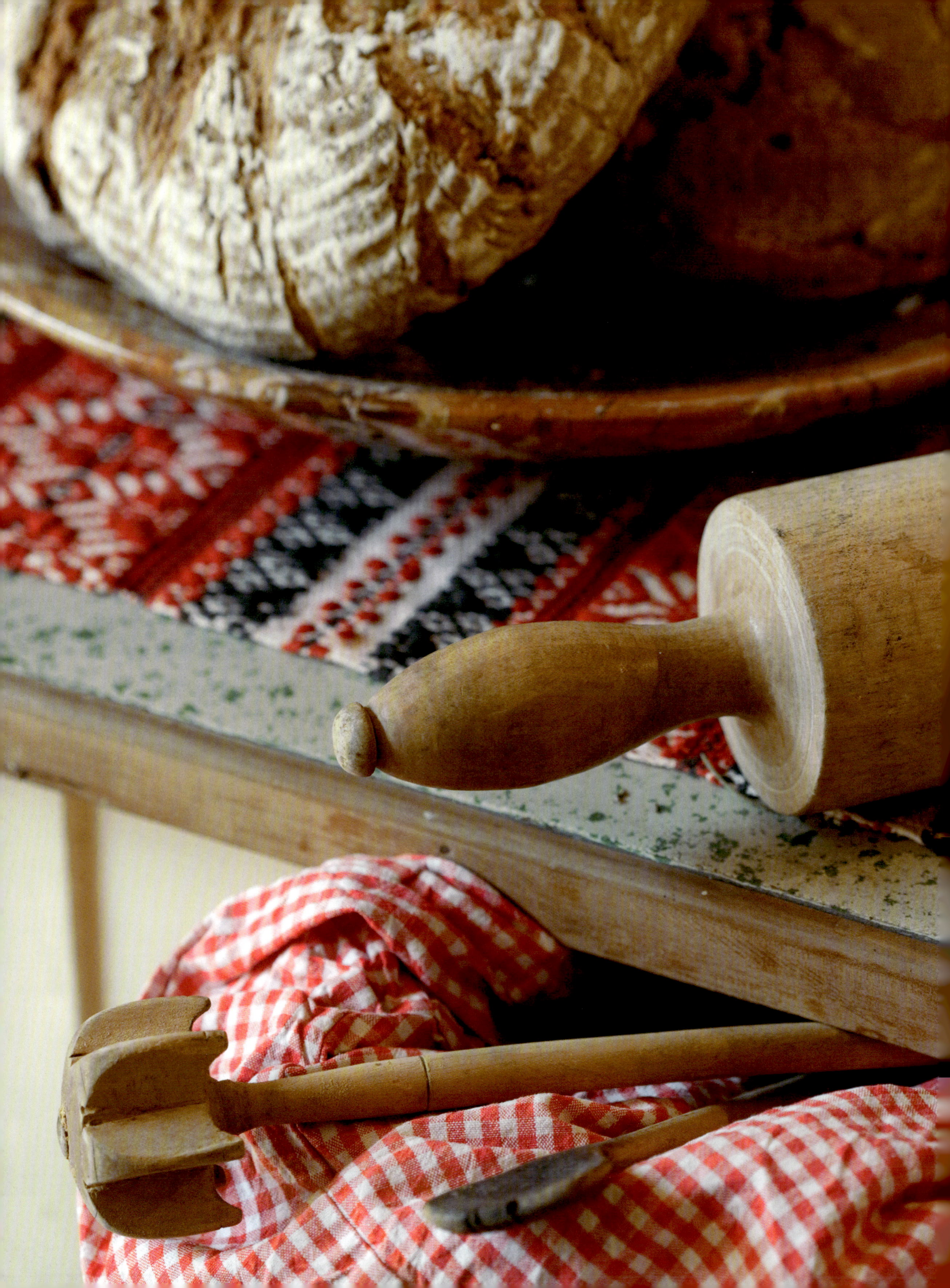

Holzofenbrot mit handwerklichem Können und Erfahrung

Bäckerei Takacs

Wer nach Lambach kommt, sieht als Erstes das Stift, welches das Gesicht der Marktgemeinde dominiert. Und gleich ums Eck liegt das 500 Jahre alte Bäckerhaus, das in zweiter Generation die Familie Takacs beherbergt. Wer um neun Uhr „d'Backstub'n" betritt, kann Josef Takacs dabei beobachten, wie er sein beliebtes Holzofenbrot an die frische Luft holt. Zuerst knipst er eine Lampe an, um das Innere des Ofens zu erhellen. Dann fährt er mit der Brotschüssel hinein, fischt nach den Broten und holt sie heraus. Bevor die Laibe ins Regal des Geschäftes wandern, klopft der Bäckermeister auf den Boden der Brote: „Am hohlen Klang erkenne ich, ob es gut durchgebacken ist", erklärt er. Am Boden eines richtigen Holzofenbrotes finden sich immer wieder kleine Kohlestückchen – typisch für diese Art des Backens: „Um sechs Uhr früh machen wir mit Fichtenholz ein Feuer im Ofen. Wenn er heiß genug ist, bürsten wir die Rückstände in die Aschelade und schieben den Teig hinein. Die gespeicherte Hitze macht daraus dann Brot." Und weil danach immer noch genügend Wärme übrig ist, gibt es donnerstags immer ein „Brat'l" aus dem Ofen. Vier Stunden bleibt es drin, bevor man es anschneidet: „Der Saft rinnt raus, so soll es bei einem richtigen Braten sein", schwärmt Josef Takacs.

Seit September 2009 gibt es neben dem Ladengeschäft das kleine Lokal mit dem Ofen, in dem man frühstücken oder ein schnelles Mittagessen zu sich nehmen kann. Brotschüsseln als Dekoration erinnern daran: Hier ist man mit Leidenschaft bei der Sache. Und zur Leidenschaft gehört auch, dass man naturbelassene Inhaltsstoffe verwendet. „In meinem Brot ist nur Wasser und Mehl, Sole aus Ebensee und Hefe drin." Und Bäckermeister Takacs legt Wert auf regionale Kooperation, ist Mitglied bei den Oberösterreichischen Troadbäckern: „Das ist eine Vereinigung von Bauern, Müllern und Bäckern. Die Bauern verpflichten sich, keinen Kunstdünger zu verwenden, die Müller, das Getreide von den regionalen Bauern zu beziehen und die Bäcker, das Mehl von regionalen Müllern zu kaufen."

Bäckerei Takacs
Marktplatz 15
A-4650 Lambach
☎ 00 43 (0) 72 45 / 2 89 64
www.brotmobil.at

Eine Hochburg der oberösterreichischen Mostkultur

Wunderschön eingebettet in eine reizvolle Hügellandschaft, geprägt von alten Mostobstbäumen, liegt der Riethalerhof, ein stattlicher Vierkanthof, nur wenige Kilometer nordwestlich der Stadt Wels. Guten Most zu machen hat hier eine lange Tradition. So ist es auch wenig überraschend, dass in den 1980er-Jahren der Aufbruch zu einer neuen oberösterreichischen Mostkultur vom Riethalerhof seinen Ausgang nahm. „Fruchtig, reintönig und elegant soll guter Most schmecken", erklärt Ernst Mielacher, ausgebildeter Mostsommelier und Absolvent der Universität für Bodenkultur in Wien. Sechs bis sieben verschiedene Moste hat der Riethalerhof ständig im Angebot. Für Most-Einsteiger empfiehlt sich besonders der Speckbirnenmost mit seinem feinen, milden, zartfruchtigen Birnenaroma. Der Speckbirnenmost bildet auch das Ausgangsprodukt für die Herstellung des vielfach prämierten Birnenschaumweins, ein Premiumprodukt vom Riethalerhof, welches auch aus vielen gehobenen Gastronomiebetrieben nicht mehr wegzudenken ist.

Einen weiteren Trend haben die Mielachers sehr frühzeitig erkannt, nämlich jenen zu naturbelassenen Fruchtsäften. Mehr als zehn verschiedene naturtrübe und blanke Säfte hat der Riethalerhof in seinem Programm, vom klassischen Apfelsaft über Birnensaft bis hin zu Apfel-Himbeer-, Apfel-Weichsel- oder Apfel-Karottensaft. „Ein Geheimnis bei der Herstellung gibt es eigentlich nicht. Das Obst muss vollreif, frisch und sauber sein, die Verarbeitung erfolgt rasch und ohne jegliche Zusätze, das heißt auch ohne Wasser- oder Zuckerzusatz", erklärt Birgit Mielacher, die sich im Familienbetrieb in erster Linie um Buchhaltung, Marketing und den Ab-Hof-Verkauf kümmert.

Mit Recht besonders stolz sind Birgit und Ernst Mielacher auch auf die in ihrem gemütlichen Hofladen präsentierten unzähligen Auszeichnungen, die ihren Ruf als einer der besten Most- und Saftmacher Österreichs bezeugen. Selbstverständlich können die fruchtigen Durstlöscher jederzeit gerne verkostet werden – übrigens ebenso wie die zahlreichen Edelbrände und Liköre.

Riethalerhof
Riethal 4
A-4623 Gunskirchen
☎ 00 43 (0) 72 46 / 63 24
www.riethalerhof.at

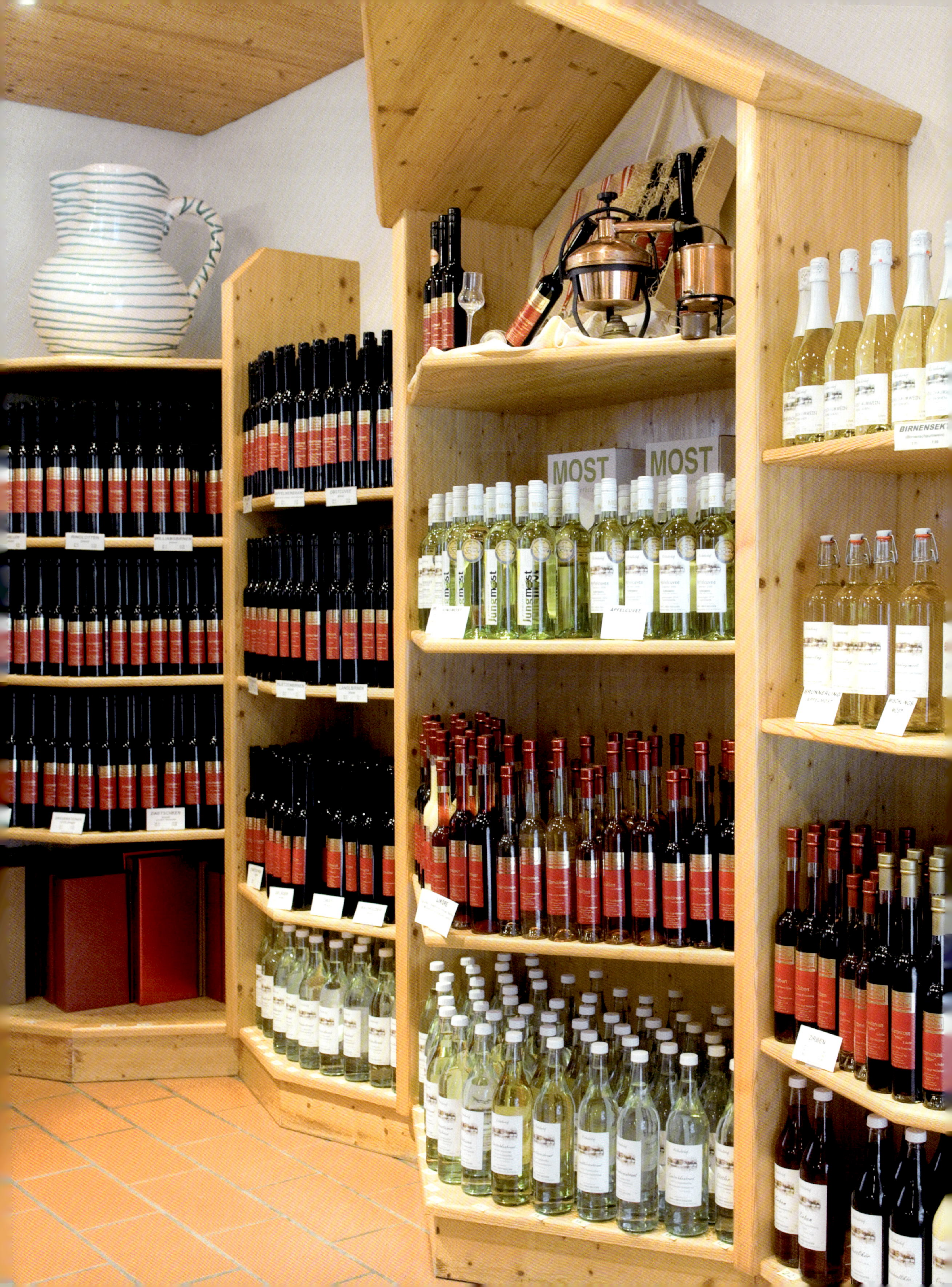
MOST
MOST
BIRNENSEKT
ZIRBEN

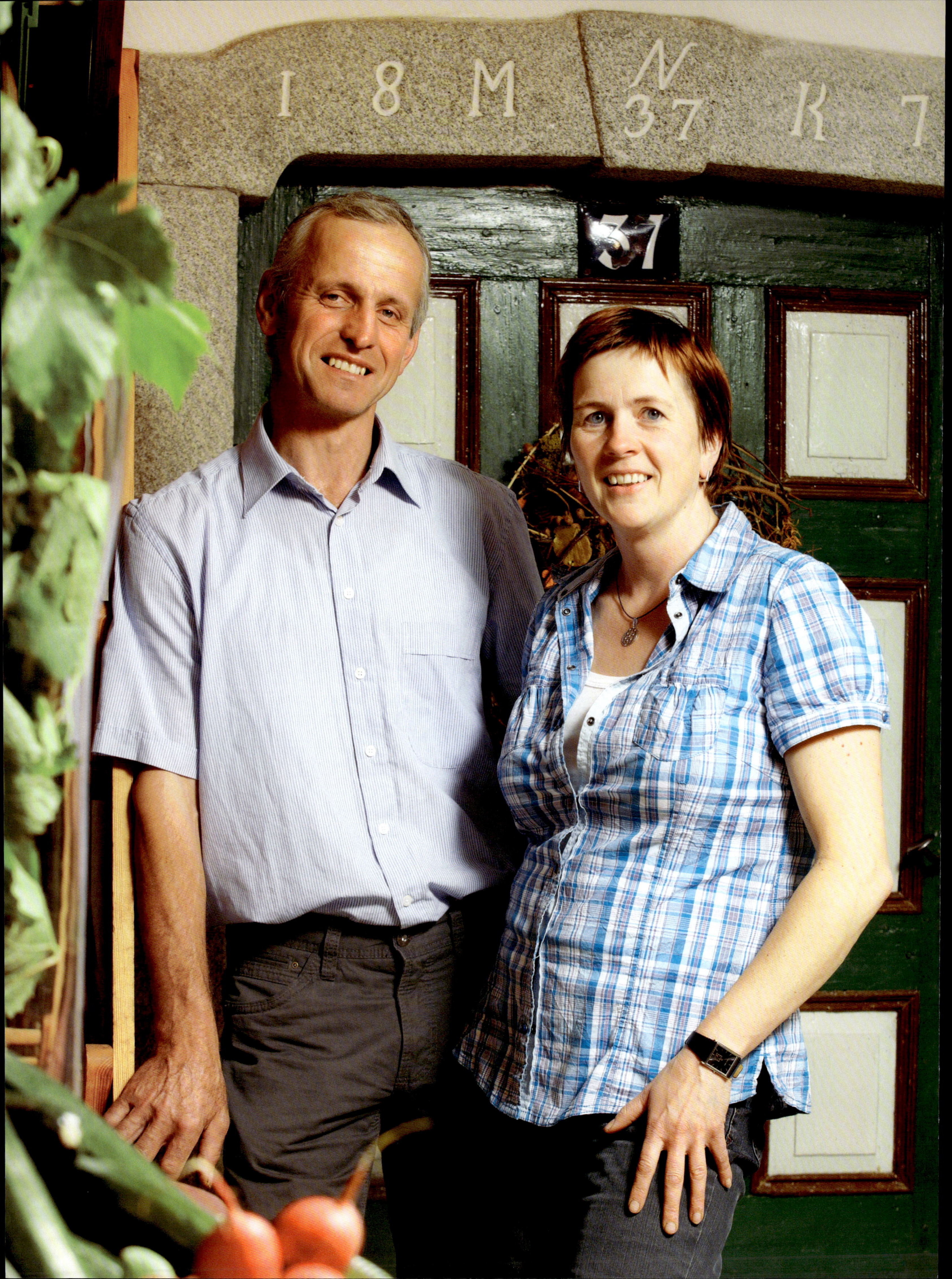
I 8 M N 37 K 7
37

Gemüseanbau aus Leidenschaft

Hartkirchen

GemüseLust
Hofladen Haiß

„Gemüse und andere bäuerliche Erzeugnisse sind ursprüngliche Lebensmittel. Deshalb schätzen wir, was wir anbauen und legen beim Anbau Wert auf eine naturbelassene Umwelt. Wir achten und schätzen unseren Boden." Diese Philosophie steckt in der Arbeit von Maria und Anton Haiß. Seit 250 Jahren ist der Erbhof schon in Familienbesitz und Gemüseanbau wird hier aus tiefster Überzeugung und mit Leidenschaft betrieben. Der Betrieb liegt im nördlichen Teil des Eferdinger Beckens, dem Zentrum des oberösterreichischen Gemüseanbaus. Über 50 verschiedene Gemüsesorten baut Anton Haiß an, beginnend mit dem Salat und den Radieschen im März. Das Gemüsejahr endet mit der Krauternte im November. „Wir produzieren nur soviel, wie unsere Stammkunden des Hofladens und am Bauernmarkt in Rohrbach brauchen können", sagt er. Und weil von den eigenen Feldern geerntet wird, ist alles taufrisch. „Das Beste am Hofladen ist, dass hier auch die Erzeugnisse anderer Bauern vertrieben werden", sagt Maria Haiß. „Alles Gute unter einem Dach", so lautet daher das Motto für ihren Hofladen.

Die Frische ist ein Qualitätskriterium, der ursprüngliche Geschmack ein weiteres. Wer das typische Aroma einer Tomate kennenlernen möchte, sollte die Haiß'schen Paradeiser probieren. Und davon gibt es viele Sorten: das große, fleischige Ochsenherz, die „Grüne Zebra" und die „Gelbe Königin" etwa. Auch bei den Kartoffeln regiert die Vielfalt. Mehr als ein Dutzend unterschiedliche Sorten gräbt Anton Haiß aus der Erde, violette, gelbe und rotschalige. Und die Zwiebeln haben sowieso eine lange Tradition am Gemüsehof: „Mein Großvater hat einmal einen Maurer für einen Tag Arbeit mit einem Rucksack voller Zwiebel bezahlt", erzählt Anton Haiß.

GemüseLust Hofladen Haiß
Karling 37
A-4081 Hartkirchen
☎ 00 43 (0) 72 73 / 62 80
www.haiss.at

Lamm und Wildkräuter Grausgruber

Immer ein wenig anders

Lammrollbraten mit Wildkräuterfülle

Das Rezept zur Spezialität des Hauses finden Sie auf Seite 74

Ob „maßgeschneiderte" Salamis für Wirte oder individuelle Lammportionen für Singles oder Kleinfamilien – „wir machen immer etwas anderes als die anderen." Gerne lassen sich Christine und Klaus Grausgruber und ihre schafbegeisterte Familie als etablierte Exoten bezeichnen, „das kommt uns sehr nahe, denn wir sind Partner für Individualisten." Beispiel Lammkiste: Die Kunden kaufen ein halbes Lamm, haben aber weder Gefrier- noch Lagermöglichkeiten. „Sie können die Einzelteile je nach Bedarf abholen, und wir streichen die Menge dann einfach von der Liste."

Der überzeugte Schafzüchter, der sich im „Nebenjob" mit Patenten in der Automatisierungstechnik beschäftigt, stellt zwischen 15 und 20 verschiedene Wurstsorten aus 100 Prozent Lammfleisch her. „Die Produkte mit anderen Fleischarten zu ‚strecken', kommt für uns nicht in Frage." Und auch beim Geschmack macht Grausgruber keine Kompromisse. Dabei kommt ihm die Profession von Gattin Christine als Wildkräuter-Pädagogin entgegen. Ob das frische Fleisch nun in Wildkräutern mariniert oder die Salami mit Brennnesseln verfeinert wird – ohne die unterschätzten Juwelen der Natur geht es bei den Grausgrubers nicht. „Sogar die Schafe lieben die Wildkräuter aus unseren eigenen Wiesen." In geführten Wanderungen und im Rahmen der Initiative „Schule am Bauernhof" vermittelt Christine ihr Wissen über die Kräuter, „denn ich finde es ganz wertvoll, dass man sie kennt."

Kennenlernen kann man die Passion der Grausgrubers bei einem Besuch am Hof und des Hofladens, der gleichzeitig Verkostungslokal ist. Bei einer Scheibe Traunstein-Salami mit Kürbiskernen oder einer Pyhrn-Eisenwurzen, die ihre Schärfe erst nach zwei, drei Minuten entfaltet, erfährt der Gast auch Interessantes zum „All inclusive"-Wesen Schaf. „Wir heizen unser Wasser und das Haus mit der Wärme der Schafe. Außerdem düngen wir die Tomaten und die Blumen mit roher Schafswolle", greift Klaus Grausgruber vor. Und er hat weitere Innovationen im Köcher. Lassen Sie sich überraschen!

Lamm und Wildkräuter Grausgruber
Hinterschützing 6
A-4691 Schlatt
☎ 00 43 (0) 76 73 / 29 10
www.lammkiste.at

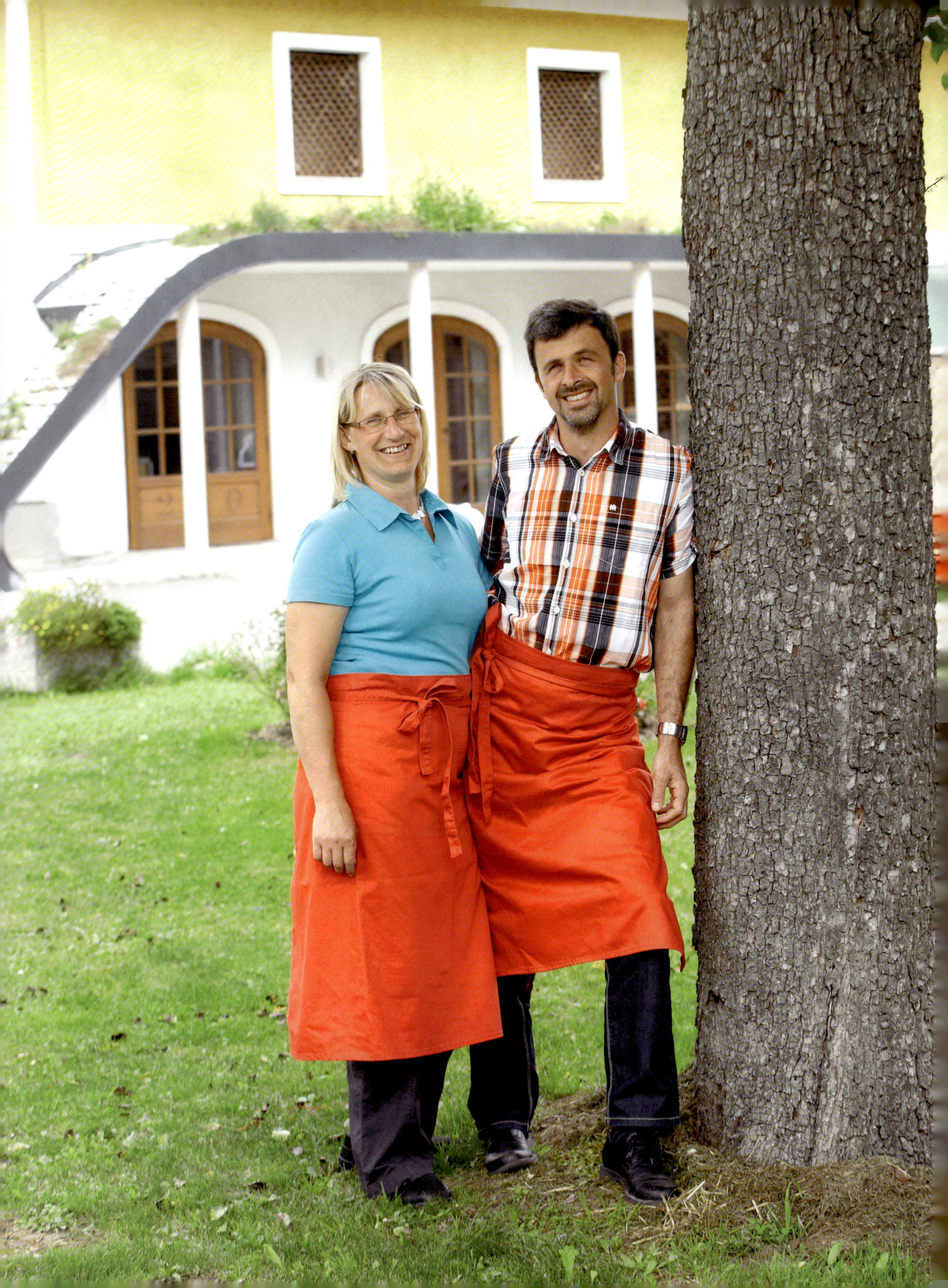

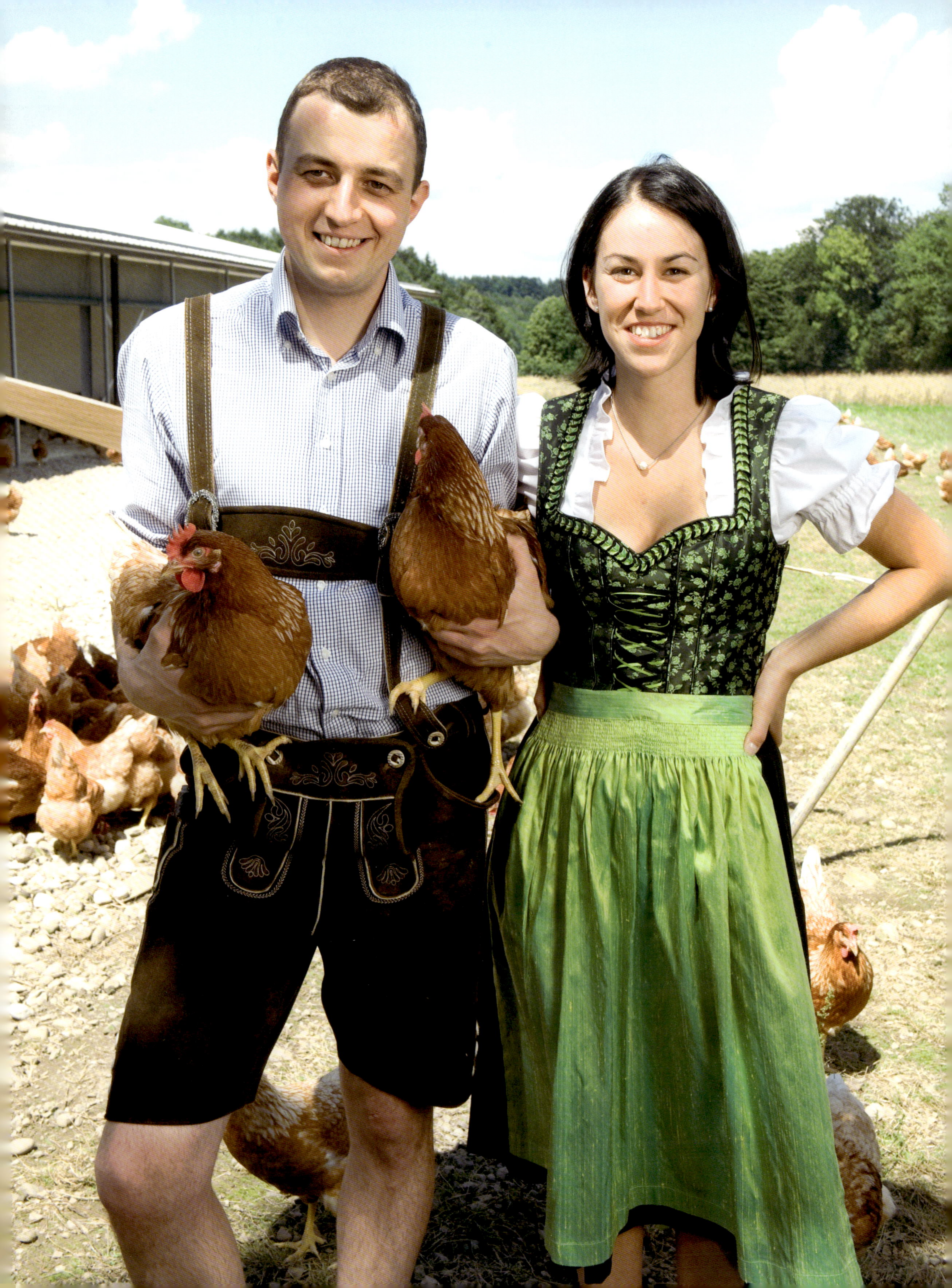

Gutes vom Bauernhof in elfter Generation!

Salzkammergut Biofreilandeier

Marinierte Forelle mit Buchweizen-Eierblinis und Schnittlauchsauerrahm

Das Rezept zur Spezialität des Hauses finden Sie auf Seite 74

Der wahrscheinlich älteste Erbhof Oberösterreichs liegt am Viertberg im Gemeindegebiet von Regau. Umgeben von Weizenfeldern und Wiesen strahlt dieser uralte Kulturboden eine Ruhe und Friedlichkeit aus, die es ermöglicht, sich auf das Wesentliche zu konzentrieren. Seit 1649 lebt hier die Familie Reither, Sohn Alois bewirtschaftet den Hof in elfter Generation.

Das Wesentliche – das ist auf dem Viertberghof die biologische Hühnerzucht. Früher gab es hier gemischte Landwirtschaft, dann einen Schwerpunkt auf die Schweinezucht. „2007 haben wir auf biologische Landwirtschaft umgestellt, denn nachhaltige Bewirtschaftung lebt man automatisch, wenn der Hof weiter bestehen soll", sagt Alois' Mutter Gabriele. Und ist froh, dass ihr Sohn und dessen Lebensgefährtin Manuela erhalten wollen, was seit Jahrhunderten da ist: „Die Jungen sind mit viel Liebe dabei und haben sich bewusst für die Landwirtschaft entschieden."

Die Liebe für das Federvieh ist in allen Reither-Gesichtern zu sehen. Man erzählt sich Geschichten aus den Anfangszeiten der Hühnerzucht, erinnert sich daran, wie man die Hennen dazu erzogen hat, auf den Sitzstangen zu schlafen – und lächelt dabei. 2008 hat man einen neuen Stall für 6 000 Bio-Hühner gebaut, einen 300 Quadratmeter großen Wintergarten inklusive: „Hier haben die Tiere im Winter und bei Schlechtwetter ihren Auslauf", erklärt Alois Reither. An allen anderen Tage scharren sie gemütlich auf sechs Hektar herum, ganz wie es sich für Biohennen gehört. Dass sie nur ungespritztes, biologisches Getreide bekommen sowie viel Sonne und Auslauf haben, schlägt sich am Gaumen nieder, ist Gabriele Reither überzeugt: „Man schmeckt, wo das Huhn lebt."

Wer die legefrischen Eier holen will, kann das völlig unkompliziert tun. Am Hof sowie am Kreisverkehr Pichlwang in Timelkam und in Regau stehen Eierhütten, die täglich frisch mit Eiern bestückt werden. Am Hof wird einfach in eine Kasse mit Schlitz bezahlt. Aus den Bio-Eiern lassen die Reithers von einem Partnerbetrieb Nudeln herstellen. Die 16 verschiedenen Sorten stehen am Hof zur Abholung bereit – nach dem bekannten, vertrauenswürdigen Prinzip. Apropos Vertrauen: Der Biohof ist Partnerbetrieb von „Genussland Oberösterreich" und hat Gütesiegel von AMA sowie „Gutes vom Bauernhof".

Salzkammergut Biofreilandeier
Schacha 1
A-4844 Regau
00 43 (0) 6 76 / 5 64 17 50
www.salzkammergut-biofreilandeier.at

Traunstein-Kernöl

Die Vielseitigkeit des grünen Goldes

Kernöl-Topfen-Aufstrich
Das Rezept zur Spezialität des Hauses finden Sie auf Seite 75

Wenn die gelb-orangen Kürbisse auf den Feldern liegen, weiß man: Es ist Herbst. Und das ist auch die Jahreszeit, wo es am Wiesinger-Hof buchstäblich rund geht. Denn neben der Ernte der 50 verschiedenen Speise- und Zierkürbisse werden Anfang Oktober auch die kostbaren Samen der Gleisdorfer Ölkürbisse geerntet. Seit mehr als zehn Jahren beschäftigen sich Roland und Christa Oberndorfer mit dem dunkelgrünen Gold, das unter genauester Beobachtung und mit Blick auf den Traunstein gedeiht. Ein Teil der landwirtschaftlichen Flächen gehört ausschließlich den nahrhaften Kugeln.

„Wir arbeiten mit einer speziellen Erntemaschine, die direkt am Feld die Kerne von Schale und Fleisch trennt. Gleich nach der Ernte waschen wir die Kerne und trocknen sie umgehend. Durch die vorsichtige Röstung erhalten sie ihr nussartiges Aroma", erzählt Roland Oberndorfer. Gepresst wird nach Bedarf, was den Vorteil hat, dass das Traunstein-Kernöl stets frisch ist. Und damit es so bleibt, sollte man es „kühl und dunkel lagern. Sonst entstehen Bitterstoffe", erklärt er. Das Öl zeichnet sich durch 50 Prozent mehrfach ungesättigte Fettsäuren aus, beeinflusst positiv den Cholesterinwert und tut auch der Prostata gut.

Der Ackerbau- und Schweinezuchtbetrieb ist „Genussland Oberösterreich"-Partner und hat das Gütesiegel „Gutes vom Bauernhof". Doch weithin bekannt ist er für sein hochwertiges Kürbiskernöl. „Eine seiner besonderen Eigenschaften ist, dass es gut am Salat bleibt. Denn hundertprozentiges Kürbiskernöl ist dickflüssig und geschmacklich intensiver", sagt Christa Oberndorfer. „Wir verwenden das Öl nicht nur für Salate, sondern auch für Süßes. Beispielsweise ist es sehr gut in Kombination mit Vanille-Eis oder als Zutat beim Kuchen." Christa Oberndorfer verarbeitet das Kernöl zu Aufstrichen, verfeinert damit ein Spiegelei oder tröpfelt es über Mozzarella. Für Interessierte, die die Vielseitigkeit des Traunstein-Kernöls testen wollen, verkaufen die Oberndorfers das Öl, die gerösteten Kerne sowie Geschenkpakete ab Hof und versenden auch europaweit. Ein E-Mail genügt.

Traunstein-Kernöl
Staig 1
A-4691 Schlatt
☎ 00 43 (0) 76 73 / 26 60 11

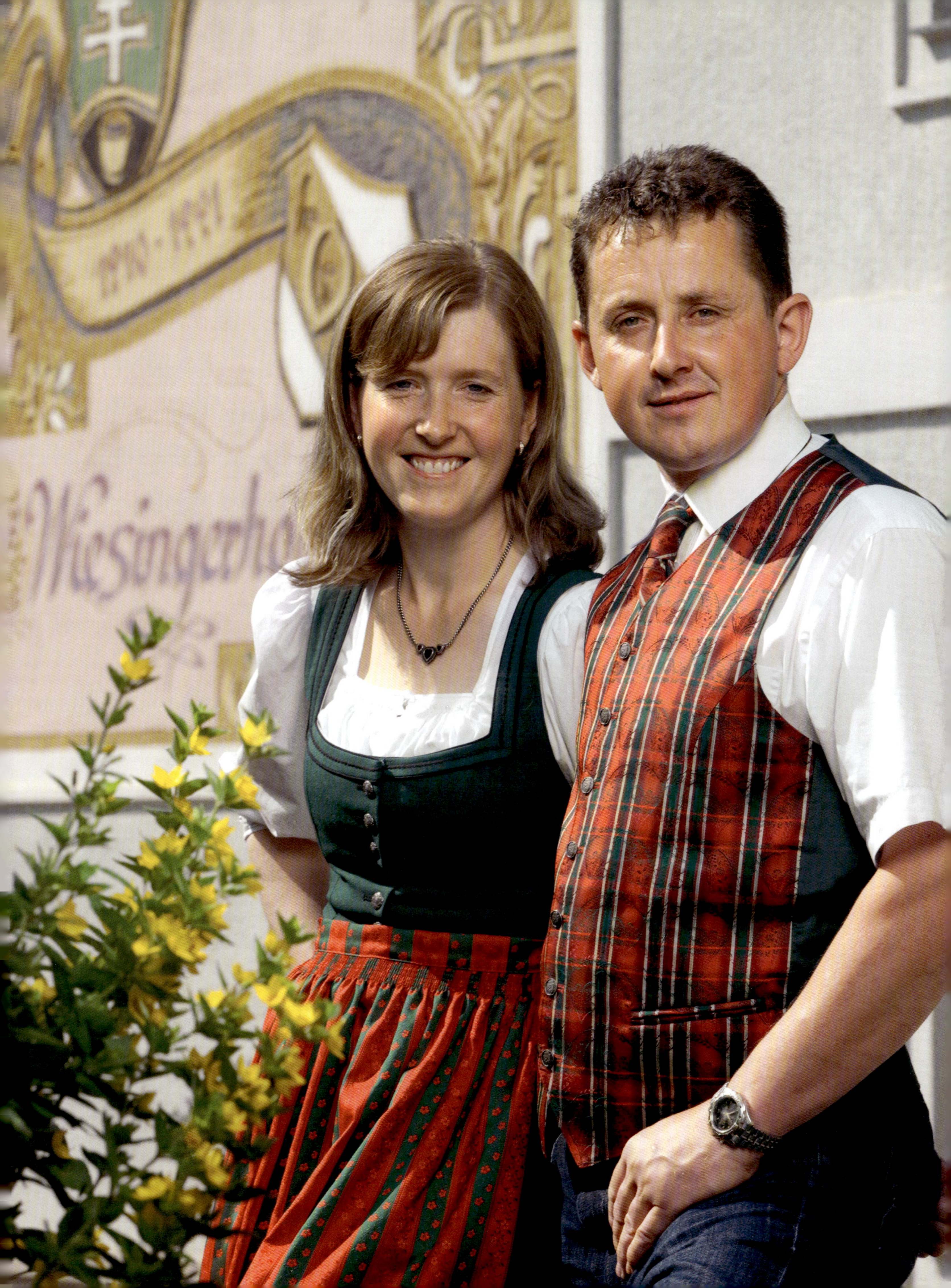

most othek
grenzenlose Landlust.
Karl & Gerlinde
PENETSDORFER
Genüsse aus der
LandWIRTschaft
Süßes:
Apfelstrudel
besoffener
Karl & Gerlinde
PENETSDORFER
most othek
grenzenlose landlust

Die pure Frucht in Flaschen!

MostOthek

Der Bauernhof von Gerlinde und Karl Penetsdorfer war immer schon für sehr guten Most bekannt. Doch damit geben sich die beiden nicht zufrieden, sondern arbeiten beständig an der Qualität ihres Obstweins. Ein Großteil der Früchte, die zu Most und in der MostOthek ausgeschenkt werden, kommt von den umliegenden Streuobstwiesen: die verschiedensten Apfelsorten, Birnen, Ribisel und Kirschen. Für weitere Geschmacksvarianten verwendet Mostsommelière Gerlinde Karotten, Johannisbeeren, Holunder oder Weichsel.

Von September bis November ist die gesamte Familie auf den Beinen, um das Obst zu sammeln, das dann in sechs bis acht Wochen zu feinem Most verarbeitet wird. „Wir bringen die Fruchtigkeit in die Flasche", beschreibt Gerlinde Penetsdorfer den Prozess der Herstellung. Und dabei entsteht der traditionelle Mischlingsmost aus Äpfel und Birnen ebenso wie reinsortige Obstweine vom Bohn-, Rubinette-, Braeburn- oder Jonagold-Apfel, welche auch Traubenweinliebhaber begeistern. Die Birnenmoste gibt es ebenfalls sortenrein wie als Cuvée, „mit einem leichten Grünstich in der Farbe", beschreibt Gerlinde Penetsdorfer. 2009 hat das Ehepaar erstmals einen Birnen-Cidre aus der steirischen Weinbirne mit einem Hauch Winawitz-Birne produziert, der ganz elegant im Sektglas serviert wird. Als Aperitif schmeckt er ebenso wie der Apfel-Frizzante.

Ausgeschenkt werden die flüssigen Kostbarkeiten in der MostOthek, dem ehemaligen Kuhstall mit einem alten Gurtengewölbe aus dem Jahr 1866. Bis zu 80 Leute finden in dem gemütlichen Mostheurigen Platz. Im Sommer sitzt man unter Nussbäumen im Garten – und das vor allem donnerstags, denn dann ist in der Moarstraße Hochbetrieb. Als Unterlage serviert Gerlinde Penetsdorfer ihren geschätzten Erdäpfelkäs, der auch auf dem Schmankerlteller zu finden ist. Gesellschaft leisten ihm dreierlei Brat'ln, Topfenkäs und ein feines Bauernbrot. „Ich beschreibe unser Essen immer als einfache Mahlzeit mit mehr Geschmack", sagt Gerlinde Penetsdorfer. Und über die freuen sich auch Ausflügler aus dem Salzkammergut und Bayern: „Busse sind nach Voranmeldung ebenfalls jederzeit herzlich willkommen."

B'soffener Kapuziner
Das Rezept zur Spezialität des Hauses finden Sie auf Seite 75

MostOthek
Moarstraße 7
A-4690 Oberndorf bei Schwanenstadt
☎ 00 43 (0) 76 73 / 22 49
www.mostothek-penetsdorfer.at

Ein fruchtiges Schmuckkästchen am Attersee

D'Brennerin

D'Brennerin
Seedorf 4
A-4852 Weyregg am Attersee
☎ 00 43 (0) 76 64 / 8 22 20
www.brennerin.at

Dass an der Adresse Seedorf 4 alles in weiblicher Hand ist, erkennt man am liebevoll gehegten Garten mit dem selbst gemauerten Bildstöckl, opulent blühenden Rosen und kleinen Erinnerungsstücken, die das Zuhause von Rosi Huber zu einem Schmuckkästchen machen. Und sie ist nicht nur bei der Gestaltung ihres nächsten Umfeldes mit Liebe bei der Sache, sondern auch beim Brennen ihrer Edelbrände und Liköre. „Vom Sammeln der Früchte bis zum Brennen mache ich alles selbst. Ich bin praktisch ein Eine-Frau-Unternehmen", sagt Rosi Huber. Damit setzt sie eine Tradition fort, die schon ihre Großmutter praktiziert hat und auf deren Brennanlage noch heute die hochprozentigen Säfte entstehen. 15 verschiedene Sorten füllt sie in 0,35-Liter-Fläschchen und beklebt sie mit weinroten Etiketten. Sie sind dem Wappen des ehemaligen Schlosses Weyregg nachempfunden, das vor langer Zeit auf dem Grundstück der Hubers stand. Die meisten Früchte für ihre Brände und Liköre reifen in der nächsten Umgebung unter der Attersee-Sonne heran: „Oft rufen mich Leute aus der Region an, die nur zwei, drei Bäume haben. Ich fahre dann hin und sammle ihr Obst ein," erzählt Huber. Was daraus entsteht, kann gegen Voranmeldung von Gruppen bis zu zehn Personen verkostet werden – bei schönem Wetter sogar am Ufer des hauseigenen Badestrandes.

Diesen schätzen übrigens auch Urlauber, die in den drei Ferienwohnungen von Rosi Huber die schönsten Wochen des Jahres verbringen. Zwischen zwei und sechs Leuten haben darin Platz, einen direkten Seeblick und ausreichend Parkfläche sind vorhanden. Sie sitzen nicht nur an der Quelle, wenn es um Edelbrand-Genuss geht, sondern auch bei alten Hausmitteln: „Der Hollerlikör war früher eine Arme-Leute-Medizin gegen Erkältungen. Und vom Zimtlikör sagt der Kräuterpfarrer Weidinger, dass er auf keiner Reise fehlen soll, weil er gegen Kopfschmerzen und Durchfall hilft", erläutert Rosi Huber. Auch ihr Dörrzwetschkenlikör sowie der Rosenblütenlikör finden reißenden Absatz. Letzterer stammt von den roten Rosen, die sich entlang des Hausecks in die Höhe ranken. Wochentags ist Rosi Huber stets zwischen 17 und 19 Uhr in ihrem Laden anzutreffen, „man kann aber auch auf gut Glück vorbeischauen", ermutigt sie.

D'Brennerin   Schnaps

Willkommen

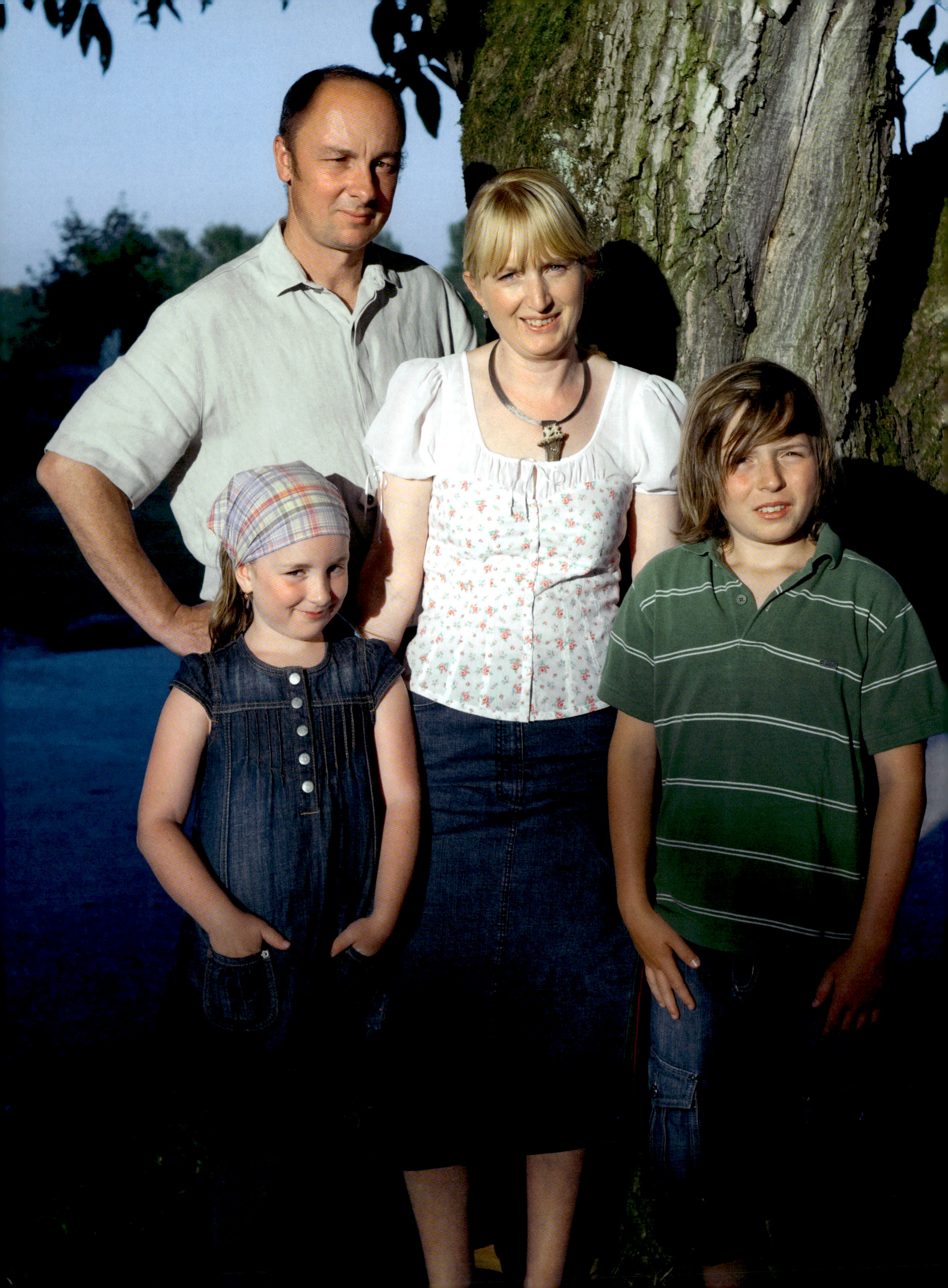

Mit Angus-Rindern zum Erfolg!

Bio-Hof Haslmayr

Als sich die Familie am „Moar in Haitzing" in den 1980er-Jahren Angus-Rinder anschaffte, erntete sie nur Kopfschütteln: „Für die Kollegen in Alkoven galten nur Milchkühe. Die reine Fleischzucht war völlig unterbewertet", erinnert sich Christian Haslmayr. Gemeinsam mit seinem Vater hatte er damals ein neues Standbein zu Acker- und Gemüsebau gesucht und in den schwarzen und roten Tieren aus Schottland gefunden. Und die Entscheidung gegen das regional verbreitete Fleckvieh fiel ganz gezielt: „Die Angus-Rinder sind hornlos und deshalb ungefährlicher im Umgang. Außerdem besitzen sie gute Muttereigenschaften", erklärt Gabriele Haslmayr. Und sie sind bekannt für das gute Fleisch. Da sie langsam wachsen, lagert sich das Fett nicht außen am Muskel an, sondern wandert in dessen Inneres. „Deshalb schmeckt das marmorierte Fleisch so gut", schwärmt sie.

Rund 60 Angus-Rinder bevölkern den Hof der Haslmayrs, der seit dem Jahr 2000 als Bio-Hof geführt wird. Viele Stammkunden schätzen die Philosophie, dass alles mit dem Kreislauf der Natur geht und dass sie wissen, aus welcher harmonischen Umgebung das Fleisch auf ihren Teller kommt. „Nach 17 bis 18 Monaten schlachten wir unsere männlichen Tiere. Das ist kein Jungrindfleisch, sondern richtiges Rindfleisch mit seinem typischen Geschmack", sagt Gabriele Haslmayr. Zehn Tage hängt es nach der Schlachtung im Kühlraum und reift dort so lange, bis es mürbe und damit reif ist. Dann geht es als Mischpaket – Gulasch, Kochfleisch, Gustostückerl – an die Verbraucher. Darüber hinaus gibt es Faschiertes, Beiried, Lungen- und Rostbraten. Um die Qualität gleichbleibend hoch zu halten, kommt alle zwei Jahre ein neuer Angus-Stier auf den Hof: „Normalerweise kann der Bulle sieben Jahre lang Kälber zeugen. Wir tauschen öfters, denn dann kommt frisches Blut auf den Hof", sagt Christian Haslmayr.

Gekochtes Rindfleisch mit klassischen Beilagen

Das Rezept zur Spezialität des Hauses finden Sie auf Seite 76

Bio-Hof Haslmayr
Annaberg 8
A-4072 Alkoven
☎ 00 43 (0) 72 74 / 2 01 77
www.little-texas.at

Schnaps & Design

Flüssige Schätze im edlen Ambiente

Etwas auf die Welt bringen, Neues schaffen, die Kreativität ständig einladen – das treibt Alois Rosner an. Wer sich davon überzeugen will, sollte sich von der Geburt eines Fohlens erzählen lassen, das auf dem Rosner-Gestüt das Licht der Welt erblickt hat. Dabei sind die Shagya-Araber eher der Aufgabenbereich von Gudrun Rosner, die seit 1987 die Zucht der edlen Tiere forciert hat. Doch Gatte Alois ist davon ebenso fasziniert wie von dem Werkstoff Holz und den Früchten der Natur. Denn das ist sein eigentlicher Schöpfungsbereich. Schon Großvater und Vater haben Schnaps gebrannt, doch Alois Rosner hat sich damit nicht zufrieden gegeben. Ein neuer Geschmack musste her – so kamen seine Edelbrände 1999 auf die Welt. „Ich will wissen, wie sich der Geschmack entwickelt und wo er herkommt – aus der Frucht oder aus der Schale", erzählt er. Und ist dabei durchaus rebellisch: „Für Otto Normalverbraucher muss ein Kirschbrand beispielsweise nach Kirsche schmecken. Dabei zeichnet ihn ein Mandelaroma aus. Ist die Kirschnote zu dominant, hat man es mit meist einer Spirituose zu tun." Alois Rosner will eben seine Kunden aufklären und Bewusstsein schaffen: „Man muss sich immer die Frage stellen, ob man ehrlich bleiben will oder nicht." Er nimmt dabei gerne in Kauf, dass die verschiedenen Jahrgänge seiner Brände und Liköre unterschiedlich schmecken und würde nie nachhelfen, wenn die Natur aromatisch weniger intensiv „produziert".

Vogelbeeren und Williamsbirnen, Zwetschken und Marillen verarbeitet Alois Rosner zu Edelbränden, Lindenblüten und Mispeln, Mohn und Ruta (Weinraute) zu Likören. Präsentiert werden die über 50 edlen Gebräue in originellen Trägern. „Ausschlaggebend waren die sogenannten ‚Reiterstamperln', die unsere Pferdeliebhaber gerne trinken. Um beim Ausschenken eine Hand frei zu haben, habe ich die Idee von Trägern umgesetzt", erzählt er. Der frühere Zimmermann liebt Holz wegen seiner angenehmen Verarbeitungsmöglichkeit und den immer wieder neuen Maserungen, „denn es gibt nichts Gleiches." Und so macht er aus einem Stück Holz kleine Schiffe für seine Brände, aus alten Truhen zeitlose Schnaps- und Likörbars. Kennenlernen kann man seine flüssigen Schätze freitags am Bauernmarkt in Regau oder im gemütlichen Keller.

Schnaps & Design
Pohn 1
A-4841 Ungenach
☎ 00 43 (0) 76 72 / 81 43
www.rosner-schnaps.at

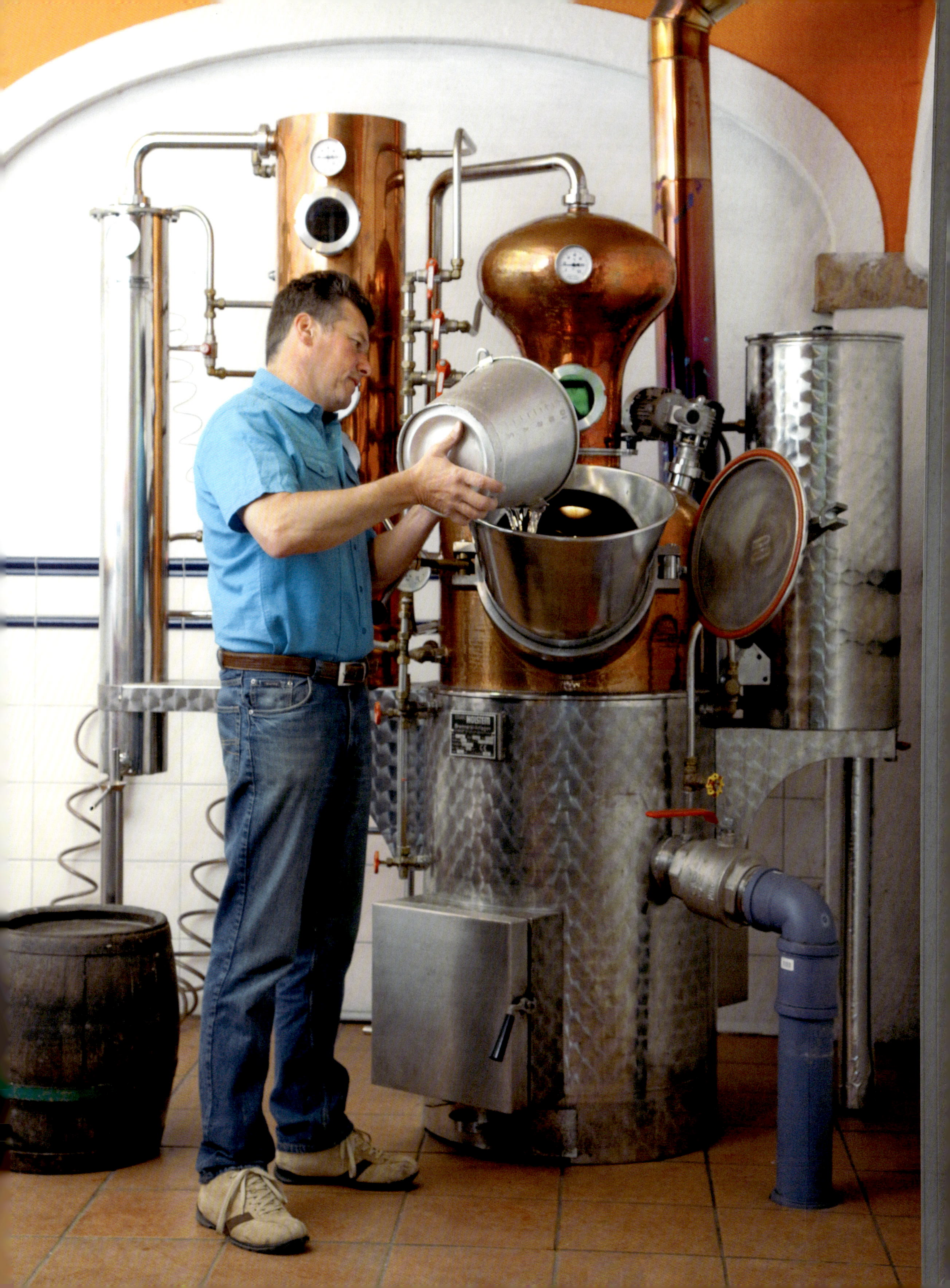

natives
Rapsöl
aus kalter
Erstpressung
natives
Rapsöl
aus kalter
Erstpressung
natives
Leinöl
aus kalter
Erstpressung
Inhalt: 500 m
natives
Leinöl
aus kalter
Erstpressung

Leinöl nach Habermair-Art

Habermair

Von der Saat über die Ernte, die Aufbereitung und Pressung bis hin zur Abfüllung – wer wissen will, wie Leinsamen zu Leinöl werden, kommt zum „Habermair" nach Oberreitbach. Mit Roman Aichinger lebt die dritte Generation auf dem Hof. Der ausgebildete Agrar-Betriebswirt kam 2008 auf die Idee, die ursprünglich für Tierfutter verwendeten Leinsamen zu pressen und Öl herzustellen. Jede Woche erzeugt er frisches Öl, drei bis vier Kilogramm Lein sind für einen Liter hochwertiges, leicht nach Heu duftendes Öl notwendig. „Wir machen das deshalb, weil das Leinöl relativ schnell ranzig wird. Unsere Kunden wissen also, dass das Öl immer einwandfrei ist", erklärt Aichinger. Fünf bis sechs Hektar der Flächen stehen für den Leinsamen rund um den Habermair-Hof zur Verfügung, nach der Ernte ergeben sie 600 Liter pro Jahr.

Leinöl kann auf verschiedene Arten gewonnen werden – durch den Zusatz chemischer Stoffe oder auf Habermair-Art. Das kalt gepresste native Hof-Öl wird in einer Schneckenpresse gewonnen. Dabei lösen sich bei Zimmertemperatur nur die hochwertigsten Aromen und Öle. Der Presskuchen wird als Futtermittel für Schweine und Hühner eingesetzt.

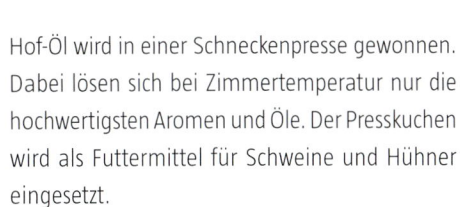

Als Hausmittel gegen Verdauungsstörungen soll ein Esslöffel Leinöl täglich auf nüchternen Magen helfen, angeblich hat es durch seine Omega-3-Fettsäuren auch eine cholesterinsenkende Wirkung. In der Küche passt es vor allem zu kalten Gerichten, „da beim Erhitzen die wertvollen Inhaltsstoffe kaputtgehen." Das gilt nicht für das Rapsöl, das Roman Aichinger zusätzlich erzeugt. Es ist dickflüssiger als gewöhnlich und hat eine grünlich-gelbe Farbe. „Außerdem erkennt man es am Duft. Jedes gute, naturbelassene Öl sollte nach der Stammpflanze riechen", sagt er.

Habermair
Oberreitbach 9
A-4712 Michaelnbach
☎ 00 43 (0) 72 77 / 60 04
www.habermair.at

Ritterbräu

Die Kunst des Bierbrauens

Neumarkt im Hausruckkreis im Herzen von Oberösterreich ist vor allem für eines bekannt: sein „Ritterbräu", das seit über 400 Jahren die Kunst des Bierbrauens zelebriert. Im 17. Jahrhundert gab es drei Brauereien in der Gemeinde, nur das frühere „Mitterbräu" hat die Zeiten überdauert. Dieser Erfolg hat viele Väter. Zum einen ist das mittelständische Unternehmen mit seinen 20 Mitarbeitern fest in der Region verankert. Jeder von ihnen ist Mitglied in mindestens einem Verein, hat damit das Ohr am Kunden und kann schnell auf Anregungen reagieren. Nicht umsonst kommt kaum ein Fest in und um Neumarkt ohne Ritterbräu-Bier aus. Dass man auf spezielle Wünsche anlässlich von Jubiläen und Geburtstagen eingeht, ist ein offenes Geheimnis – und das Verhältnis zur Region, zur Gastronomie sowie zu den Vereinen ein langfristiges Vertrauensbündnis, das teilweise über Jahrzehnte anhält.

Der größte Erfolgsfaktor ist natürlich die Qualität des Bieres. Seit über 30 Jahren achtet Braumeister Johann Zeiger darauf, dass der Gerstensaft viele Wochen bei kalten Temperaturen reift, lagert, ruht und nicht bei der Gärung gedrängt wird. Auch auf Reis- und Maisstärke wird verzichtet, schließlich ist man dem Reinheitsgebot von 1516 verpflichtet. Außer Wasser aus dem eigenen Brunnen, Malz und Hefe sowie Hopfen aus der Region kommt nichts hinein ins Bier. Jedes Jahr überlegen sich die „Ritterbräuer" ein bis zwei neue Sorten; das aktuellste ist das RITTER KULT, das eigens für die oberösterreichische Landesausstellung „Renaissance und Reformation" 2010 kreiert wurde. RITTER KULT gibt es, wie auch das RITTERL, in der 0,33-l-Flasche mit dem praktischen Drehverschluss. Und möglicherweise wird auch diese Biersorte eine buchstäblich ausgezeichnete. Denn als vor 5 Jahren – zum 395-Jahr-Jubiläum der Brauerei – das „Anno 1609" komponiert wurde, wusste auch noch niemand von der DLG-Goldmedaille 2010. Das Beste: Beim härtesten Biertest der Welt (2010) gewann Ritterbräu noch weitere drei Medaillen und hält mittlerweile (seit 2007) insgesamt 6 Gold- und 4 Silbermedaillen.

Beliebt sind neben den verschiedenen Bieren auch die 13 Limonadensorten. Die neueste Errungenschaft ist die „Vital"-Linie. Alle Limos gibt es übrigens in der umweltfreundlichen Mehrweg-Flasche.

Ritterbräu
Ritterbräu Neumarkt GmbH
Bräuhausgasse 1
A-4720 Neumarkt/Hausruck
☎ 00 43 (0) 77 33 / 7 55 50
www.ritterbraeu.at

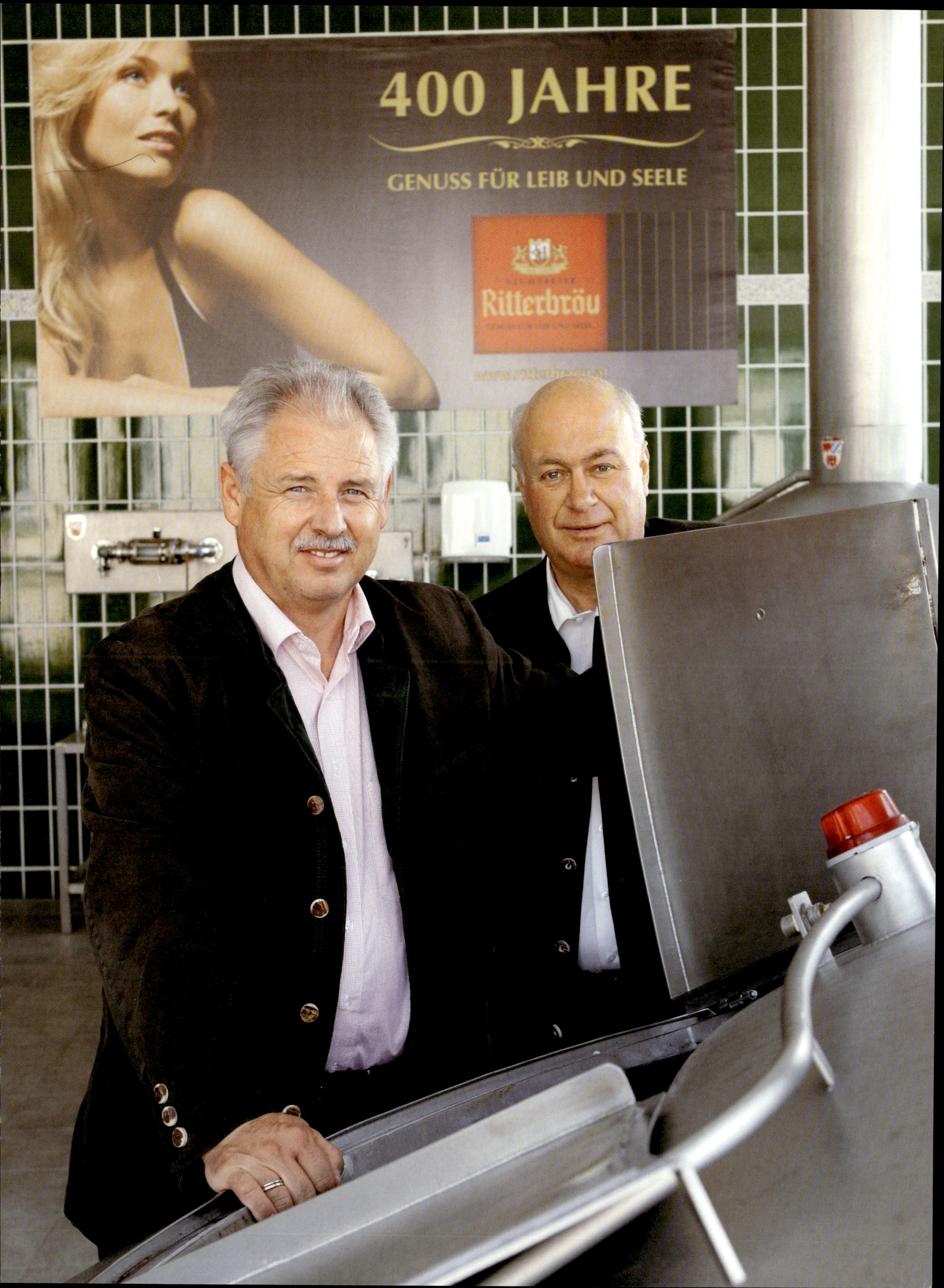
400 JAHRE
GENUSS FÜR LEIB UND SEELE
Ritterbräu

Lammrollbraten mit Wildkräuterfülle

Lamm und Wildkräuter Grausgruber, S. 56

Zutaten für 4 Personen

Für die Fülle 2 Zwiebeln | 2 Knoblauchzehen | 2 EL Öl | 3–4 Handvoll Wildkräuter (Giersch, Bärenklau, Gundermann, Vogelmiere, Brennnessel, Taubnessel) | etwas Weißwein | 1–2 Eier | 125 g Topfen | Salz, Pfeffer
Für den Braten 1 kg Lammrollbraten (Schulter) | Öl oder Butterschmalz | 100 ml Rotwein | 250 ml Gemüsesuppe | 1 Becher Crème fraîche | Salz, Pfeffer

Zubereitung

Für die Fülle Zwiebel und Knoblauch fein schneiden und in etwas Öl anschwitzen. Die geschnittenen Wildkräuter dazugeben und mitrösten. Mit Weißwein ablöschen und die Flüssigkeit verdunsten lassen. Etwas abkühlen lassen. Eier, Topfen, Salz und Pfeffer dazugeben und gut durchmischen. Den Backofen auf 160 °C vorheizen. Den Rollbraten mit Füllung versehen, fest zusammenrollen und mit einem Netz oder Spagat zusammen binden. In Öl oder Butterschmalz rundherum schön anbraten. Mit Rotwein ablöschen und mit Suppe aufgießen. Dann im Rohr 1,5–2 Stunden fertig braten. Die Soße anschließend mit Crème fraîche verfeinern.

Marinierte Forelle mit Buchweizen-Eierblinis und Schnittlauchsauerrahm

Salzkammergut Biofreilandeier, S. 59

Zutaten für 2 Personen

Für die marinierte Forelle 2 Forellen à 220 g | 1 TL Senf | 1 EL Honig | 1–2 TL Zitronensaft | 3 EL Olivenöl | Salz, Pfeffer
Für die Blinis 10 g Hefe | 250 ml lauwarme Milch | 125 g Buchweizenmehl | 125 g Weizenmehl | 3 Eigelb | 1 Prise Salz | 3 Eiweiß | Öl, Butter zum Braten
Für den Schnittlauchsauerrahm 125 ml Sauerrahm | Saft von ½ Zitrone | ½ Bund Schnittlauch | Salz, Pfeffer

Zubereitung

Die Forellen enthäuten und entgräten. Aus den anderen Zutaten eine Marinade herstellen. Das Forellenfilet hauchdünn aufschneiden und mit der Marinade bestreichen. 10 Minuten ziehen lassen.
Für die Blinis die Hefe in der lauwarmen Milch auflösen. Mehl, Eigelb, Salz und die Milch mit der Hefe zu einem glatten Teig rühren. Mindestens 2 Stunden gehen lassen. Das Eiweiß steif schlagen und unterheben. In Öl und Butter goldgelb braten.
Die Zutaten für den Schnittlauchsauerrahm gut vermischen und zu den Blinis und der marinierten Forelle geben.

Kernöl-Topfen-Aufstrich

Traunstein-Kernöl, S. 60

Zutaten für 4 Personen
1 Pck. Topfen | *1 Becher Joghurt* | *2 EL Traunstein-Kernöl* | *geriebene und gehackte Kürbiskerne* | *Salz, Pfeffer*

Zubereitung
Topfen und Joghurt mit dem Kernöl gut verrühren. Die Kerne daruntermischen. Mit Salz und Pfeffer abschmecken und einigen Kürbiskernen dekorieren.

B'soffener Kapuziner

MostOthek, S. 63

Zutaten für 1 mittelgroßen Kuchen
Kapuziner *8 Dotter* | *280 g Zucker* | *100 g Brösel* | *2 EL Rum* | *280 g geriebene Nüsse* | *8 Eiklar* | *etwas Vanillezucker* | *4 EL Mehl* | *1 TL Backpulver*
Aufguss *300–400 ml Penetsdorfer Most* | *1–2 TL Zimt* | *1 TL Nelkenpulver* | *Schale von 1 Zitrone* | *Zucker nach Geschmack*

Zubereitung
Backofen auf 150–160 °C vorheizen. Dotter und Zucker schaumig rühren, dann die übrigen Zutaten dazugeben und verrühren.
In eine runde Tortenform geben und etwa 1 Stunde backen.
Für den Aufguss eine Mischung aus Most, Zimt, Nelkenpulver, Zitronenschale und Zucker herstellen und erhitzen, jedoch nicht aufkochen lassen.
Etwas ziehen lassen. Den Kapuziner portionsweise mit der warmen Marinade übergießen, bis er sich vollgesogen hat, also „besoffen" ist.
Mit Schlagobers servieren.

Gekochtes Rindfleisch mit klassischen Beilagen

Bio-Hof Haslmayr, S. 67

Zutaten für 6 Personen

3–4 Rindsknochen, kurz blanchiert und kalt abgeschwemmt | 1,5 kg Rindfleisch vom Angusrind (z. B. Schulterscherzl, mageres Meisl, Brustkern) | 250 g Wurzelgemüse | 1 Zwiebel mit Schale, halbiert, in der Pfanne gebräunt | 8 schwarze Pfefferkörner | etwas Liebstöckel und Petersiliengrün | Salz

Zubereitung

In einem großen Kochtopf etwa drei bis vier Liter kaltes, leicht gesalzenes Wasser aufsetzen, die Knochen zugeben und zum Kochen bringen. Rindfleisch in das kochende Wasser legen und circa 1 ½ Stunden langsam, nicht zugedeckt köcheln lassen. Danach geputztes Wurzelgemüse, Zwiebel und Gewürze dazugeben und eine weitere halbe Stunde köcheln, bis das Fleisch gar ist. (Lässt sich beim Anstich mit einer Nadel kaum Widerstand feststellen, ist das Fleisch durch.)

Wird das Fleisch nicht gleich serviert, kann es mit kaltem Wasser abgeschreckt und mit einem feuchten Tuch oder Frischhaltefolie abgedeckt kühl gestellt werden. Das abgekühlte Rindfleisch lässt sich besonders gut portionieren und kann in etwas Suppe in wenigen Minuten erwärmt werden. Es kann somit für ein großes Festmahl bereits am Vortag zubereitet werden!

Klassische Beilagen: Rösterdäpfel, Semmelkren, Rahmspinat, Gemüse der Saison und besonders Apfelkren.

> Für Apfelkren zwei bis drei säuerliche Äpfel schälen, entkernen und in etwas kochendem Wasser mit einem Schuss Zitronensaft weich dünsten. Mit der Gabel zerdrücken, 2 bis 3 Esslöffel frisch gerissenen Kren dazugeben und mit etwas Zucker und Salz abschmecken. Kalt servieren!

Topfen-Gewürzbrot

Rezepttipp aus dem Verlag

Zutaten für 2 Laib Brot

1 kg Weizenmehl | 400 g Roggenmehl | 250 ml lauwarmes Wasser | 120 g Germ | 1-2 EL Salz

500 ml Wasser | 500 g Topfen | 3 EL Bergkräuter-Brotgewürz | etwas Streumehl

Zubereitung

Mehl in eine Schüssel geben. Die Germ im Wasser auflösen und in eine Vertiefung im Mehl geben. Mit ein wenig Mehl zu einem Dampferl anrühren. Etwa 15 Minuten gehen lassen.

Das Salz in Wasser auflösen. Die Gewürze und Topfen zum Vorteig geben. Den Teig nochmals gut durchkneten und in ein bemehltes, leicht vorgewärmtes Brotkörbchen oder in eine Kastenform legen.

Mit einem Tuch abdecken und nochmals 15 Minuten gehen lassen. Laibe auf ein befettetes Blech stürzen und mit einer Gabel einstechen. Ein Gefäß mit Wasser zur Dampfentwicklung ins Rohr stellen. Im Backrohr etwa 20 Minuten bei 250 °C backen. Danach 60 Minuten bei 190 °C und die restlichen 20 Minuten bei der Nachhitze des ausgeschalteten Ofens backen.

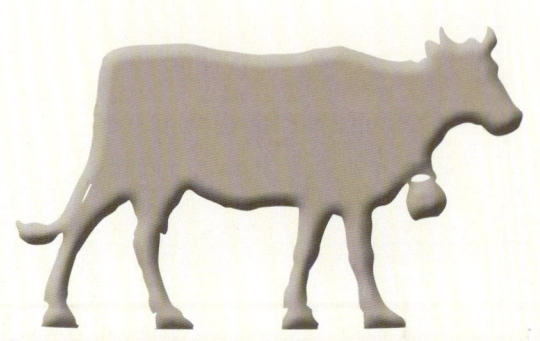

Ruine Schaunberg

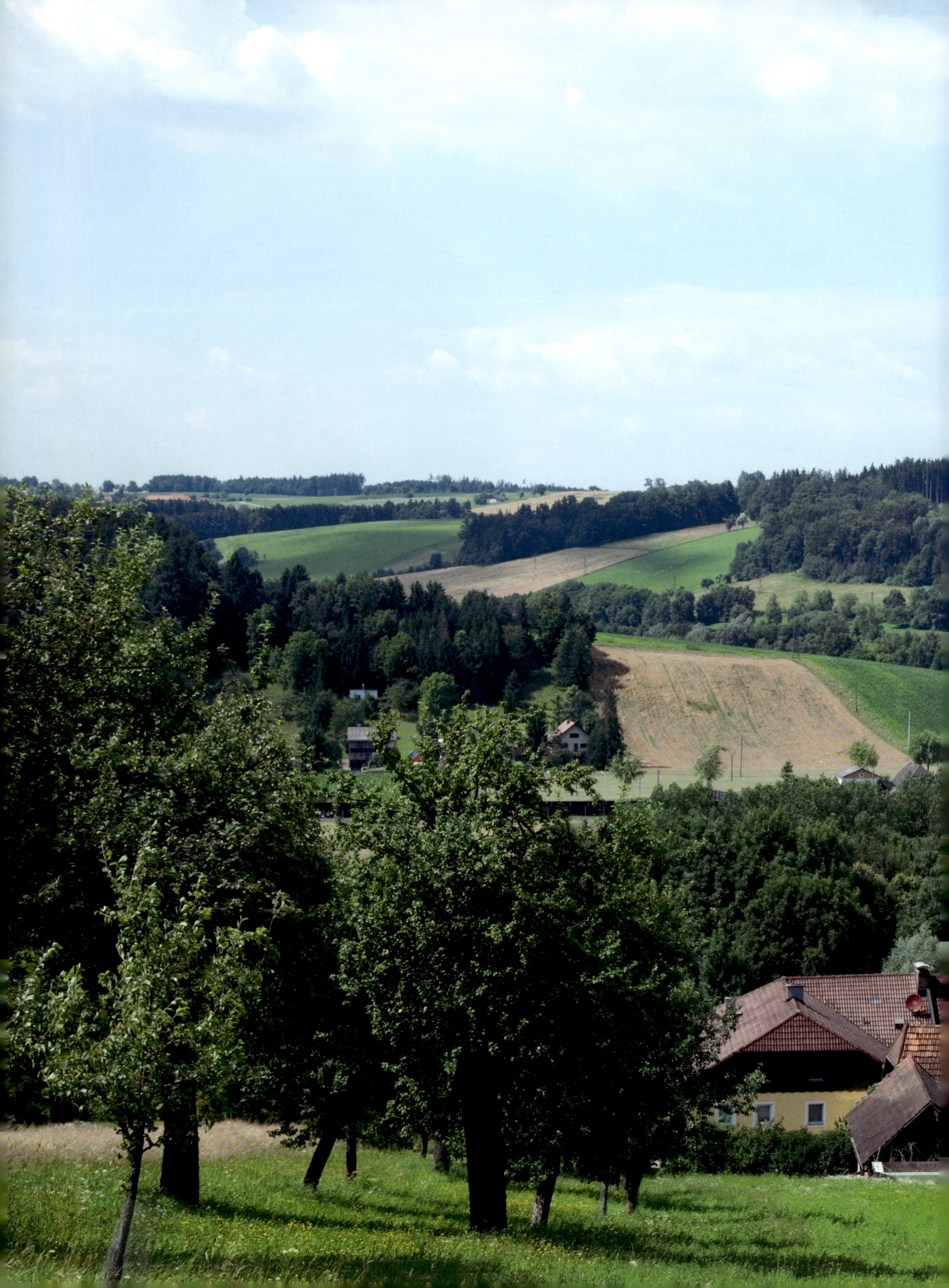

Hausruckviertel

Baumkronenweg

Weltwunder und Wipfelstürmer

Innbaiern – so wurde früher jenes nordwestliche Viertel Oberösterreichs genannt, das stets ein kulturelles Bindeglied zwischen Österreich und Bayern und bis 1779 weiß-blau war. Heute ist das Innviertel begrenzt von drei Flüssen: Salzach, Inn und Donau. Sie umfließen die 200 000 Einwohner im Westen, Norden und Osten. Im Süden dockt es an das Hausruckviertel an. Urban ist das Innviertel an drei Stellen, nämlich in Braunau, Schärding und Ried. Die Natur bezaubert mit dem Sauwald sowie einer Moränenlandschaft mit Kobernaußerwald, Ibmer Moor und Mattigtal. Der Römerradweg durchquert diese Landschaft von Passau über den Attersee nach Enns und an den Ausgangspunkt zurück. Die Städte bieten eine wunderbare Abwechslung zu Natur pur.

Das Prunkstück von Schärding ist die barocke Silberzeile im Stadtzentrum. Es wird erzählt, dass sie ihren Namen von den wohlhabenden Erbauern hatte. In deren Taschen hörte man nämlich stets Silberlinge klimpern. Doch das ist bei weitem nicht alles, was die Innperle zu bieten hat. Ganz neu ist der „Schärding tut gut- Relaxweg". Eine fünf Meter hohe Hollywoodschaukel an der Innpromenade lädt zum Tagträumen ein, Hängematten im Schlosspark zum „Power Napping". Ausgeruht kann man sich auf die Suche nach den sieben Weltwundern machen. Vom Koloss von Rhodos bis zu den Hängenden Gärten der Semiramis finden sich Nachbildungen in der ganzen Stadt verstreut.

Auch die Umgebung ist vielfältig. In Schärding beginnt die Pramtaler Museumsstraße, an deren Wegrand 17 Ausstellungszentren auf Besucher warten. Eine halbe Autostunde entfernt lockt das El Dorado der Wipfelstürmer in Kopfing. Spannung und Bauchkribbeln sind am Baumkronenweg garantiert, wenn man auf dem mehr als 1 000 Meter langen Steg den Wald aus einer Höhe von gefühlten 60 Metern erlebt! Der kleine Schifferort Wernstein wiederum ist geprägt vom berühmten Grafiker und Schriftsteller Alfred Kubin. In seinem Haus in Zwickledt entstand ein großer Teil seiner Werke, auch der berühmte und einzige Roman Kubins „Die andere Seite". Heute ist im Kubin-Schlößl ein Museum eingerichtet.

Ried wiederum ist gekennzeichnet durch die berühmte Bildhauerfamilie Schwanthaler, ihr Œuvre ist nicht nur in der Rieder Pfarrkirche, sondern auch in zahlreichen Gotteshäusern der Umgebung zu finden. Das Museum Innviertler Volkskundehaus präsentiert Werke dieser bayerisch-österreichischen Künstlerdynastie, die außer in Ried auch in Gmunden, Krems, Passau und München Werkstätten unterhielt. Abgesehen von der historischen Prägung ist Ried eine moderne Einkaufsstadt, in der sich Innviertler Lebenslust mit bayerischer Gemütlichkeit paart.

Braunau hingegen ist stolz auf seine Pfarrkirche Sankt Stefan mit einem der höchsten Kirchtürme Österreichs, den gotischen Hauptplatz und sein österreichweit einzigartiges Bademuseum, das „Vorderbad". Erstmals schriftlich erwähnt wurde es 1592, in Betrieb ist die mittelalterliche Badestube allerdings schon viel länger. Gar nicht stolz ist Braunau darauf, Geburtsort Adolf Hitlers zu sein. Deshalb gibt es seit 2006 13 Stolpersteine für die Opfer des Nationalsozialismus'. Der Kölner Künstler Gunter Demnig hatte seit 1997 in acht Gemeinden über 20 000 Pflastersteine mit der Aufschrift „Hier wohnte ..." vor dem Haus der NS-Opfer verlegt. Seit 2009 treten die Gemeinden des Bezirks Braunau als Friedensbezirk Braunau am Inn auf. Das Projekt versteht sich als Zeichen für ein respektvolles, friedliches und wertschätzendes Miteinander und arbeitet an einem sympathischen und positiven Image.

Und dabei hilft die wunderschöne Umgebung mit ihren vielen, Gelassenheit ausstrahlenden Augenweiden. Dem Schloss Wildenau beispiels-

Maria Schmolln

Braunau

Ried

Hochzeitsfries

weise. Es zählt zu den ältesten Schlössern des Innviertels. Auf einer Insel in einem viereckigen Weiher gelegen, hatte das Wasserschloss einst drei Türme und war von Gärten umgeben. Nach einem großen Feuer ist nur mehr die Kapelle erhalten geblieben. Mehr denn je sehenswürdig sind die historischen Gärten am Inn. Der wildromantische Landschaftsgarten des Schlosses Katzenberg etwa mit seinem alten Baumbestand und den Rosenkulturen und Frühlingsblumen. Oder der mittelalterlicher Burggarten in Obernberg samt Kräutergarten mit Laubengängen, Duftbänken und wildem Wein. Und dann gibt es da noch das 1624 erbaute Augustiner-Chorherrenstift in Reichersberg. Der barocke Stiftsgarten blieb in den Grundzügen bis heute erhalten. Am ältesten sind die Hainbuchenallee und der zentrale Kreuzweg.

Die gesamte Region ist ein Schmuckkästchen – vor allem auch wegen des typischen Inn-Salzach-Baustils. Helle Häuserfronten mit Erkern, die sich über mehrere Stockwerke ziehen, Laubengänge und Stuck an den Stirnflächen kennzeichnen die Häuser entlang der Flüsse. Ihnen zu folgen ist ein architektonisches Erlebnis und führt bis nach Salzburg und (Süd-)Tirol. Doch das ist eine ganz andere Geschichte!

Maria Schmolln

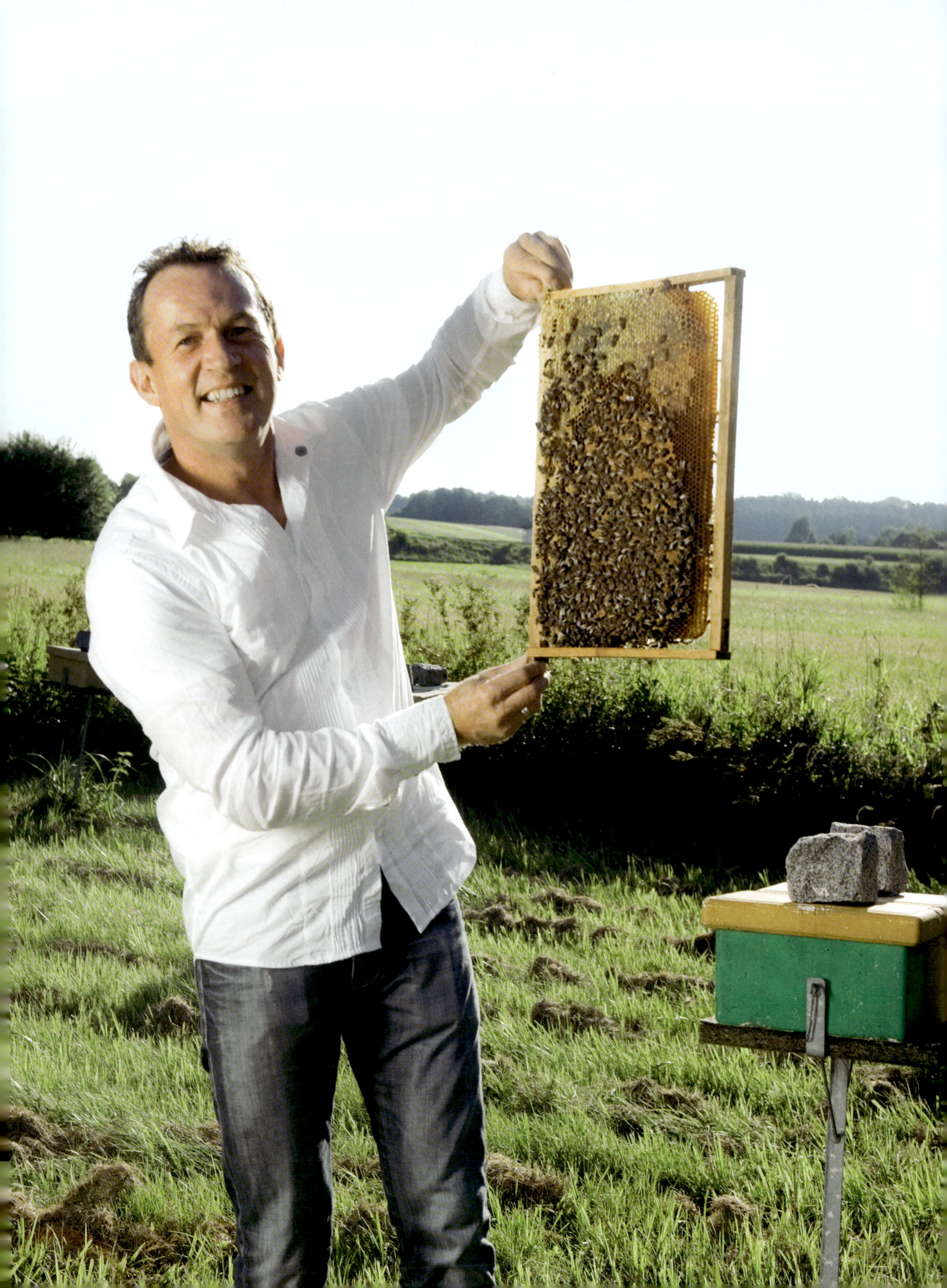

Bewusster Umgang mit Bienen

Imkerei Pointecker

Schweinefiletmedaillons mit Honigglasur

Das Rezept zur Spezialität des Hauses finden Sie auf Seite 94

Was bei Wolfgang Pointecker im Alter von elf Jahren aus Liebe zur Natur mit einem geschenkten Bienenstock begonnen hat, ist heute ein professionell geführter Imkereibetrieb mit 250 Völkern und insgesamt 20 Millionen Bienen.

Seine Bienenstöcke stehen überall dort, wo Flächen landwirtschaftlich nicht überaus intensiv genutzt werden. Für den Waldhonig fährt er seine Bienen in den Hausruck- und Kobernaußer Wald, den Akazien- und Sonnenblumenhonig liefern die Bienen aus Niederösterreich. Den Edelkastanienhonig tragen seine fleißigen Helferinnen in der Steiermark in die Waben. Immer wenn die Blütezeit beendet ist, setzt sich Wolfgang Pointecker in den Wagen und holt seine Schützlinge heim. „In der Haupt-Honigzeit von April bis Ende September liegt das Augenmerk auf der Betreuung und Pflege der Bienenstöcke, um gute Voraussetzungen für die Honigernte zu schaffen."

Ist die Honigernte eingebracht und der Honig geschleudert, geht es im Herbst dann an die Verarbeitung und Veredelung zu köstlichen und vitalisierenden Produkten. Neben Honigwein, Propolis-Produkten wie Cremes, Tropfen und Gelee Royal – „sie sorgen für die Zellerneuerung und Vitalisierung des Körpers" – gibt es für Naschkatzen noch Honig-Gummibärchen und Honigschokolade. Wolfgang Pointecker ist stets bemüht, neue, schmackhafte Produkte zu kreieren. Die Natur ist ihm ein Anliegen geblieben; dass die Bienenpopulationen immer weniger werden, macht ihm Sorgen. „Denn ein Drittel der Weltnahrung ist von der Arbeit der Bienen abhängig. Geht ihre Zahl zurück, müssen wir langfristig mit Hungersnöten rechnen", erläutert er. Um dafür das Bewusstsein zu wecken, betreibt er seit 1999 einen Bienenlehrpfad mit Naschgarten mit drei Schau-Bienenstöcken und 20 Lehrtafeln sowie einen Hofladen. Pointecker vertreibt seine Erzeugnisse auch über die Handelskette Maxi-Markt in Oberösterreich und verschickt seine Kostbarkeiten. Ein Anruf genügt.

Imkerei Pointecker
Neuratting 47
A-4942 Wippenham
00 43 (0) 6 64 / 1 21 52 23

Leikermosermühle

Oberösterreichische Qualität im Mühlenladen

Zu wissen, woher die Lebensmittel kommen, auf kurze Transportwege achten und die Schätze der Erde anerkennen – das ist Regina und Johannes Leikermoser wichtig. Diese Grundsätze setzen sie in ihrer Arbeit in der Leikermosermühle tagtäglich um.

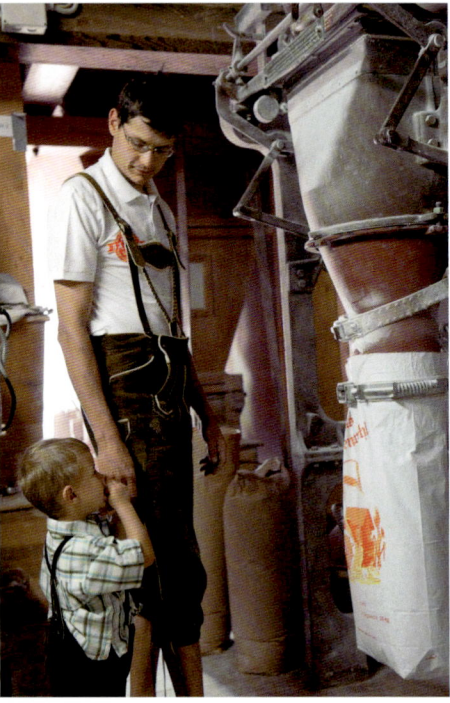

Die Mühle liegt am idyllischen Schwemmbach. Hier wurde früher das Holz aus dem Kobernaußerwald in den Inn geschwemmt – daher der Name. Er fließt direkt durch den Hof und erzeugt Strom, der zum Mahlen des Getreides verwendet wird. Davon war 1861, als der Urururgroßvater von Johannes Leikermoser das Sägewerk mit Wasserrad kaufte, noch nicht die Rede. Doch dieses Wasserrad war knapp neun Jahr später ausschlaggebend für den Bau der Getreidemühle. Seitdem hat sich das Mahlen zum Geschäftsschwerpunkt entwickelt. In das Arbeiten mit Getreide sind die nachfolgenden Generationen hineingewachsen. „Mich fasziniert, dass wir trotz aller technischen Errungenschaften immer noch von der Natur und dem Wetter abhängig sind. Der Herrgott entscheidet", sagt Leikermoser.

Als Mitglied der „Troad Bäcker" hat er sich verpflichtet, nur Getreide zu verarbeiten, das von oberösterreichischen Bauern kommt. Die wiederum verwenden ausschließlich heimisches Saatgut. Und in weiterer Folge verarbeiten die Troad Bäcker nur das Mehl oberösterreichischer Mühlen. In der Leikermosermühle werden jährlich 70 Tonnen Weizen und Dinkel sowie 100 Tonnen Roggen gemahlen.

Im Mühlenladen können Freunde der bewussten Küche die Mehle, selbst komponierte Vollkornbrot-Fertigmischungen und Keksbackmischungen kaufen. Eine Auswahl an naturbelassenen Koch- und Backzutaten sowie Müslis, Flocken, Getreide, Nudeln und gesunde Knabberprodukte in konventioneller und in Bio-Qualität ergänzen das Sortiment. „Meine Mutter ist eine begnadete Köchin und Bäckerin und für die Rezepte verantwortlich", erzählt Johannes Leikermoser. Und seine Frau Regina ergänzt: „Die Kunden bestimmen mit ihrer Nachfrage unseren Weg, denn wir sind klein, flexibel und können kleine Mengen herstellen." Und das ist auch einer der Gründe, warum die Leikermosermühle die vielen wechselhaften Jahrzehnte der Branche gesund überstanden hat und positiv in die Zukunft blickt.

Leikermosermühle
Kolming 4
A-5552 Munderfing
☎ 00 43 (0) 77 44 / 62 35
www.leikermoser.co.at

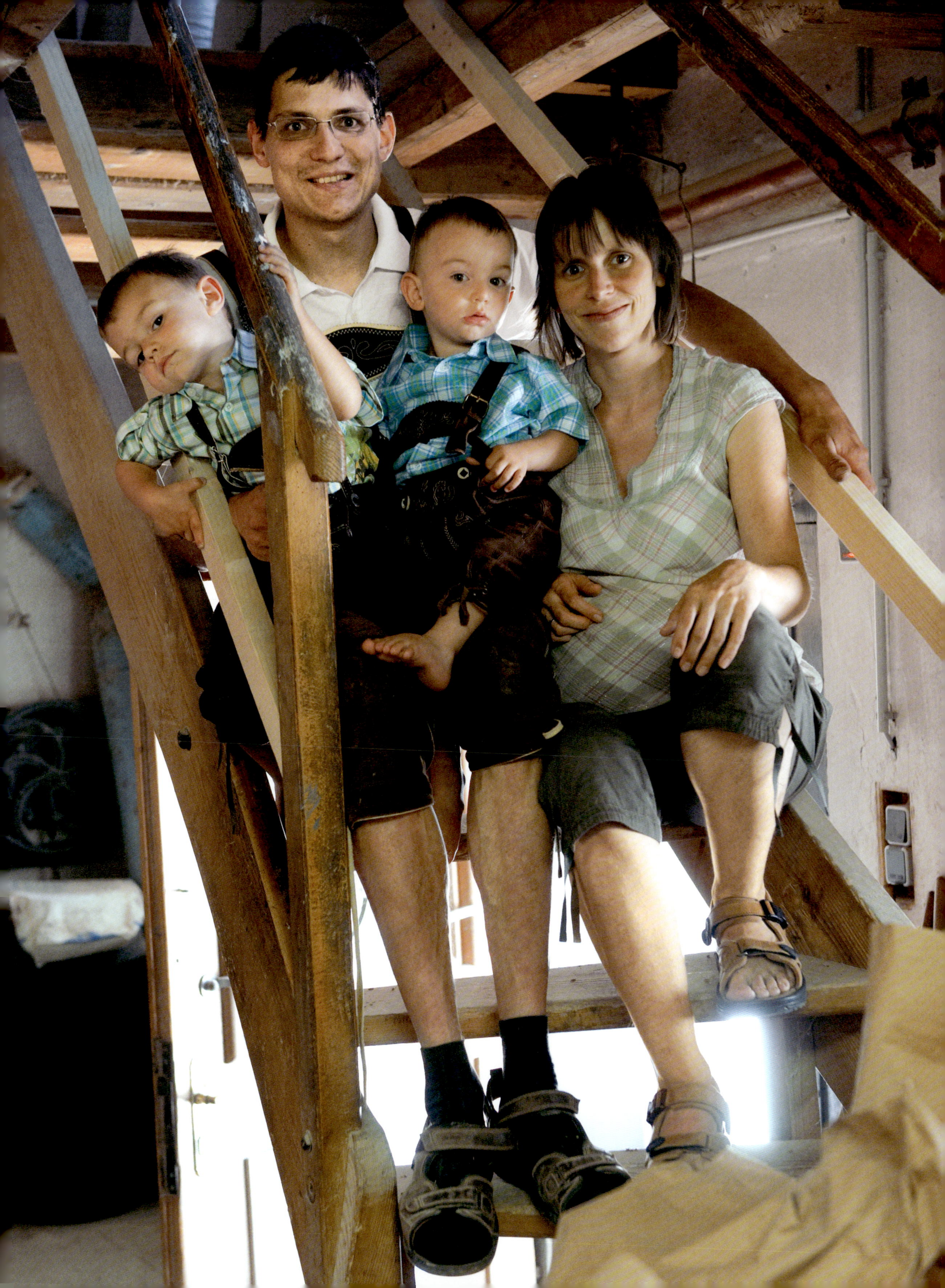

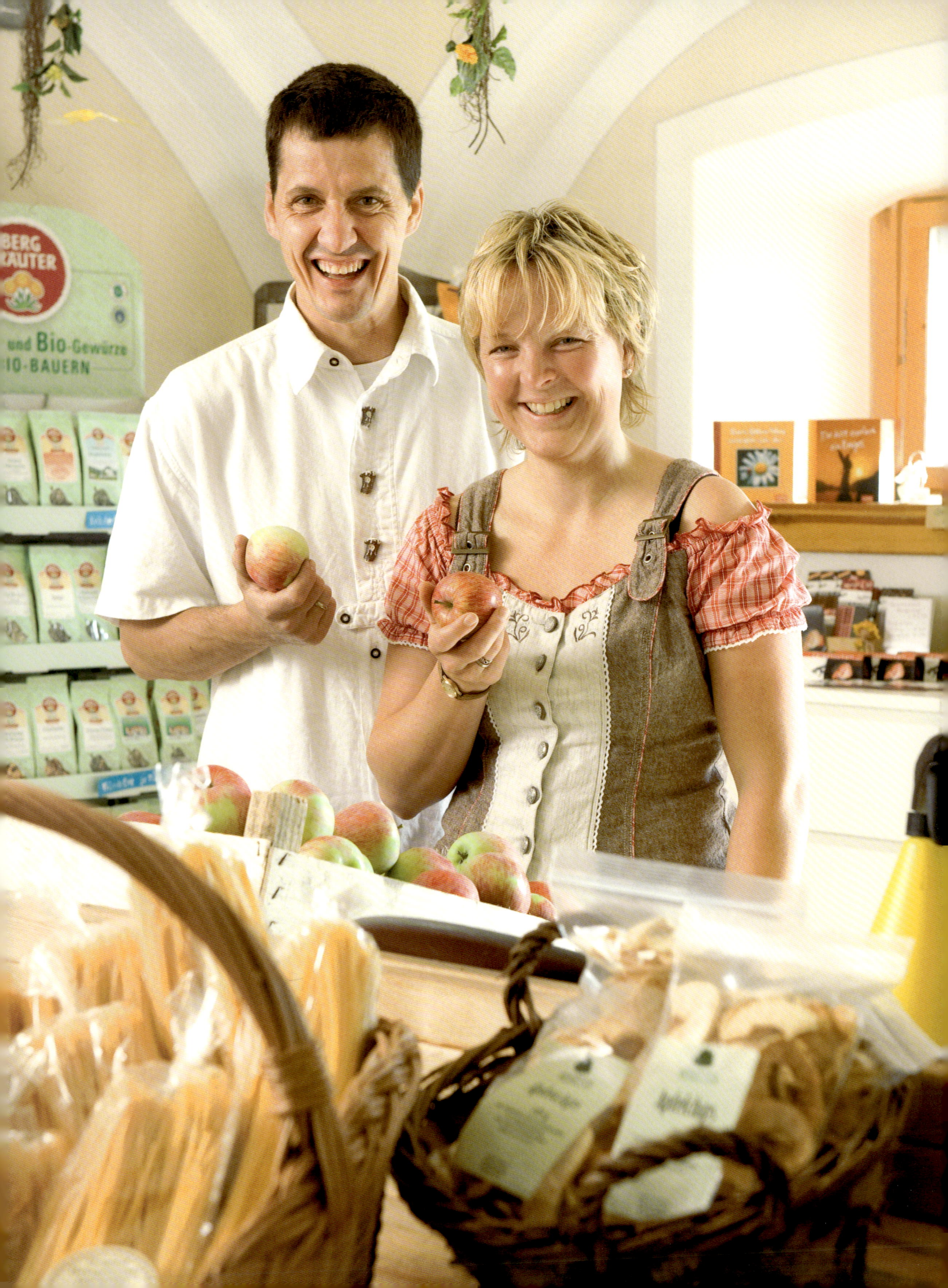
BERG
und Bio-Gewürze
IO-BAUERN

Genuss erleben im historischen Ambiente

Obergut

In der Stadt zu liegen und trotzdem von Feldern und Wiesen mit Obstbäumen umgeben zu sein – dieses Kunststück schafft das Obergut in Braunau. Der josephinische Vierseit-Hof steht immer noch da, wie er erdacht wurde: „Wir achten darauf, dass das historische Ambiente erhalten bleibt", erzählt Thomas Ober. Seit die Familie entschieden hat, sich von der Stiermast zu verabschieden und sich ganz dem Obstbau und der Direktvermarktung zu widmen, wurde an einem Gesamtkonzept getüftelt: „Obergut – Genuss erleben" ist ein Freizeitangebot mit der Möglichkeit zum Erleben, Verkosten, Shoppen und Einkehren. Die Hofschänke (Eröffnung: 1. Mai 2011) lädt jene zum Verweilen ein, die sowohl die Moste als auch die Säfte des Oberguts ausprobieren wollen. Die Rohstoffe kommen von den 6 000 Bäumen, die Äpfel und Birnen, Zwetschken und Quitten tragen. Vom Gastgarten aus sieht man vor der bezaubernden Kulisse der Stadt, wie sie sich entwickeln. Was dem Most gut tut: „Wenn das Obst reif ist, dann wird es sofort nach der Ernte mit unserer Weinpresse weiterverarbeitet", erzählt Thomas Ober. Das bringt seine, mit zahlreichen Ehrungen versehenen Moste nahe an einen Weißwein. Sein Cidre aus dem Remo-Apfel fällt durch die fruchtige Säure auf und ist die Basis für den Apfelsekt. Auch aus der Speckbirne entsteht ein Sekt, der mit Gelatine versetzt seinen dominanten Gerbstoff-Ton verliert und das „Birnige" behält.

„Hier in der Gegend ist Obstbau sehr selten. Wir wollen den Leuten zeigen, dass auch im Innviertel leckeres Tafelobst gedeiht", sagt Ulli Ober. Sie ist für den Hofladen zuständig, der im Jahr 2000 eröffnet wurde und seither ständig gewachsen ist. Das Zugpferd im Verkauf sind natürlich die Äpfel des Hofes, die man von Anfang August bis zum Mai/Juni erwerben kann. Neben den vielen Produkten rund um den Apfel gibt es aber auch Angebote anderer Bauern. Und natürlich die Ober-Edelbrände. 2006 hat Thomas Ober seine eigene Brennerei gekauft und erzeugt seither edle Brände. Ob bei einer Degustation mit dem Edelbrand-Sommelier, beim Schaubrennen oder auch bei einer geführten Verkostung mit dem Mostsommelier – Thomas Ober freut sich auf Gäste.

Apfelschmalz

Das Rezept zur Spezialität des Hauses finden Sie auf Seite 94

Obergut
Auf der Haiden 42
A-5280 Braunau am Inn
☎ 00 43 (0) 77 22 / 8 73 21
www.obergut.at

Marienhof

Der Geschmack der typischen Innviertler Küche

Kirchdorfer Schweinskotelett nach Bauernart mit Serviettenknödel

Das Rezept zur Spezialität des Hauses finden Sie auf Seite 95

Pedalritter auf dem Innradweg machen im Marienhof zu Kirchdorf genauso Station wie Thermenbesucher aus Geinberg, Kurgäste von überall sowie Vogelbeobachter und – natürlich – Einheimische. „Sie alle kommen ganzjährig hauptsächlich wegen unserer bodenständigen und typisch Innviertler Küche zu uns", erzählt Wirtin Tatjana Vorhauer. Und dafür ist vor allem Mutter Berta zuständig, die seit vielen Jahren mit Leib und Seele am Herd steht und stets den Geschmack ihrer Gäste trifft. „Ich weiß nicht, ob man das lernen kann. Eher glaube ich, dass es eine Gabe ist", sagt sie. Leidenschaftlich sammelt sie Rezepte, alte und neue Kochbücher, die in einem riesigen Schrank aufbewahrt werden. „Doch sie würzt nicht immer ganz nach den Rezepten, sondern nach G'spür", sagt die Tochter.

Typisch für's Innviertel ist der Knödelteller mit Speck-, Grammel- und Hascheeknödel, aber auch die Brotsuppe, eine der vielen Lieblingsspeisen von Tatjana Vorhauer aus der Küche ihrer Mutter. Die Gäste kommen wegen des Marienhof-Cordonbleus, das mit Bauernspeck und glasierten Zwiebeln serviert wird. Und wenn der Fischgrillteller mit Lachs, Zander, Rotbarsch und Scampi einmal auf der Karte fehlt, bemerken das die Stammgäste umgehend. „Nobel zu kochen ist nicht mein Antrieb. Wenn hingegen jemand sagt, dass mein Essen wie in einem Haubenlokal schmeckt, freut mich das schon", sagt Köchin Berta. Vielleicht liegt der Zuspruch aber auch daran, dass sie beinahe alle Zutaten ihrer Gerichte auf der Speisekarte detailliert anführt. Somit wissen die Gäste, was sie erwartet. Besonders zu den Entenwochen kommen sie gerne: Da gibt es das Federvieh knusprig in Most-Zimt-Soße, als Cremesuppe oder „en detail" als Entenleber.

Bekannt ist der Marienhof auch für seine saisonalen Mehlspeisen wie dem Heidelbeerfleck aus frischen Beeren, den duftigen Strudelspezialitäten mit Kirsch-, Topfen-, Apfel- oder Zwetschkenfüllung. Verstärkt geniessen kann man Bertas Kochkünste als Pensionsgast. Elf Zimmer stehen für Besucher der Region bereit.

Marienhof
A-4982 Kirchdorf am Inn 26
☎ 00 43 (0) 77 58 / 20 50
www.marienhof.co.at

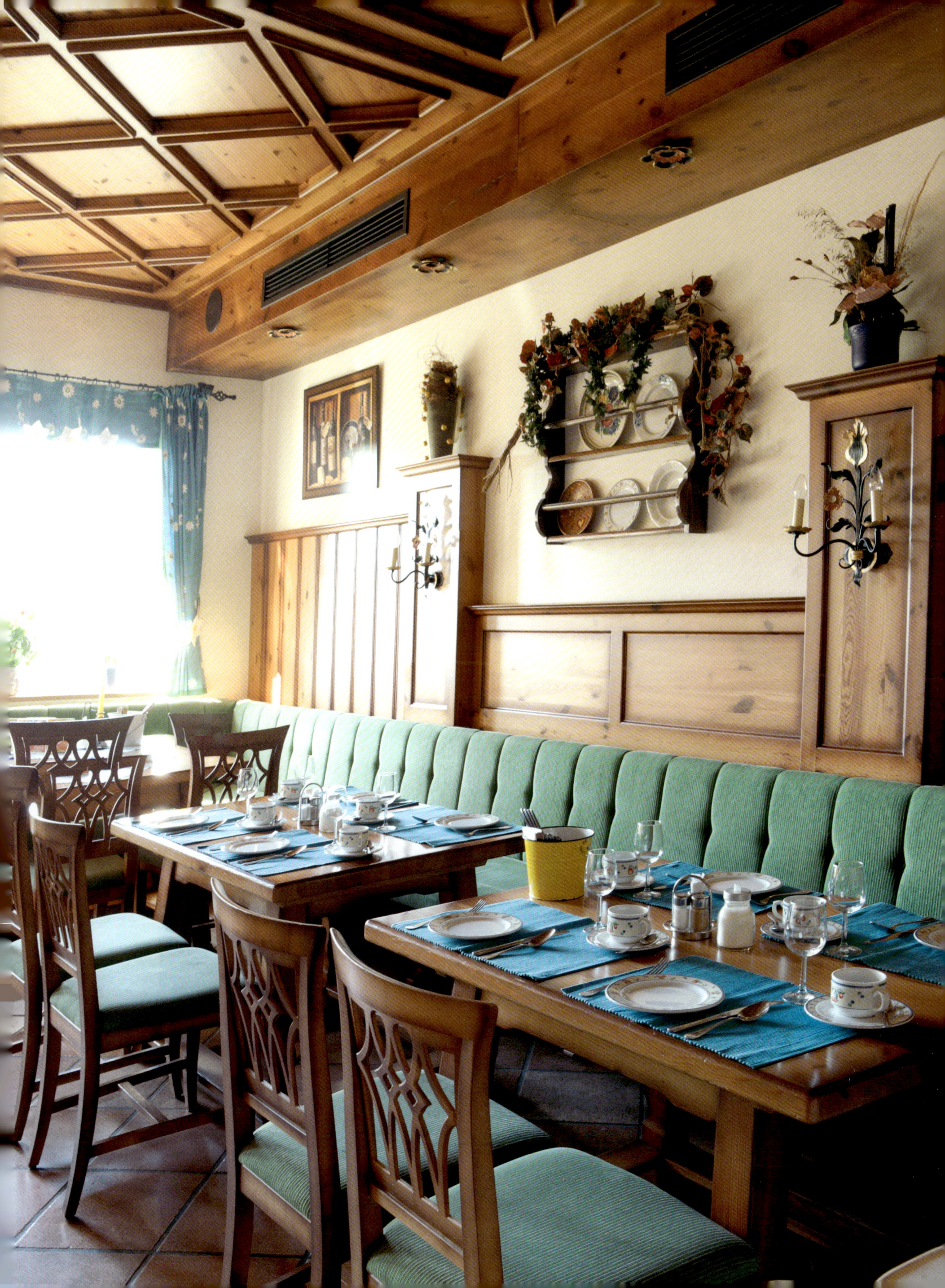

BLÜTENPOLLEN
Bienenhonig
aus Österreich
PROPOLIS-BONBON
APIS KOMBI

Fleißige Bienen sorgen für den Nektar der Götter

Imkerei Burgstaller

„Bei den Bienen braucht man viel Geduld und muss zur richtigen Zeit das Richtige tun", sagt Rudolf Burgstaller. Seit 25 Jahren beschäftigt sich der Imker mit der Kunst der Honigherstellung, hat viel dem Vater abgeschaut und ist trotzdem immer auf dem aktuellen Stand der (Bienen-)Dinge.
Seine Devise lautet: „Geht es den Bienen gut und passt das Wetter, wird auch der Honig gut." Deshalb wird seine Imkerei nach den biologischen Richtlinien geführt und jährlich von einer unabhängigen BIO-Kontrollstelle überprüft. Seine Beuten sind aus Holz, das Wachs ist frei von schädlichen Rückständen und kommt aus dem eigenen Bienenkreislauf. Und die Hygiene ist durch Edelstahlfässer gewährleistet, in denen der Honig gelagert wird. Reiner Bienenhonig kristallisiert früher oder später und kann bei circa 40 °C wieder verflüssigt werden. Dadurch erhält er seine ursprüngliche Konsistenz und Farbe wieder zurück.

Um seinen 100 Hauptvölkern ausreichend Nahrung zu bieten, beachtet Rudolf Burgstaller mit seiner kleinen Bio-Landwirtschaft die Fruchtfolge auf den Feldern: „Damit bieten wir den Bienen in der Hauptvegetationszeit die Möglichkeiten, sich selbst mit Nektar zu versorgen." Übrigens: Für ein Glas Honig besuchen die fleißigen Arbeiter rund 40 Millionen Blüten und sind circa 100 000 Kilometer geflogen!
Rund 20 verschiedene Produkte stellt er aus dem Nektar der Götter her. Neben acht Sorten Honig in klarer und cremiger Konsistenz kann man im Webshop oder am Rieder Bauernmarkt auch Blütenpollen, Propolis-Produkte, Gelee Royal und Kombinationen erstehen. „Ein Teelöffel Honig mit Propolis und Blütenpollen beispielsweise stärkt die Abwehrkräfte und die Vitalität." Seine Honig-Lebkuchen aus Weizen- und Dinkelmehl sind ebenfalls sehr beliebt, vor allem zwischen Oktober und Januar.

Imkerei Burgstaller
Bankham 9
A-4970 Eitzing
00 43 (0) 6 76 / 9 56 17 49
www.honigprodukte.at

Schweinefiletmedaillons mit Honigglasur

Imkerei Pointecker, S. 85

Zutaten für 4 Personen

500 g Schweinsfilet | Butter zum Anbraten | Salz, Pfeffer
Glasur *1 kleine Zwiebel | 1 Knoblauchzehe, gehackt | 2 EL Butter | 2 EL Honig | 1 EL Ketchup | 1 EL Sojasoße | 1 EL Zucker*

Zubereitung

Das Schweinsfilet in Medaillons schneiden und diese mit Salz und Pfeffer würzen. In Butter beidseitig fast durchbraten.

Für die Honigglasur die Zwiebel fein schneiden, mit dem Knoblauch in Butter anschwitzen lassen, restliche Zutaten beigeben und etwas eindicken lassen. Dann auf eine Seite der Schweinemedaillons streichen. Kurz im Ofen bei Oberhitze gratinieren beziehungsweise überbacken (circa 3–5 Minuten).

💡 Für die Soße Bratenfett mit Rindersuppe aufgießen und Schwammerl unterheben. Einen Esslöffel Honigglasur beigeben und einen Esslöffel kalte Butter unterrühren. Dazu passen Kroketten oder Röstitaschen.

Apfelschmalz

Obergut, S. 89

Zutaten für 4 Personen

1,4 kg Bauchspeckwürfel, roh | 3 Zwiebeln | 3 Äpfel | 2–3 TL Salz | 1 TL Pfeffer | 1 TL Majoran

Zubereitung

Die Bauchspeckwürfel in eine heiße Gusseisenpfanne geben und Grammeln ausbraten. In der Zwischenzeit die Zwiebeln und die Äpfel kleinwürfelig schneiden. Die Grammeln abschöpfen, wenn sie goldgelb sind. Die Zwiebeln ins heiße Fett geben und goldgelb anbraten. Dann die Äpfel und die Gewürze dazugeben. Zum Schluss die Grammeln wieder in die Masse mischen und alles noch mal abschmecken.

💡 Heiß in Gläser gefüllt hält sich der Brotaufstrich einige Zeit im Kühlschrank.

Kirchdorfer Schweinskotelett nach Bauernart mit Serviettenknödel

Marienhof, S. 90

Zutaten für 4 Personen

4 Schweinskoteletts | 1 Knoblauchzehe | Mehl zum Wenden | 30 ml Öl | 60 g Selchspeck | 1 Zwiebel | 200 g Wurzelgemüse | 100 g Champignons, blättrig geschnitten | 1 EL Paprikapulver, edelsüß | 250 ml Bratensaft oder Rindsuppe | 350 g Kartoffeln, in Scheiben geschnitten | 100 g Erbsen, gekocht | Petersiliengrün | Salz, Pfeffer, Kümmel
Serviettenknödel *400 g Semmelwürfel | 250 ml Milch | 4 Eier | 25 g gehackte Petersilie | 1 kleines Stück Butter | Salz, Pfeffer, Muskat*

Zubereitung

Die ausgelösten Koteletts leicht klopfen, den Rand mehrmals einschneiden. Mit Salz, Pfeffer, Kümmel und Knoblauch würzen und in Mehl wenden. In heißem Fett anbraten und warm stellen. Im Bratensaft den kleinwürfelig geschnittenen Selchspeck glasig rösten, dann die feingeschnittene Zwiebel sowie das in Julienne geschnittene Wurzelgemüse sowie die Champignons mitrösten. Mit Paprikapulver stauben. Mit etwas Rindsuppe oder Bratensaft aufgießen und die Koteletts wieder in die Pfanne legen. Nochmals nach Belieben würzen, die Kartoffelscheiben beigeben und alles weich dünsten. Zuletzt die gekochten Erbsen und die Petersilie hinzufügen.
Für die Serviettenknödel die Semmelwürfel in Milch einweichen. Eier und Petersilie unterrühren und mit Salz, Pfeffer und Muskat abschmecken. Die Knödelmasse in hitzebeständige Klarsichtfolie fest einrollen und bei circa 80 °C 40 Minuten pochieren. Die fertigen Knödel aus dem Wasser nehmen und kalt stellen. Aus der Folie nehmen, in Scheiben schneiden und in Butter beidseitig anbraten.
Die Koteletts auf den Teller geben, darüber die bunte Wurzelgemüse-Soße gießen und die gebratenen Serviettenknödel dazugeben. Mit einem gebratenen Speckstreifen garnieren.

Innviertler Ofenbraten

Rezepttipp aus dem Verlag

Zutaten für 4–6 Personen

1 kg Schweinsbraten mit Schwarte | 400–600 g Kartoffeln | 2–3 Knoblauchzehen, zerdrückt | Rindsuppe oder Wasser zum Begießen | Kümmel | Schweinsknochen für die Form | Salz, Pfeffer

Zubereitung

Den Schweinsbraten mit Schwarte einige Minuten lang mit der Fettseite nach unten in fingerhohes, leicht köchelndes Wasser legen, herausnehmen und dann die Schwarte kreuzweise einschneiden. Braten rundum gut mit Salz, Pfeffer, Kümmel und den zerdrückten Knoblauchzehen einreiben. Eine feuerfeste Form etwa fingerhoch mit Wasser füllen, Knochen einlegen und den Braten mit der Schwarte nach unten darauf setzen. Bei fallender Temperatur von 220 °C auf 170 °C insgesamt 60 bis 90 Minuten unter wiederholtem Begießen mit Flüssigkeit braten. Wenn nötig noch Rindsuppe oder Wasser zugießen. Nach der halben Garungszeit Braten wenden und dabei die Knochen herausnehmen. Geschälte, in Scheiben oder Viertel geschnittene Kartoffeln zugeben und mitbraten. Ofenbraten mit Schwarte zum Schluss einige Minuten eventuell noch bei großer Oberhitze knusprig braten. Ofenbraten herausheben, kurz ruhen lassen und in Scheiben schneiden. Wieder zurück in die Bratform legen und mit den Kartoffeln auftragen.

Dazu passt warmes Sauerkraut mit Speck. Je nach Geschmack kann man zusätzlich zu den Kartoffeln auch noch Zwiebelringe mitbraten.

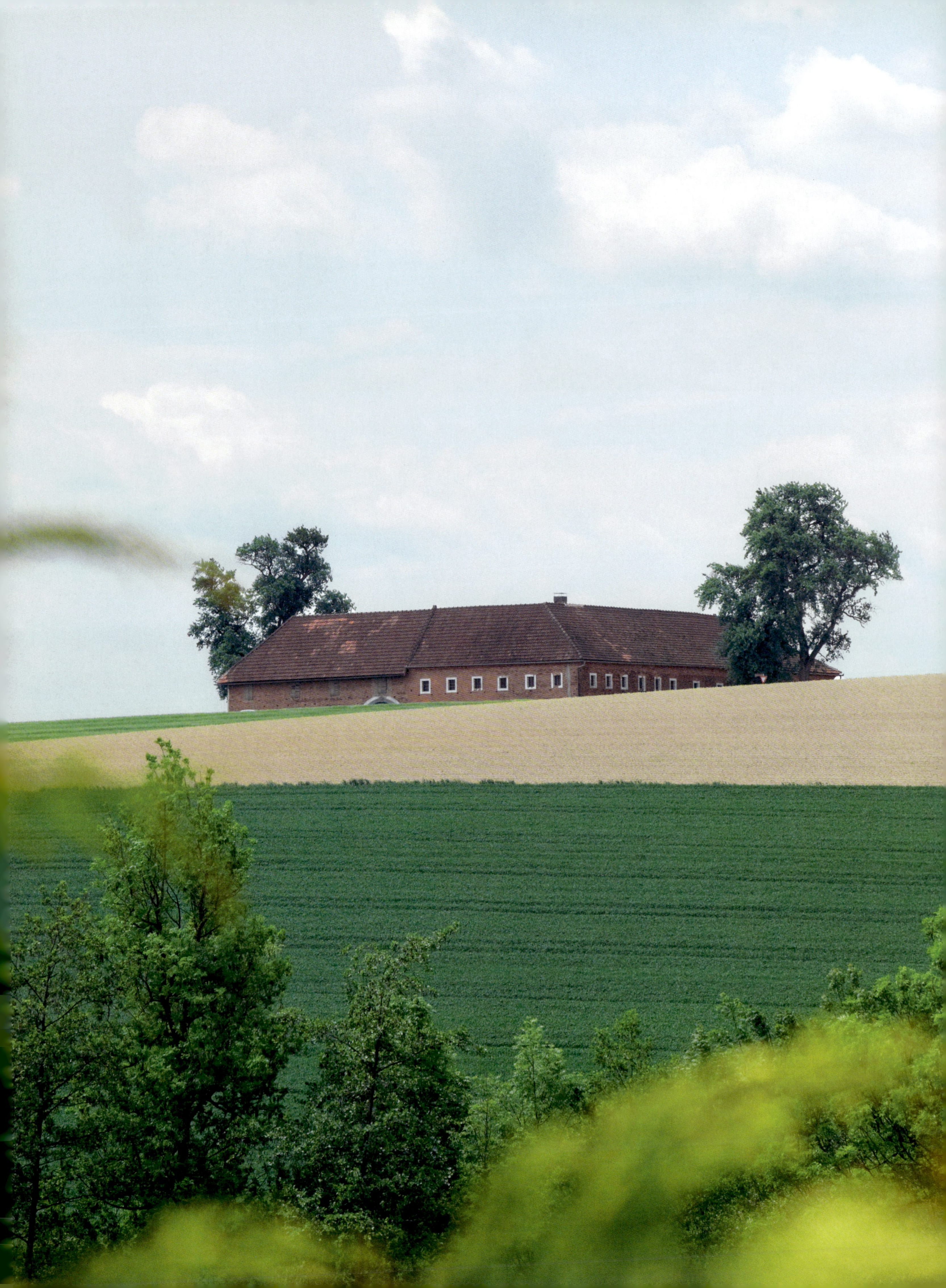

Vollkommene Vierkanter

„Beim Vierkanter hat fast alles zusammengepasst: die praktische Anordnung der Räume, der wuchtige und doch harmonische Bau, die Arbeits- und Lebensordnung sowie die Verbindung mit der Natur und zu Gott. Ich bin fast versucht, von einer ‚Bauernherrlichkeit' – im positiven Sinn – zu sprechen." Diese Worte stammen von einem, der Zeit seines Lebens auf einem Vierkanter verbracht hat, als Kind und Knecht, als Eigentümer und Gründer des Mostviertler Bauernmuseums. Anton Distelberger hat seiner Liebe zu dieser Hofform mit dem Buch „Im Reich der Vierkanter" Ausdruck verliehen.

Jeder, der sich einem Vierkanter genähert oder sogar dort aufgehalten hat, erliegt seinem Zauber. Schon wenn man die meist schlanke Straße zu den Anwesen entlangfährt, winken sie einem aus erhabener Höhe zu. Fast meint man, der Besuch werde geduldet, da es kaum etwas vergleichbar Majestätisches geben kann. „My home is my castle" – würden die Bauern in den Vierteln Ober- und Niederösterreichs in englischer Muttersprache reden, träfe dieser Ausspruch auf ihre Vierkanter zu. Wer hinter den Mauern lebt, kann gar nichts zu befürchten haben.

Diese Hofform ist in allen Vierteln dieses Buches anzutreffen, im Innviertel in der leicht veränderten Form eines Vierseithofes. Der Unterschied: Beim Innviertler Vierseithof sind die vier Gebäude so um den Hof gruppiert, dass die Ecken des Hofs nur durch Tormauern oder Zäune abgeschlossen werden. Der Vierkanthof dagegen ist ein an vier Seiten vollkommen geschlossenes Bauwerk. Heute meistens zweigeschossig, erstreckte er sich in seiner Ursprungsform ebenerdig. In der zweiten Hälfte des 19. Jahrhunderts erlebten die Höfe ihre große Zeit. Denn die Bauern verköstigten die Arbeiter an der Westbahnstrecke mit Most, und noch heute heißt es: „Diesen Hof hat der Most gebaut." Viele dieser Arbeitskräfte kamen aus Italien. Mit ihnen kam die Ziegelbrennerei ins Land, das bislang nur Lehmziegel gekannt hatte. Noch heute heißt die Bauweise „Opus Romanum", wo sich rote Ziegel mit Stein- und Schotterschichten abwechseln und die Außenwände der Vierkanter mit zeichenhaften Mustern verziert werden.

Speziell für den Mostviertler Vierkanthof gibt es drei verschiedene Entstehungstheorien. Am häufigsten wird vermutet, dass mittelalterliche

Burgengrundrisse und Baupläne von Renaissanceschlössern zur Zeit der Türkeneinfälle nachgebaut wurden. Möglich ist auch, dass die spätmittelalterliche Naturalwirtschaft zur Mechanisierung bestimmter Abläufe führte, die eine adäquate bauliche Struktur erforderten. Die dritte Theorie, die sogenannte Evolutionstheorie, besagt, dass der Vierkanter ein Gebilde sei, das sich organisch aus dem mittelalterlichen Gruppen- und Haufenhof entwickelte. Überraschend viele Stallfronten sind südlich situiert, denn die geschütztere, wärmere und windstillere Seite bot für das Vieh echte Vorteile. Wie überhaupt die Räume für die Tiere schon immer einen Vorrang gegenüber den Wohnräumlichkeiten genossen. Der Wohntrakt war auch das letzte Bauvorhaben. So konnte man noch in der ersten Hälfte des 20. Jahrhunderts manche Bauernhöfe sehen, bei denen der Hausstock eingeschossig war, während alle anderen Gebäude zwei Geschosse aufwiesen.

Vollkommene Vierkanter

Rund 9 000 Vierkanter in Ober- und Niederösterreich hat Anton Distelberger für sein – inzwischen vergriffenes – Buch gezählt, jeder von ihnen mit einer durchschnittlichen Größe von 1 000 Quadratmetern. Der 1967 gestorbene ausgewiesene Vierkantkenner und Architekt Rudolf Heckl schwärmte von einer „der vollkommensten Gehöftformen der Welt", welche mindestens 600 Jahre gebraucht habe, um so ideal zu werden. „Aus einem Streuhof entstanden, ist er heute technisch gesehen nichts anderes als ein großes Einhaus, das im Ring herum gebogen wird, sodass alle Wege möglichst rationell und kurz werden … er ist die charakteristischste Bauform unseres Heimatlandes, die nicht mehr vervollkommnet, sondern nur mehr aufgelöst werden kann."

Steyr

Steyr

TV-Groupies an der Traun

Bevor die Traun in das nach ihr benannte Viertel gelangt, schlängelt sie sich gemütlich durch die Steiermark. Kammersee, Grundl- und Toplitzsee durchfließt sie und schiebt sich durch den Hallstätter See. An dieser Stelle schon im oberösterreichischen Traunviertel angelangt, strebt sie ihrer Einmündung in die Donau bei Linz zu. Sie hat viel gesehen auf ihrem Weg: das UNESCO-Weltkulturerbe Hallstatt-Dachstein-Salzkammergut sowie die kaiserlichen Domizile Bad Ischl und Gmunden. Auch dem Stift Sankt Florian ist sie nähergekommen, während zahlreiche Entdeckungsziele weit von ihren Ufern entfernt sind.

Seit 1997 ist Hallstatt und die nächste Umgebung von der UNESCO als Weltkulturerbe klassifiziert und zieht Jahr für Jahr Millionen von Touristen an. Sie staunen über die intime Schönheit des Hallstätter Sees, die imposante Bergwelt mit Dachstein und Höhlen wie der Rieseneis- und Mammuthöhle. Die Geschichte der Region ist eng mit dem Salzabbau verbunden. Und das Salz führte nicht nur zu Wohlstand, sondern auch zu Ansehen. Spätestens als die Eltern des legendären Kaisers Franz Joseph I. wegen vermeintlicher Kinderlosigkeit auf Solebäder in Bad Ischl hofften und anschließend zwei „Salzprinzen" bekamen, war der Kurtourismus geboren. Auch Gmunden wurde Kurstadt, lockte in die Sommerfrische am Traunsee. Später kamen dann zunehmend TV-Groupies, die das „Schlosshotel Orth" einmal in natura sehen wollten. Die berühmteste Sehenswürdigkeit der Stadt ist nämlich das Seeschloss Ort (ohne h!). Es zählt zu den ältesten Gebäuden des Salzkammergutes. Die Stadt hat eine lange Keramiktradition und lockt sogar mit einem Sanitärmuseum. Nicht weniger speziell ist der Ausblick auf die Stadt vom Traunstein aus, dem Hausberg der Region.

Bevor die Traun in die Donau mündet, passiert sie noch Sankt Florian. Der Ort wird dominiert vom größten und bekanntesten Barockkloster Oberösterreichs. Hier war Anton Bruckner als Organist tätig, unter seinem „Arbeitsgerät" hat er seine letzte Ruhe gefunden. Mit 103 Registern und 7 386 Pfeifen ist die Brucknerorgel die größte spielbare Kirchenorgel Österreichs.

Den anderen Teil des Traunviertels hat der Fluss nur aus der Ferne geprägt. Das Kremstal etwa, in dem sich Kulinarisches mit Kulturellem nahtlos vermischt, so zum Beispiel im Stift Schlierbach. Die Anlage ist ein Hauptwerk des österreichischen Barock um 1700 und gleichzeitig einer der führenden Käseproduzenten der Region. Schlierbach ist aber auch für sein Geflügel weithin bekannt. Allein die Traunviertler Weidegans steht in über 100 Gastronomiebetrieben im südlichen und östlichen Oberösterreich auf der Speisekarte.

Genuss und Glauben verbindet auch das Stift Kremsmünster. Bei den Benediktinern kann weniger der Käse als vielmehr der Wein verkostet werden. Nicht weit davon nisten sich in Bad Hall Gesundheitsbewusste ein, genießen die Vorzüge des Jodwassers. Es soll gegen Augenkrankheiten helfen, Gefäßschwächen heilen und Atembeschwerden lindern. Jenseits der Traun liegen auch die schnuckeligen Städte Steyr und Enns. Steyrs Stadtplatz ist eines der besterhaltenen Altstadtensem-

Seeschloss Ort

Kirchdorf

bles im deutschsprachigen Raum, Blickfang ist das Bummerlhaus. Seinen Namen hat das spätgotische Bürgerhaus vermutlich durch das Wirtshausschild des „Goldenen Löwen". Das Tier kam den Einheimischen nämlich eher wie ein kleiner Hund („Bummerl") vor. In der Vorweihnachtszeit boomt vor allem der Stadtteil Christkindl: Weihnachtspost kann in einem freigemachten Umschlag an das Postamt Christkindl gesandt werden. 2009 verließen zwei Millionen weihnachtlich abgestempelte Briefsendungen das Postamt! Enns wiederum sagt von sich selbst, die älteste Stadt Österreichs zu sein. Die Stadtrechtsurkunde stammt aus dem Jahr 1212. Eines steht allerdings fest: Enns war die erste „Cittáslow" des Landes. In Anlehnung an die Slow-Food-Bewegung kümmert man sich als Stadt verstärkt um die Verbesserung der Lebensqualität, will die „Amerikanisierung" des Stadtbildes verhindern und kulturelle Unterschiedlichkeiten fördern.

Und wo bleibt die Natur und ihre Liebhaber diesseits und jenseits der Traun? Sie konzentriert sich auf den Nationalpark Kalkalpen, dem mit einer Fläche von knapp 21 000 Hektar größten Waldschutzgebiet Österreichs. Atemberaubende Bergkulissen, sanfthügelige Almen und Hütten, faszinierende Schluchten – was will der Erholungssuchende mehr?

Gmunden

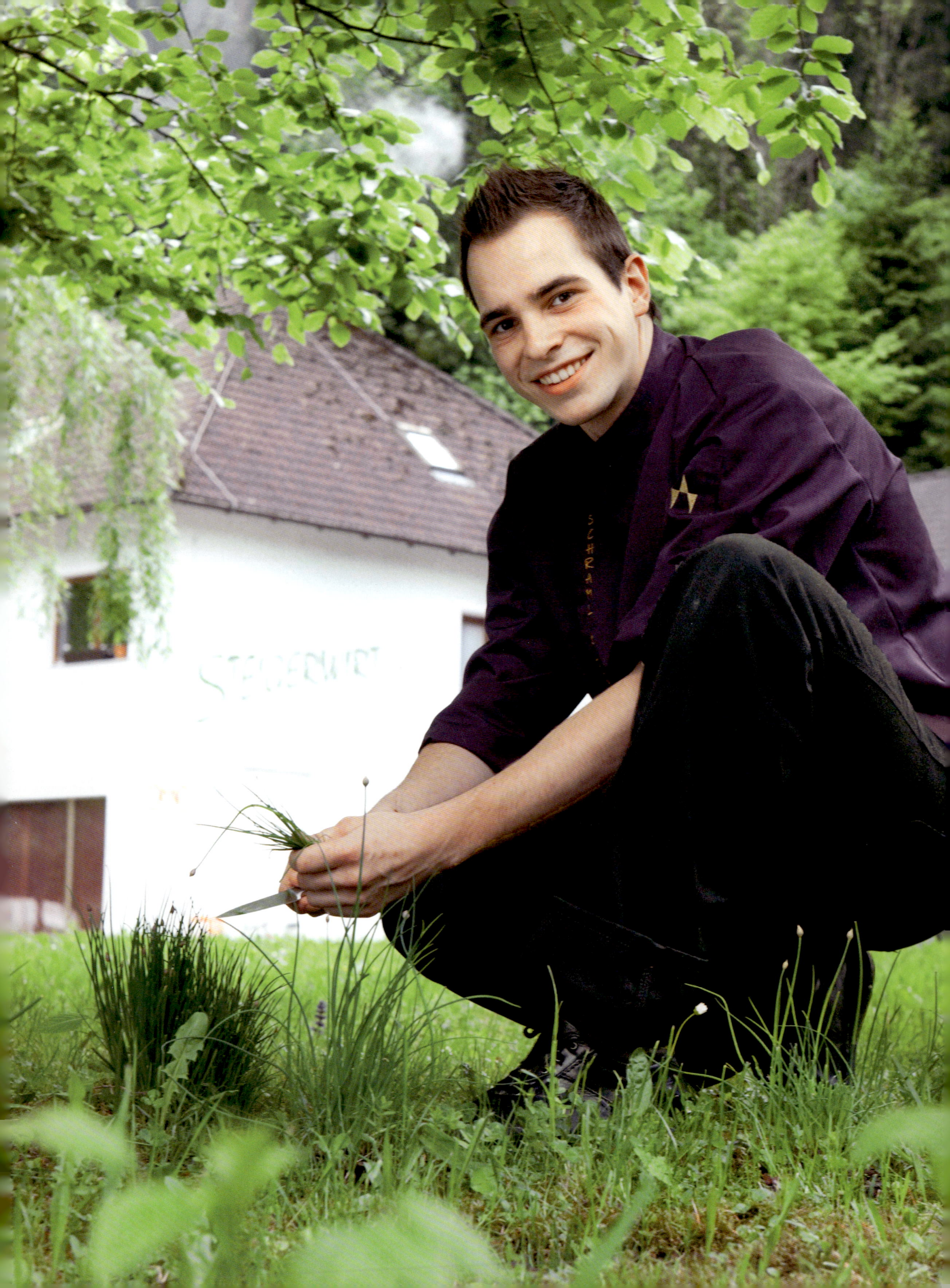

Ein Haus für alle Gelegenheiten!

Steigerwirt

Früher gab es im Pechgraben bei Großraming ein Glanzbraunkohle-Bergwerk. Aus deren Verwaltungsgebäude ging vor 115 Jahren der Steigerwirt hervor. Seit 1950 ist er in Besitz der Familie Schraml und war in den Anfangszeiten Anlaufstelle für sämtliche Bedürfnisse des Tales: „Wir waren Tankstelle und Taxistand, Gemischtwarenhandlung und Telefonzentrale. Und wir waren die ersten, die einen Fernseher hatten", erzählt Stefanie Schraml. Was aus der damaligen Zeit übrig geblieben ist, sind die Tabaktrafik und das Wirtshaus. Kulinarisch bekannt ist der Steigerwirt für seine kalten und warmen Buffets. „Wir machen auf Wunsch des Gastes alles, was möglich ist." Und dabei legt man Wert auf regionale Rohstoffe. Vor allem aus dem Rindfleisch des Tales werden Braten, Rouladen und Steaks gezaubert. Auch der Schafkäse kommt aus der nächsten Umgebung. Besonders auf den Fischversorger aus dem Restental ist man stolz, leben Saibling und Forelle, Stör und Lachsforelle dort doch im frischesten Wasser der Gegend. Sohn Klemens komponiert daraus Feinspitzgerichte wie den soufflierten Restental-Saibling mit Brennnessel-Risotto und verschiedenem Gemüse. „Das ist mein absolutes Lieblingsgericht von Klemens, aber mir schmeckt eigentlich alles, was er kocht", schwärmt seine Nichte Michelle. Mit Klemens Schraml steht schon die nächste Generation an Kochkünstlern bereit, an denen es in der Familie wahrlich nicht mangelt.

Im Winter zieht der Steigerwirt Eisstock-Schützen magisch an. Sie können sich auf der hauseigenen Kunsteisbahn mit Freunden oder Stammgästen messen und sich im Stüberl vor dem Kamin aufwärmen. Der Raum bietet einen direkten Blick auf die Eisbahn, wo man die Konkurrenz beobachten und dabei eine Tasse Tee schlürfen kann. Feiern finden beim Steigerwirt im Wintergarten statt. Vor allem im Winter ist es etwas ganz Besonderes, gemütlich im Warmen zu sitzen, während über den Köpfen die Schneeflocken auf das Glasdach rieseln. Im Gastzimmer trifft sich die Dorfgemeinschaft zum Tratsch, an der Bar Jung und Alt zum Ausspannen – oft bis in die frühen Morgenstunden. Der Steigerwirt ist ein Haus für alle Gelegenheiten und stets bereit, zu neuen Ufern aufzubrechen.

Soufflierter Restental-Saibling mit Kartoffelrösti und gebratenem Gemüse

Das Rezept zur Spezialität des Hauses finden Sie auf Seite 160

Steigerwirt
Pechgraben 23
A-4463 Großraming
☎ 00 43 (0) 72 54 / 82 72
www.steigerwirt.at

Biobauernhof Zöttl
Schmackhafte Jausenstation in idyllischer Lage

Die Lindaumauer in Maria Neustift ist vor allem für eines bekannt: die Aussicht über das Voralpenland und über das Donautal bis ins Mühlviertel, vom Toten Gebirge bis zu den Haller Mauern und dem Sengsengebirge. Wer auf dem Voralpen-Weitwanderweg von Wien nach Bad Reichenhall oder auf dem oberösterreichischen Mariazellerweg unterwegs ist, macht hier ebenso gerne Station wie Ausflügler aus Amstetten.

Am Fuße des Berges liegt idyllisch und geprägt durch eine ehrwürdige Linde der Bio-Bauernhof der Familie Zöttl. Sie betreibt die Jausenstation Hochramskogl, in der vor allem eines hochbegehrt ist: der Schafskäse. Seit 35 Jahren ist Rosa Zöttl dafür verantwortlich, dass aus der Milch der 80 ostfriesischen Schafe ein natürliches, cremiges und schmackhaftes Produkt entsteht. Sie ernähren sich ausschließlich von hofeigenem Gras und Heu und warten morgens schon ganz ungeduldig auf den Auslauf. „Im Mai, wenn sie nach dem Winter das erste Mal auf die Weide gehen dürfen, ergibt ihre Milch einen besonders würzigen und feinen Käse", ist Rosa Zöttl überzeugt. Auf ihrem „bunten Käseteller" findet sich Frischkäse dreierlei Art: reiner Schafskäse natur, Mischkäse aus 70 Prozent Schaf- und 30 Prozent Kuhmilch, Bioschnittkäse sowie Kräuterkäse aus reiner Kuhmilch. Dazu schmeckt Omis Hausbrot und Most von den 80 Streuobstbäumen, die um den Bio-Hof herum wachsen.

2010 haben Rosa und Hermann Zöttl ihrem Sohn Josef den Hochramskogl-Hof übergeben. An seiner Arbeit schätzt er die Vielseitigkeit der Aufgaben, die Flexibilität, die man mitbringen muss sowie das Leben mit den Tieren und der Natur. Und doch ist er es, der die Frischkäse-Produkte seiner Mutter und das Fleisch von Milchlämmern unter die Leute, sprich in Geschäfte und zu Gastronomen bringt. Gesellig ist Josef Zöttl auch jenseits seines Biohofes, nämlich als leidenschaftlicher Schuhplattler, „wegen der Musik und der Gaudi."

Biobauernhof Zöttl
Moosgraben 54
A-4443 Maria Neustift
☎ 00 43 (0) 73 53 / 4 93
www.genussland.at

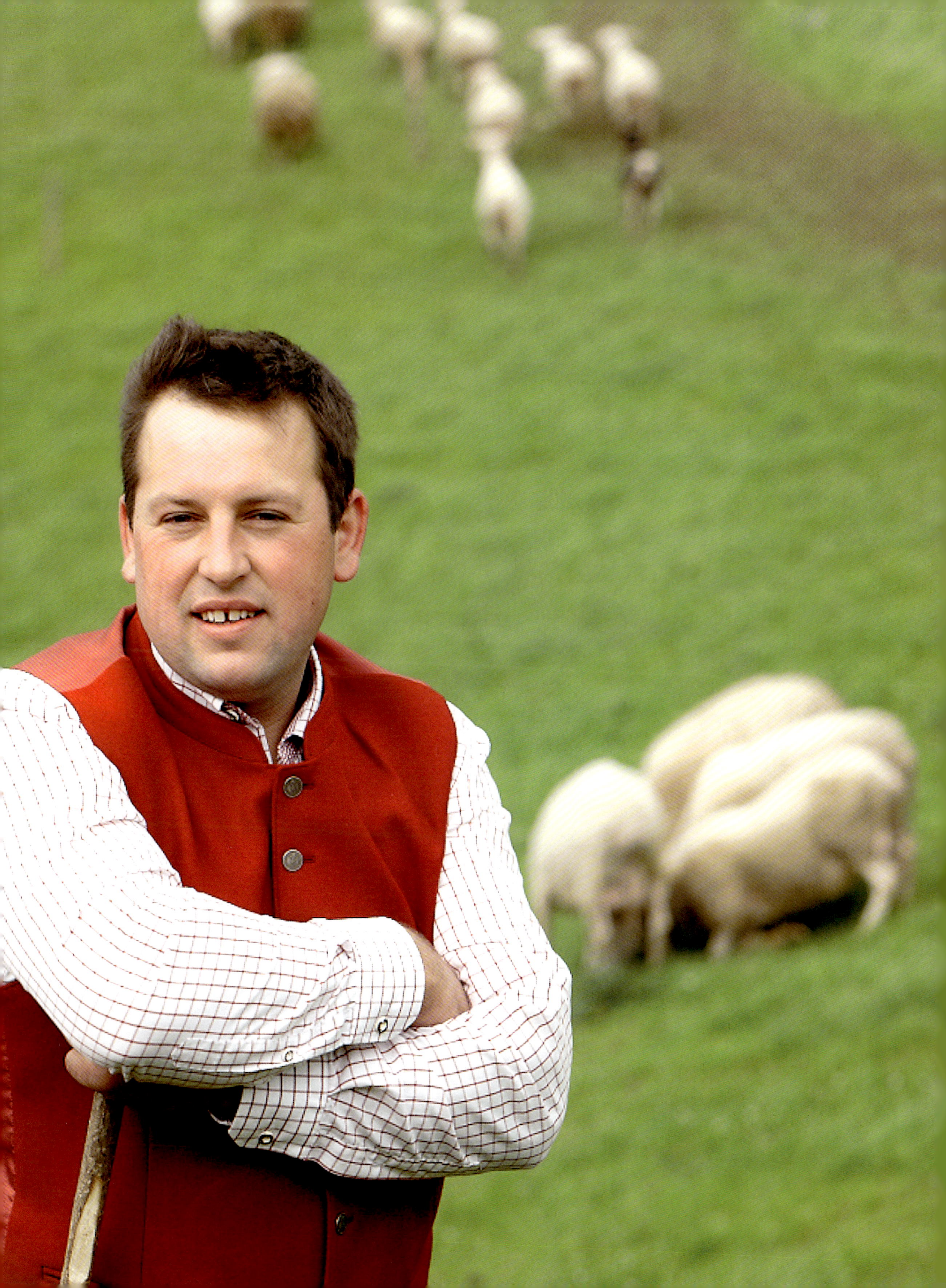

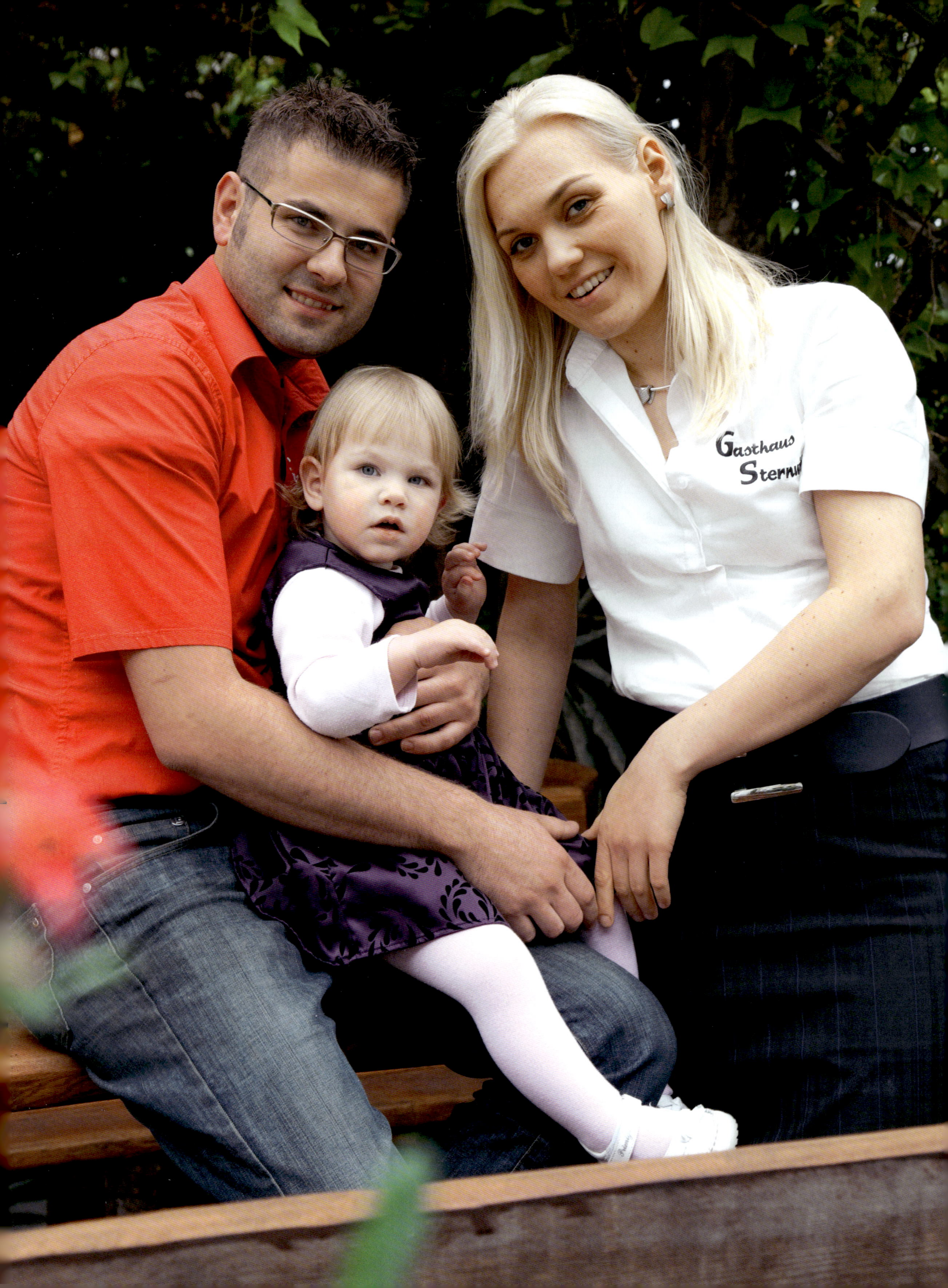
Gasthaus
Stern

Wo die Einheimischen essen, ist die Küche gut!

Gasthaus Sternwirt

Wer beim Sternwirt in Ternberg einkehrt, weiß, was ihn erwartet – gleichbleibend gute, bodenständige Küche mit ordentlichen Portionen: „Wer bei uns zum Beispiel ein Schnitzel bestellt, bekommt es um die Hälfte größer als anderswo", sagt Chef und Koch Karl Mayr. Gemeinsam mit seiner Frau Claudia betreibt er das Wirtshaus in vierter Generation und versorgt vor allem Einheimische mit Grillteller, Schweinsbraten und Schnitzel vom Gustino-Schwein. Frische Zutaten sind selbstverständlich. Und jeder Tourist weiß: Wo die Einheimischen essen, ist die Küche gut. Einmal im Monat wird beim Sternwirt im Rosenthal die Gulaschkanone im Freien angeheizt und das eigene Rindfleisch zu einem der typischen Gerichte der österreichischen Hausmannskost verkocht. Viel Werbung dafür braucht es nicht: Sobald ein Plakat in der Gaststube hängt, verbreitet sich die Kunde für Kenner in Windeseile. Wie überall ist in Ternberg Mundpropaganda die beste Empfehlung. Und das gilt auch für die hausgeräucherten Forellen, die Karl Mayr in der eigenen Räucherei dem Feuer von Buchen- oder Birnbaumholz aussetzt: „Wichtig ist beim Räuchern, dass man hartes Holz verwendet, weil es die Hitze länger hält. Denn es dauert eine Stunde, bis die Fische gar sind und weitere 30 Minuten, bis sie ein gutes Räucheraroma haben." Genießen kann man Forellen wie Kesselgulasch sowohl im am Bach liegenden Gastgarten als auch in den Galerie, in denen bis zu 80 Leute Platz finden. Und das wiederum macht den Sternwirt zu einem idealen Platz für Feiern oder Ausflugsgruppen.

Sonntags kommen zu den Freunden der bodenständigen Küche noch die Schleckermäuler hinzu. „In Ternberg sind wir dann die einzigen, die Torten verkaufen", sagt Claudia Mayr, die für die süßen Versuchungen zuständig ist. Vier bis fünf verschiedene Sorten bäckt sie jedes Wochenende, etwa die Nusstorte mit Baileys-Creme und die Schwarzwälderkirschtorte. Sie freut sich auch über den Zuspruch zu Kardinalschnitte und Haustorte mit weißer und dunkler Pariscreme. Das Motto lautet: „Schmecke den Tag und die Würze des Lebens ... und das am besten beim Sternwirt im bezaubernden Ennstal!"

Ofenbrat'l vom Gustino-Schwein

Das Rezept zur Spezialität des Hauses finden Sie auf Seite 160

Gasthaus Sternwirt
Rosenthal 25
A-4452 Ternberg
☎ 00 43 (0) 72 56 / 87 87
www.sternwirt.eu

Benediktinerstift Kremsmünster

Leben im Einklang mit der Schöpfung

Seit 1 200 Jahren ist Kremsmünster ein Ort, der geprägt ist von der benediktinischen Spiritualität des Betens, Arbeitens und der geistigen Auseinandersetzung – nach dem Motto „ora, labora, lege". Rund 60 Mönche stellen es nach wie vor in den Mittelpunkt ihres Lebens, fühlen sich dadurch verbunden mit den Menschen und mit der Natur. Der Heilige Benedikt hat es vorgemacht, wie ein Bild in der Sternwarte zeigt: „Er hat die Vision von einem gut geordneten Kosmos, steht mit beiden Beinen auf der Erde und wohnt im Geist im Himmel", beschreibt Prior P. Daniel Sihorsch das Gemälde im baulichen Wahrzeichen Kremsmünsters. Die siebenstöckige Sternwarte gilt als einer der historischen Ausgangspunkte moderner Hochhaus-Architektur und erster erhaltener, selbstständiger Museumsbau. Hier sind zahlreiche wissenschaftliche Sammlungen untergebracht, auch die Wetterkammer befindet sich in dem Turm. Das Besondere: Seit 1763 beobachtet man von hier das Wetter, somit kann Kremsmünster als einzige Wetterstation eine ununterbrochene Messreihe ohne Standortwechsel vorweisen.

„Durch die Beschäftigung mit der Schöpfung erfahren wir auch etwas über den Schöpfer. Das hat für uns immer schon gegolten", sagt der Prior. Fünfmal am Tag versammeln sich die Benediktinermönche zum Gebet, dazwischen wird gearbeitet und gerastet. Dieser regelmäßige Rhythmus zieht immer mehr Menschen an, die Gefahr laufen, von den Anforderungen des Lebens verschluckt zu werden. Sie kommen in eines der ältesten und größten Stifte Österreichs, zur Orientierung und für „Kloster auf Zeit". Beide Angebote gelten für Männer, aber auch Paare sind im Gästetrakt des Stiftes willkommen. „Die Menschen nehmen einen geregelten Ablauf mit, der den Tag strukturiert und trägt, Ordnung vermittelt, aber auch Freiheiten schafft", erläutert Pater Daniel. Geistliches Zentrum der Mönche ist die 78 Meter lange Stiftskirche. Die angrenzende Michaelskapelle und der Klosterfriedhof laden zum Verweilen und zur Kontemplation ein. Besucher kommen auch wegen des Tassilokelches, einem Kleinod der karolingischen Goldschmiedekunst. Zweimal jährlich kommt er zum Einsatz, fallweise auch bei einem Papstbesuch und als Gefäß bei der Wahl eines neuen Abtes. Seit Herbst 2007 beherbergt das Stift das Goethezentrum und ist somit Sitz der Goethe-Gesellschaft. Die Bestände der Gesellschaft wie vier originale Handzeichnungen des Dichters, Autografen von Goethe, Hofmannsthal und anderen Literaten und eine wissenschaftlich wertvolle Bibliothek ergänzen nicht nur die Sammlungen des Stiftes, sondern werden auch wissenschaftlich betreut und publikumswirksam ausgestellt.

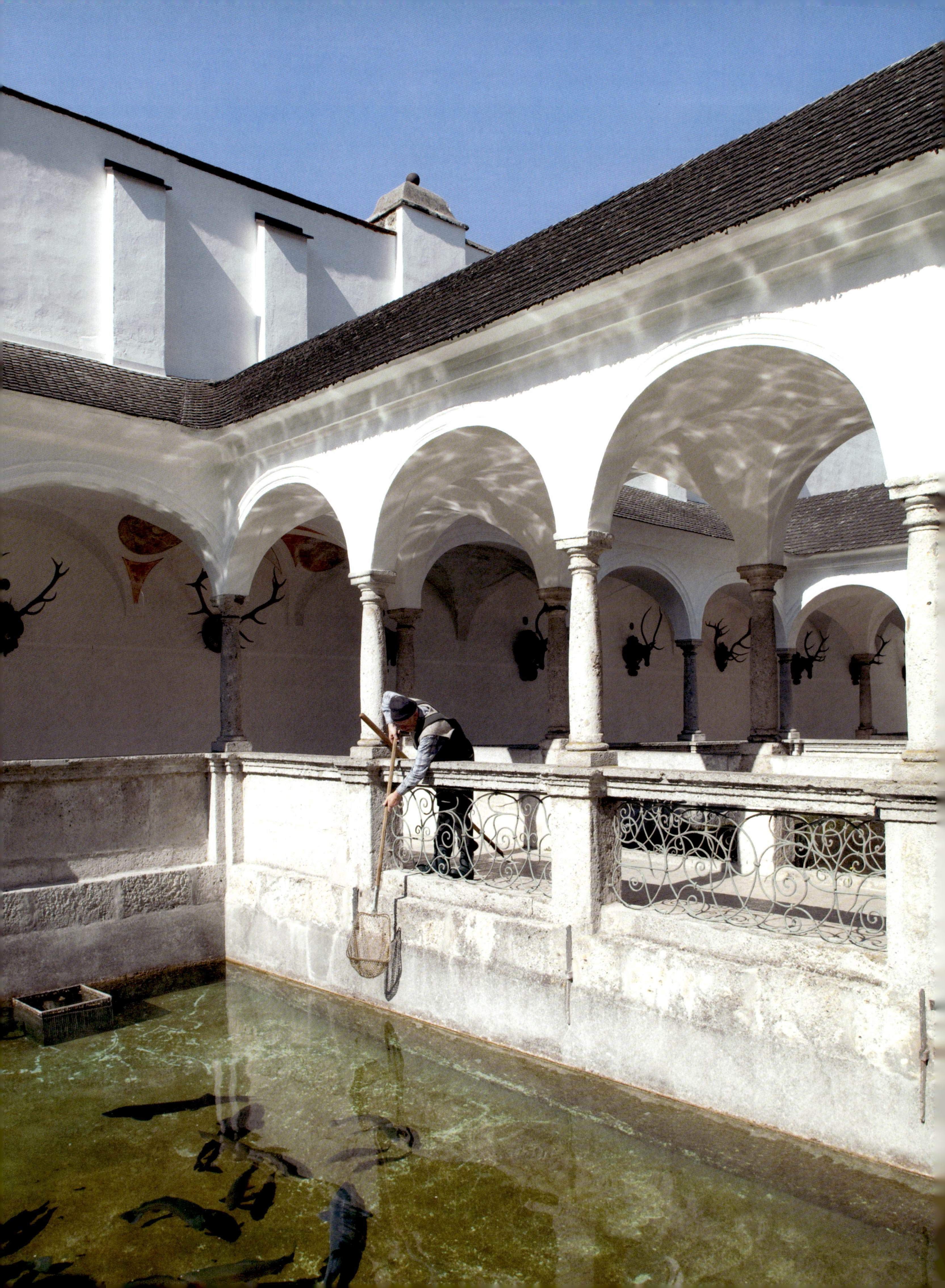

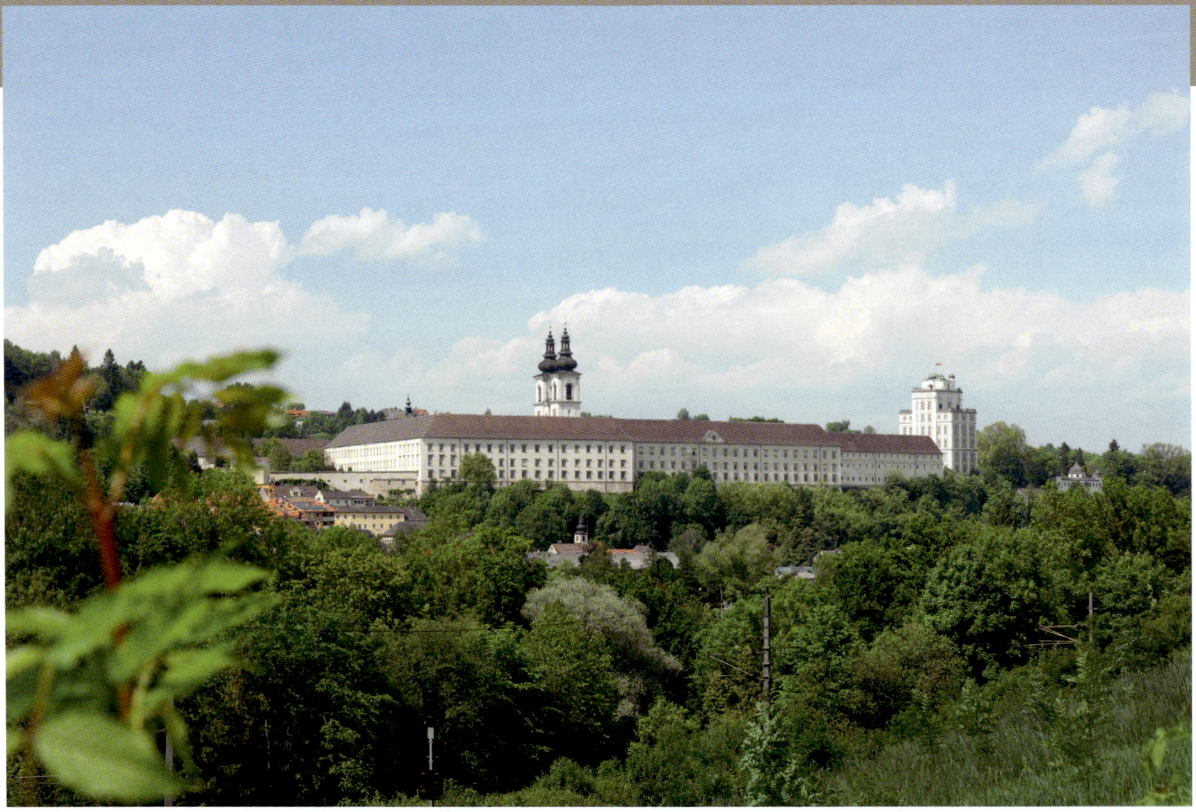

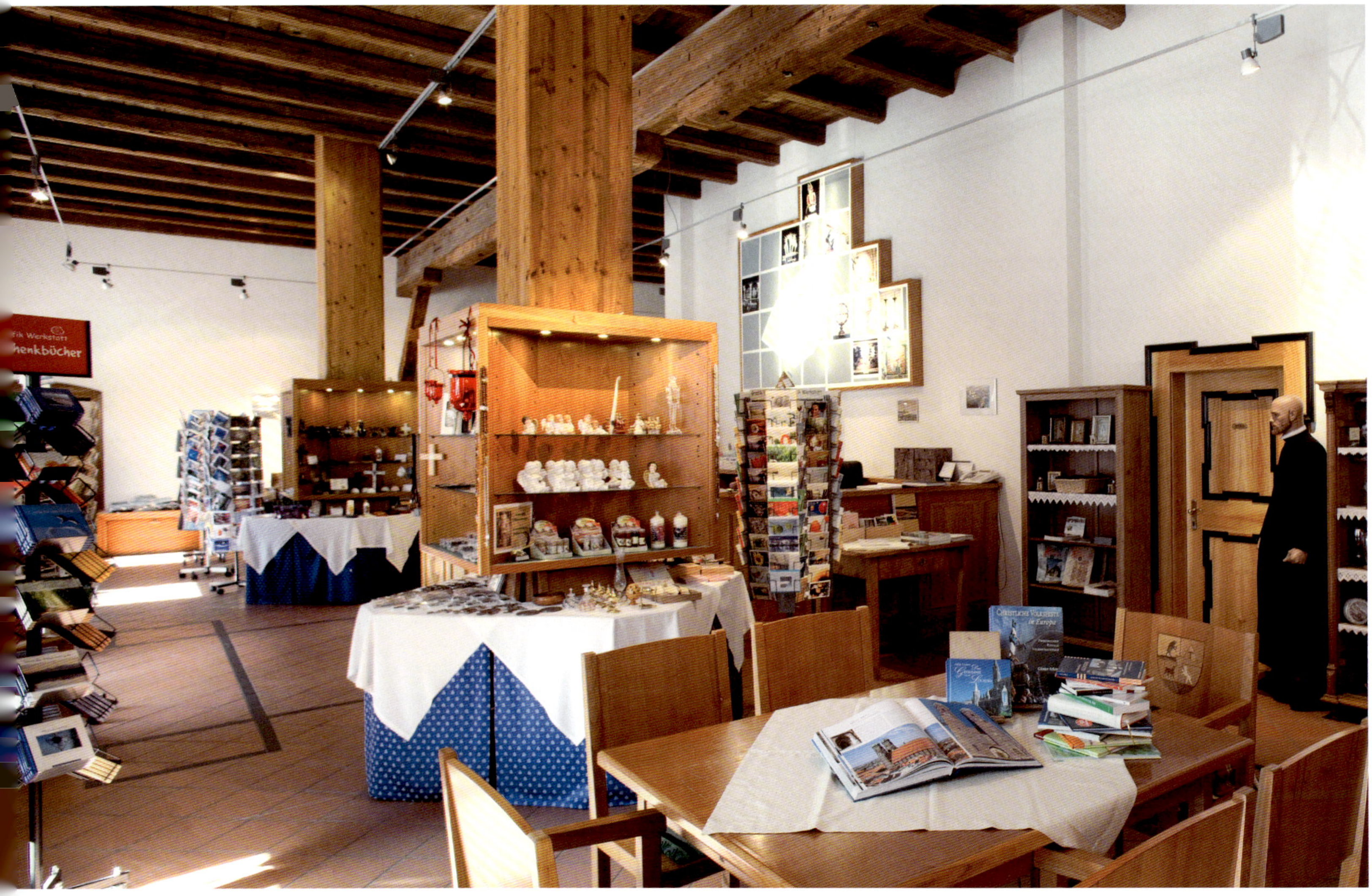

Benediktinerstift Kremsmünster

Apropos Publikum: Die Kremsmünsterer Benediktiner sind bekannt für ihren Wein. Er kommt von den rund 40 Hektar großen Weinbergen im Burgenland, in der Wachau und im Kremstal. Das Stift zählt mit seinem über 1200 Jahre währenden Weinanbau zu den traditionsreichsten Winzern in Österreich. Außerdem heiß begehrt sind die Fische aus den fünf Kaltern. Die Fischbecken sind ein barockes, in der Architekturgeschichte Europas bis heute einzigartig gebliebenes Juwel. Hier tummeln sich Karpfen – „vor allem vor Weihnachten sind sie sehr gefragt" –, Saiblinge und Forellen. Und seit 2006 haben die Mönche auf biologische Landwirtschaft umgestellt, erzeugen naturbelassenen Honig, Kümmel und Rapsöl. Das alles wird im Klosterladen angeboten. Dort werden seit einiger Zeit auch Produkte anderer Klöster verkauft: „Damit möchten wir ein Bewusstsein schaffen, wovon Klöster leben", sagt der Prior.

Die Mönche fühlen sich mit den Menschen in ihrer Umgebung verbunden, leisten Seelsorge in 26 Pfarren. Weiter betreiben sie das Stiftsgymnasium, eine der traditionsreichsten höheren Schulen Österreichs. 1549 wurde daraus ein Gymnasium mit Öffentlichkeitsrecht. Wer mehr über das Leben der Benediktiner erfahren möchte, ist im Stift herzlich willkommen, kann das aber auch bei zahlreichen öffentlichen Veranstaltungen wie den Stiftskonzerten, der ökumenischen Sommerakademie, bei Vorträgen oder in Mönchsgesprächen tun.

Benediktinerstift
Kremsmünster
Stift 1
A-4550 Kremsmünster
☎ 00 43 (0) 75 83 / 52 75-0
www.stift-kremsmuenster.at

Stiftsschank Kremsmünster

Heimische Küche für hungrige Klosterbesucher

Gebratener Saibling mit Petersilienkartoffeln

Das Rezept zur Spezialität des Hauses finden Sie auf Seite 161

Stiftsschank Kremsmünster
Stift 1
A-4550 Kremsmünster
☎ 00 43 (0) 75 83 / 75 55
www.stiftsschank.at

„Wer essen will, ohne sich auf die Kochkunst zu verstehen, wird über die dargereichten Speisen kein sicheres Urteil fällen können." Mit dem oben genannten Zitat führt Michael Taschée in seine Speisekarte ein. Und wenn es nach ihm ginge, würde man hier bestens komponierte, asiatisch-österreichische Gerichte vorfinden. Doch wer das Stift Kremsmünster besucht, möchte die heimische Küche kosten, sucht nach Bodenständigem. Und das findet der hungrige Klosterbesucher mit gebratener Regenbogenforelle aus den Stiftskaltern, Schweinebraten mit Semmelknödel und warmem Krautsalat oder einer typisch oberösterreichischen Kaspressknödelsuppe und Eispalatschinken. Seit Mai 2006 kocht Michael Taschée in der Stiftsschank zu Kremsmünster nur nach Gefühl, ohne Rezept, dafür aber mit jeder Menge Inspirationen aus seinen 150 Kochbüchern. Und der Erfahrung von sieben Jahren Schweizer Kochkunst: „Dort haben die Leute eine ganz andere Esskultur, verzichten auf Convenience-Produkte und verschmelzen internationale Einflüsse miteinander", erklärt Taschée. Alle 14 Tage wechseln die Gerichte auf seiner Speisekarte, die Mitarbeiter sind in die Auswahl der Speisen eingebunden. Hin und wieder setzt er trotz der bodenständigen Erwartungen der Gäste sein Lieblingsgewürz Chili ein, kombiniert es beispielsweise mit Banane, Kiwi, Ananas und Riesengarnelen zu einem Amuse-Gueule und überrascht alle mit der wohl dosierten Schärfe: „Wenn der Chili dominiert, ist der Koch schlecht", sagt er mit einem Augenzwinkern.

Für Gäste, die etwas zu feiern haben, hat sich die Stiftsschank zu einem Geheimtipp gemausert. Wegen der flexiblen Küche, aber auch weil das Lokal bis zu 400 Sitzplätze in drei Sälen und auf der Sommerterrasse zur Verfügung hat.

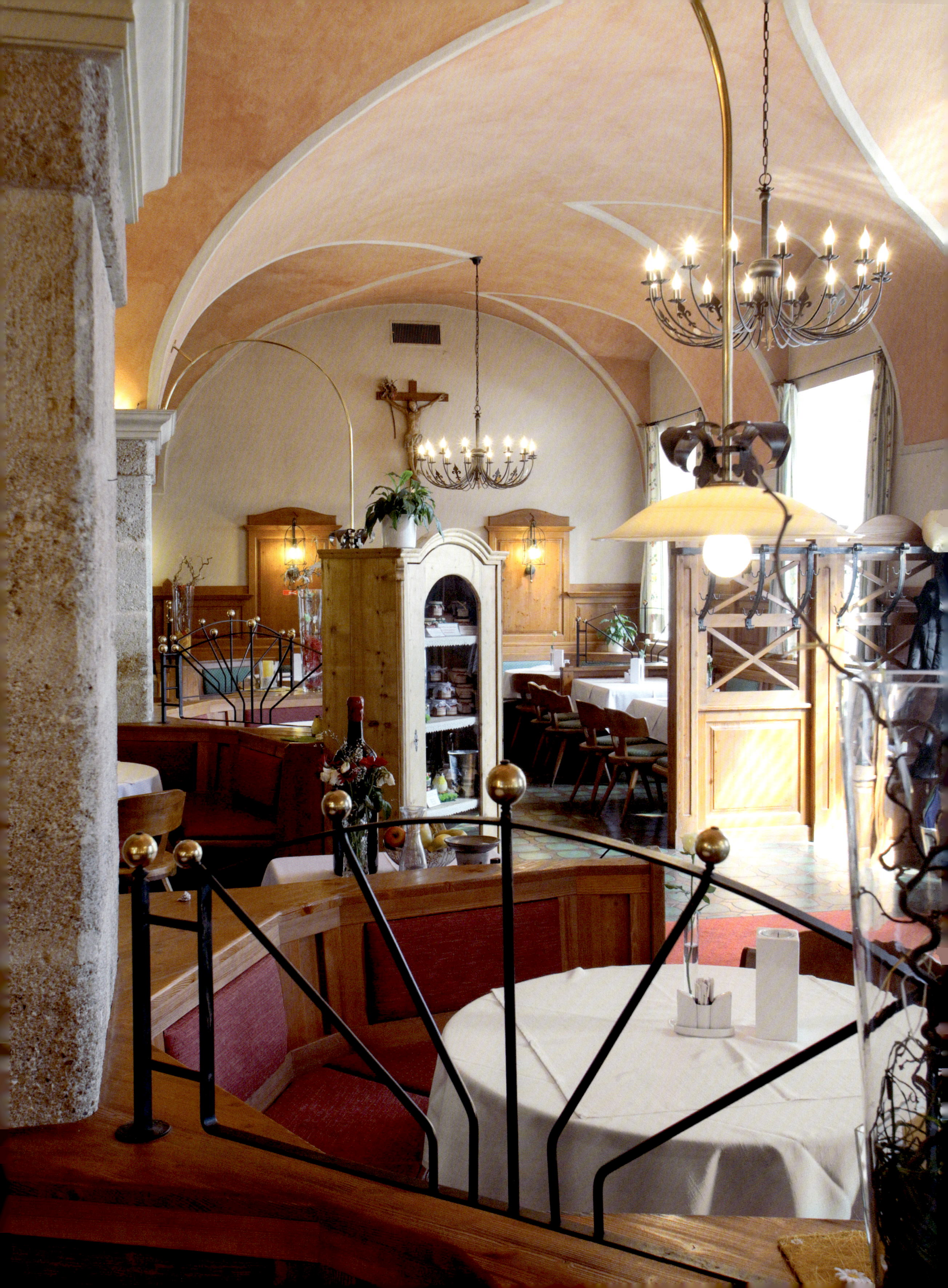

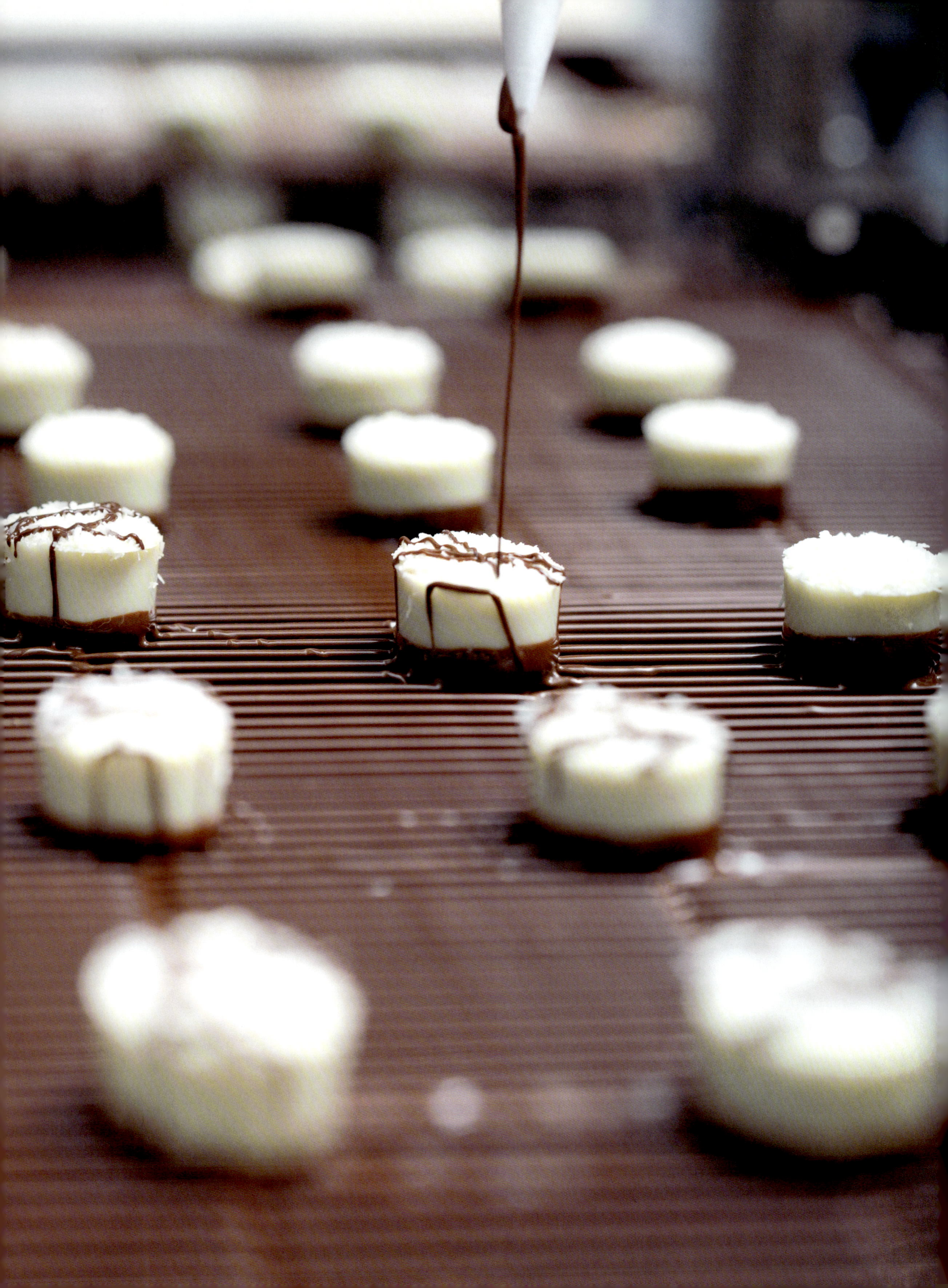

Mehrfach ausgezeichnete Erlebnispralinen

Confiserie Wenschitz

Nur Pralinen zu erzeugen, ist Maître de Chocolatier Helmut Wenschitz zu einfach. Er sucht das Erlebnis für den Gaumen und kreiert gemäß dieser Philosophie auch Erlebnispralinen. „Nougat mag zwar jeder, aber mir ist das zu wenig. Deshalb machen wir beispielsweise unsere Himbeer-Truffes mit zwei Füllungen", weckt Wenschitz das Interesse. Am Gaumen entfaltet sich da neben dem fruchtigen Beerengeschmack auch ein Hauch von Rosenöl und Balsamico. Ähnlich überraschend ist die Kombination zwischen Nougat aus Macadamia-Nüssen und Fleur de Sel oder der Himbeertrüffel mit Chili: „Zuerst schmeckt er wie eine ‚normale' Praline, doch nach zwei Minuten kommt die milde Schärfe der Chili", beschreibt Helmut Wenschitz die Wirkung seiner Erlebnispraline. Und das begeistert nicht nur den Maître und seine Mitarbeiter, sondern auch die Feinschmecker des internationalen Pralinen-Wettbewerbs auf der „Genuss"-Messe. Sie zeichneten die Truffes aus Allhaming mit zehn Einzelmedaillen und sechs Ehrenpreisen für das Gesamtwerk aus.

Besser geht's kaum, könnte man meinen. Und doch treibt es Helmut Wenschitz immer weiter. Sein neuestes Projekt sind Tafelschokoladen und die Devise heißt: „Alles, was bereits auf dem Markt ist, interessiert uns nicht." Und das bedeutet nichts anderes, als dass er diesen Süßigkeitenklassiker neu erfindet. 15 bis 20 Sorten sollen zeigen, was man aus den rund 600 verschiedenen Aromen der Schokolade machen kann. Die Tafeln sollen vier Millimeter dünn und gefüllt sein, „mit der Chance, dass sie noch schmelzen kann und nicht gebissen werden muss." Einfach ist diese Kreation nicht, deshalb sind Ideen gefragt. Und die kommen in den Zusammenkünften mit den Mitarbeitern, wo Zutaten wie hochwertige Rohstoffe, feinste Schokoladen oder Gewürze auf den Tisch gepackt werden, die dann alle kosten, kombinieren und in der Folge neue Zusammenstellungen entstehen. Denn: „Nur normal ist uns zu wenig."

Confiserie Wenschitz GmbH
A-4511 Allhaming 47
☎ 00 43 (0) 72 27 / 71 15
www.wenschitz.at

Spezialitätenhof Deichsel

Weidende Gänse unter blühenden Kirschbäumen

Weidegans nach Mutters Art

Das Rezept zur Spezialität des Hauses finden Sie auf Seite 161

„Kirschen sind ein Fulltime-Job", sagt Wolfgang Deichsel. Und wer die acht Hektar große Plantage mit Hundertschaften von Bäumen sieht, kann sich das gut vorstellen. Die Ernte beginnt mit der dunklen Burlat-Kirsche, „die sich wunderbar für Marmelade und Kuchen eignet", erzählt seine Frau Veronika. Noch weitere sechs Kirschensorten folgen. Ende Juli werden die letzten Kirschen der Sorte „Regina" eingebracht, die am besten frisch oder als Kompott gegessen werden. Und wer sich den Genuss verdienen will, kauft nicht die gepflückten Kirschen am Deichsel-Hof, sondern legt selbst Hand an. Das Praktische am Selberpflücken: Die Früchte hängen so tief, dass man kinderleicht ohne Leiter an die roten Köstlichkeiten drankommt. Und was für die Kirschen gilt, gilt auch für die Süßweichsel, die auf dem Grund des 1260 erstmals urkundlich erwähnten „Bergsteighofes" wachsen. Sind die Kirschen des größten Traunviertler Produzenten abgeerntet und verarbeitet – beispielsweise zu Nektar –, kommen die Pfirsiche an die Reihe. 700 Bäume brauchen intensive Pflege, was im Obstbau gleichzusetzen ist mit intensiver Schnittarbeit: „Die Zweige müssen ständig gepflegt werden, damit die Sonne optimal auf die Früchte scheinen kann", sagt Wolfgang Deichsel. Sie werden unter anderem auch zu Nektar verarbeitet, Fruchtfleischanteil: 50 Prozent.

Die zweite Leidenschaft neben dem Steinobst gilt den Weidegänsen. Der Spezialitätenhof ist Mitglied beim österreichischen Weidegänse-Verband und bei den „Traunviertler Weidegänsen". Die Deichsels zählen mit 1 000 Weidegänsen zu den größten in Oberösterreich. Im Frühsommer kommen die Eintagsküken auf den Hof und werden hier vier bis sechs Wochen im warmen Stall gehätschelt, bis das Federkleid Schutz vor Sonne und Regen bietet. Dann dürfen sie auf die speziell für sie angelegte Gänseweide, auf der nur Gras und Klee wächst. Die Gänse werden im eigenen Schlachtraum am Betrieb stressfrei geschlachtet, da keine Transportwege anfallen. Sie sind zwischen Ende Oktober und Weihnachten auf Bestellung erhältlich. „Wir werden von der Lebensmittelaufsicht kontrolliert", erklärt Wolfgang Deichsel.

Spezialitätenhof Deichsel
Steinersdorfstraße 49
A-4595 Waldneukirchen
☎ 00 43 (0) 72 58 / 24 02
www.deichsel.at

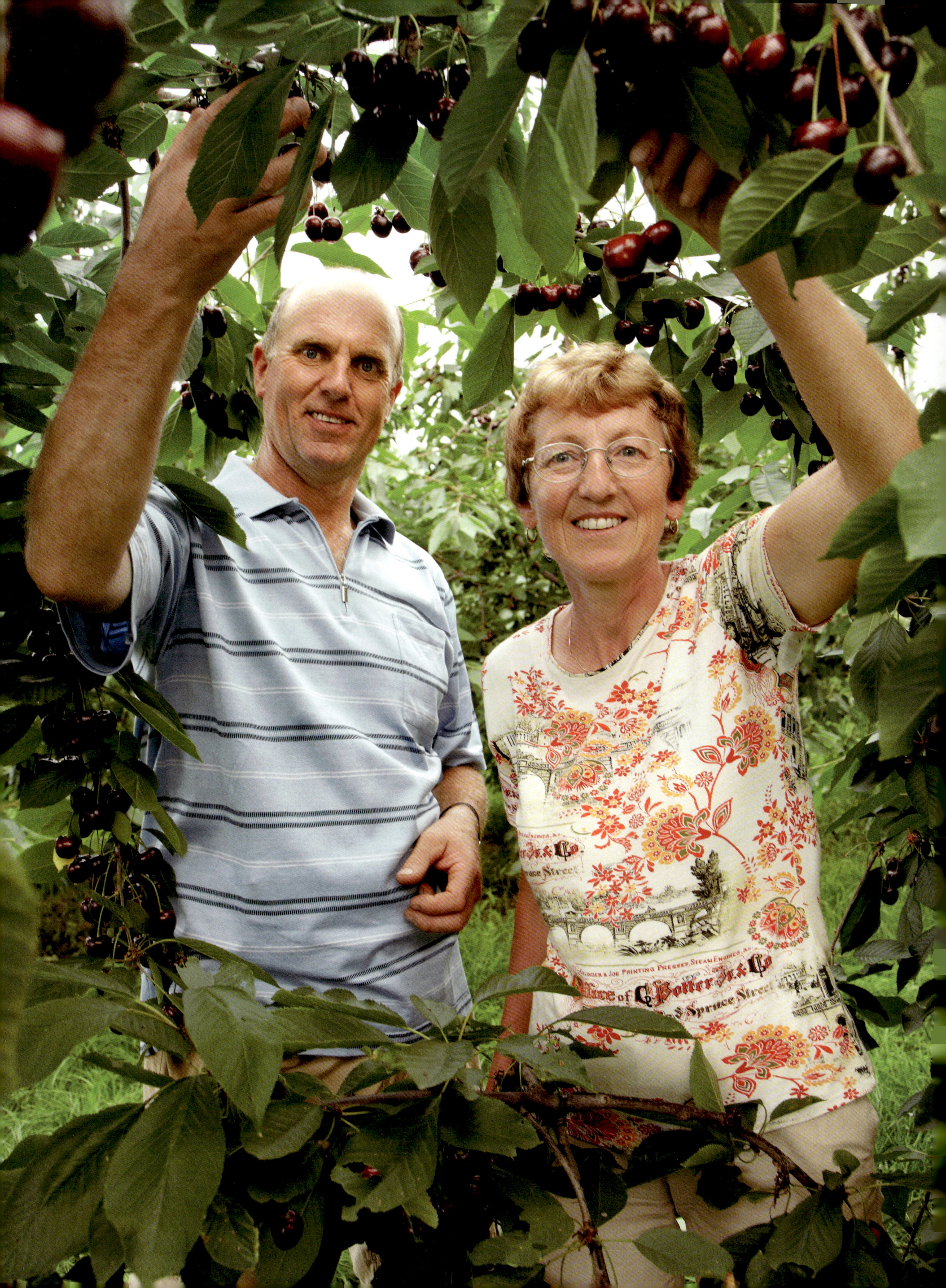

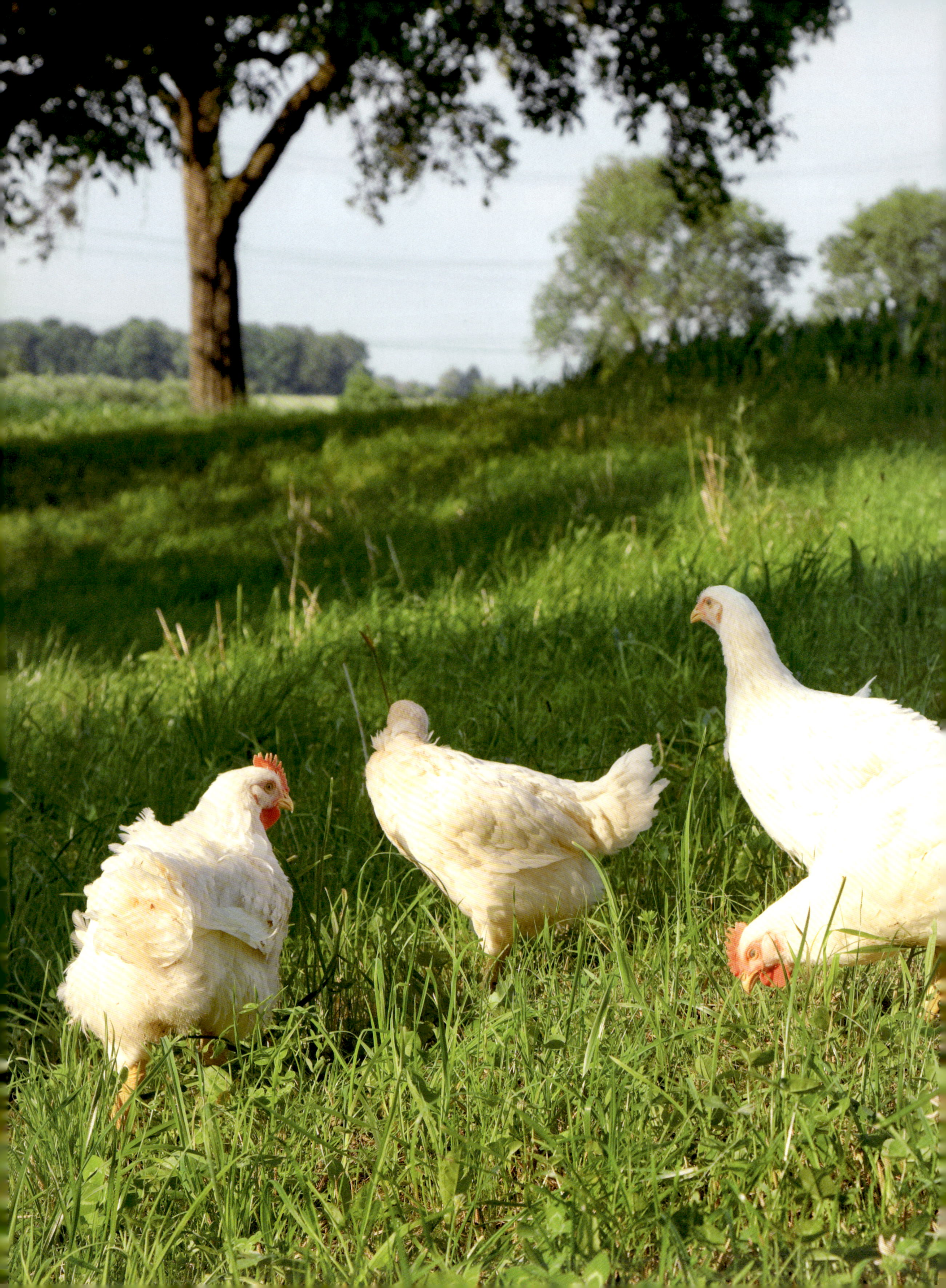

Das Geheimnis der Wildhendln

Bestleitner Hendl

„Mama, wann gibt es endlich wieder einmal ein Hendl?" Auf einem Bauernhof mit 1 000 Wildhendln in Spitzenzeiten ist das eine unerwartete Frage. Doch Sonja Huber hört sie immer wieder von ihren Töchtern, die die größten Fans des Geflügels sind. Und weil der Verkauf der vitalen, g'schmackigen Wildhendln so brummt, kommt bei der Familie nur selten ein Brathuhn auf den Tisch.

Seit knapp 20 Jahren gibt es auf dem Bestleitner-Hof die französische Hühnerrasse, die eigens für Feinschmecker gezüchtet wurde und „nicht nur sitzt und frisst, sondern sogar zu fliegen versucht", wie Sonja Huber schildert. Diese spezielle Hühnerzüchtung wächst langsamer und ist vitaler, was sich positiv auf die Fleischqualität auswirkt. Das ist das Geheimnis der Wildhendln, die auch schon viele gehobene Gastronomen entdeckt haben. In ausgewählten Geschäften und natürlich ab Hof kann man sie im Ganzen oder zerteilt kaufen, als Leberkäse und geräuchert sind die Wildhendln eine interessante Alternative. Das fand auch die Jury des oberösterreichischen Genuss-Salons und verlieh dem leichten Leberkäse eine Goldmedaille. Apropos ausgezeichnet: 2009 wurde die ehemalige zahnärztliche Assistentin vom österreichischen Lebensministerium zur Bäuerin des Jahres gewählt. „Mich hat es bei der Verleihung vor Freude und Überraschung fast umgehauen", erinnert sich Sonja Huber. Und fühlt sich bestätigt in ihrer Entscheidung, nach der Geburt der dritten Tochter ganz auf die Medizin zu verzichten und sich stattdessen der Direktvermarktung der hofeigenen Produkte zu widmen.

Dank ihres Engagements ist das Wildhendl immer bekannter geworden. Sonja Huber präsentiert es auf Genussfesten in der nahen und ferneren Umgebung, ist Genussland-Partner und kommt so mit neuen Gesichtern in Kontakt, die ihre Spezialitäten noch nicht kennen. Qualität ist ihr wichtig was man am „Gutes vom Bauernhof"-Siegel erkennt: „Wir haben unerwartete Kontrollen, müssen unsere Arbeit dokumentieren und unser Wasser ständig untersuchen lassen", erzählt sie. Und auf die Wildhendln selbst achtet Hündin Cora. Bewegt sich eines der Tiere auf die Straße, wird fürsorglich gebellt, sodass das Huhn gleich wieder zu seinen Artgenossen auf die Wiese zurückkehrt.

Saltimbocca von der Bestleitner Hendlbrust

Das Rezept zur Spezialität des Hauses finden Sie auf Seite 162

Bestleitner Hendl
Bestleitenstraße 4
A-4521 Schiedlberg
☎ 00 43 (0) 72 51 / 600

Fischzucht Maier

Vielfalt an der Goldbergquelle

Seit drei Generationen werden in der Familie Maier Fische gezüchtet, seit zwei an der Goldbergquelle. Diese Quelle ist wichtig für Speisefische – sie brauchen nämlich kühles, fließendes Wasser, um gut zu gedeihen. Und wer nun an die üblichen Verdächtigen denkt, die man sonst aus Fischweihern ziehen kann, wird bei den Maiers eines Besseren belehrt. Denn 35 verschiedene Arten sind sofort lieferbar, 70 auf Bestellung. „Besonders gefragt sind Saibling, Bach- und Lachsforellen", weiß Juniorchef und Fischereiwirtschaftsmeister Matthias Maier. Mit sechs Jahren hat er seine erste Forelle ausgenommen, mit 13 den ersten Fisch filetiert. „Mir gefällt die Arbeit mit lebendigen Tieren", sagt er schlicht. Mitbekommen hat er die Begeisterung für die Schwimmtiere von Vater Hans, einem gelernten Fleischer und umgesattelten Fischereiwirtschaftsmeister.

Unter den angebotenen Fischen finden sich Geheimtipps wie Amur, Huchen und Schlei: „Der Amur hat ein saftiges Fleisch wie der Karpfen, der Huchen ein süßlich schmeckendes, weiches Fleisch. Und der Schlei zeichnet sich durch ein festes, aber nicht trockenes Fleisch mit wenig Gräten aus", erklärt Matthias Maier. Mindestens einmal in der Woche isst er selbst Fisch, am liebsten Wels blau. Ein Geheimtipp ist für ihn nach wie vor der Stör, „der in der heimischen Küche leider noch eine untergeordnete Rolle spielt. Dabei ist er ein ausgezeichneter Speisefisch, dessen Steaks gegrillt oder geräuchert exzellent schmecken." Nur ein Stör aus den vielen Maierschen Becken wird wohl nie auf dem Teller landen, nämlich Lucy. Der 119 Kilogramm schwere Fisch gilt als einer der größten Störe Mitteleuropas.

Im Verkaufsladen vorrätig sind stets auch geräucherte Forellen und die geräucherte Fischsulz. 12 Stunden werden die Fische dafür in eine Salzsur gelegt und dann über Erlen- und Buchenholz essfertig gemacht. „Wer anderen geräucherten Fisch möchte, kann zwei Tage im Voraus bestellen", rät Maier.

Fischzucht Maier
Goldberg 20
A-4521 Schiedlberg
☎ 00 43 (0) 72 51 / 3 64
www.besatzfische.at

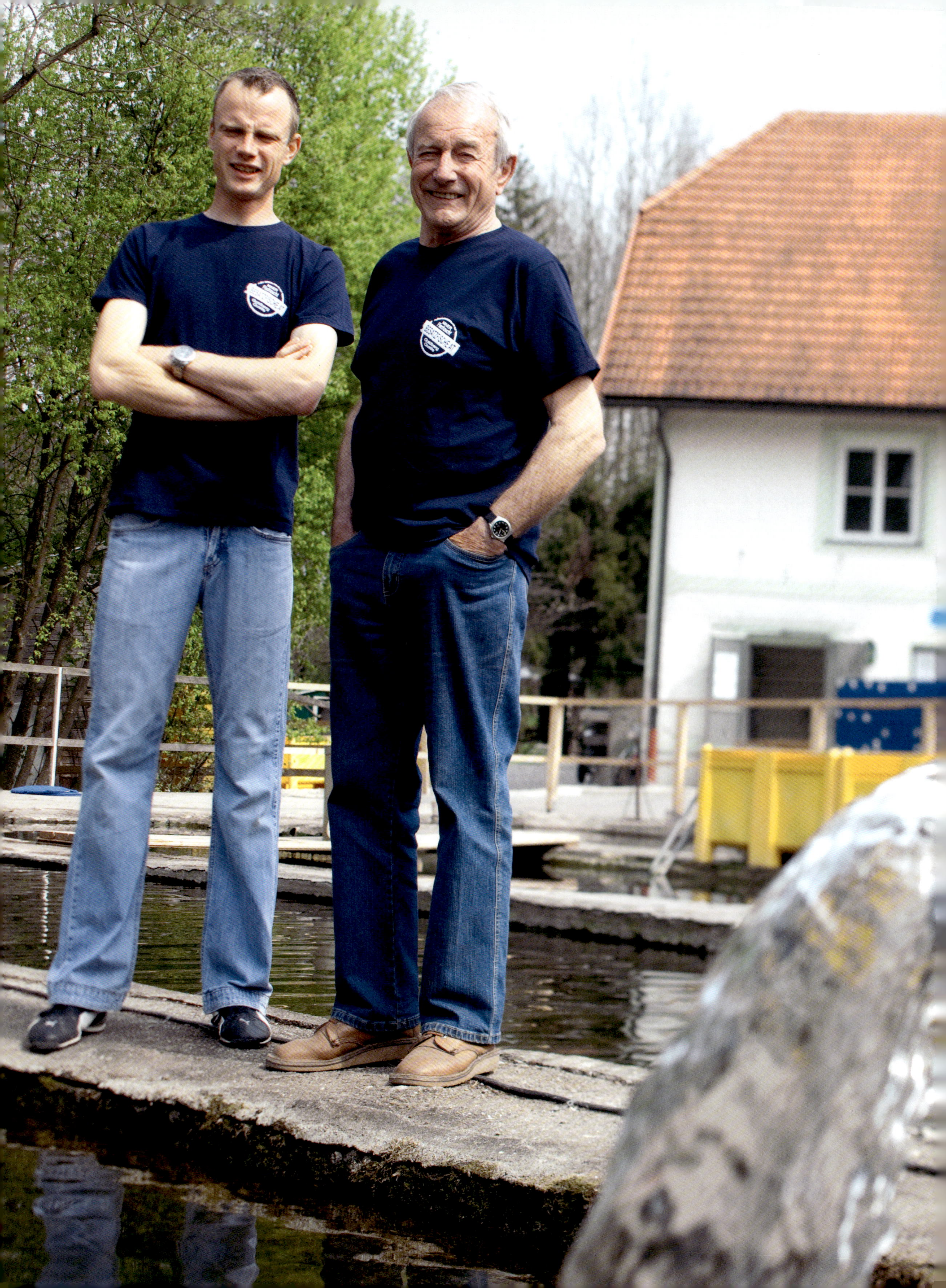

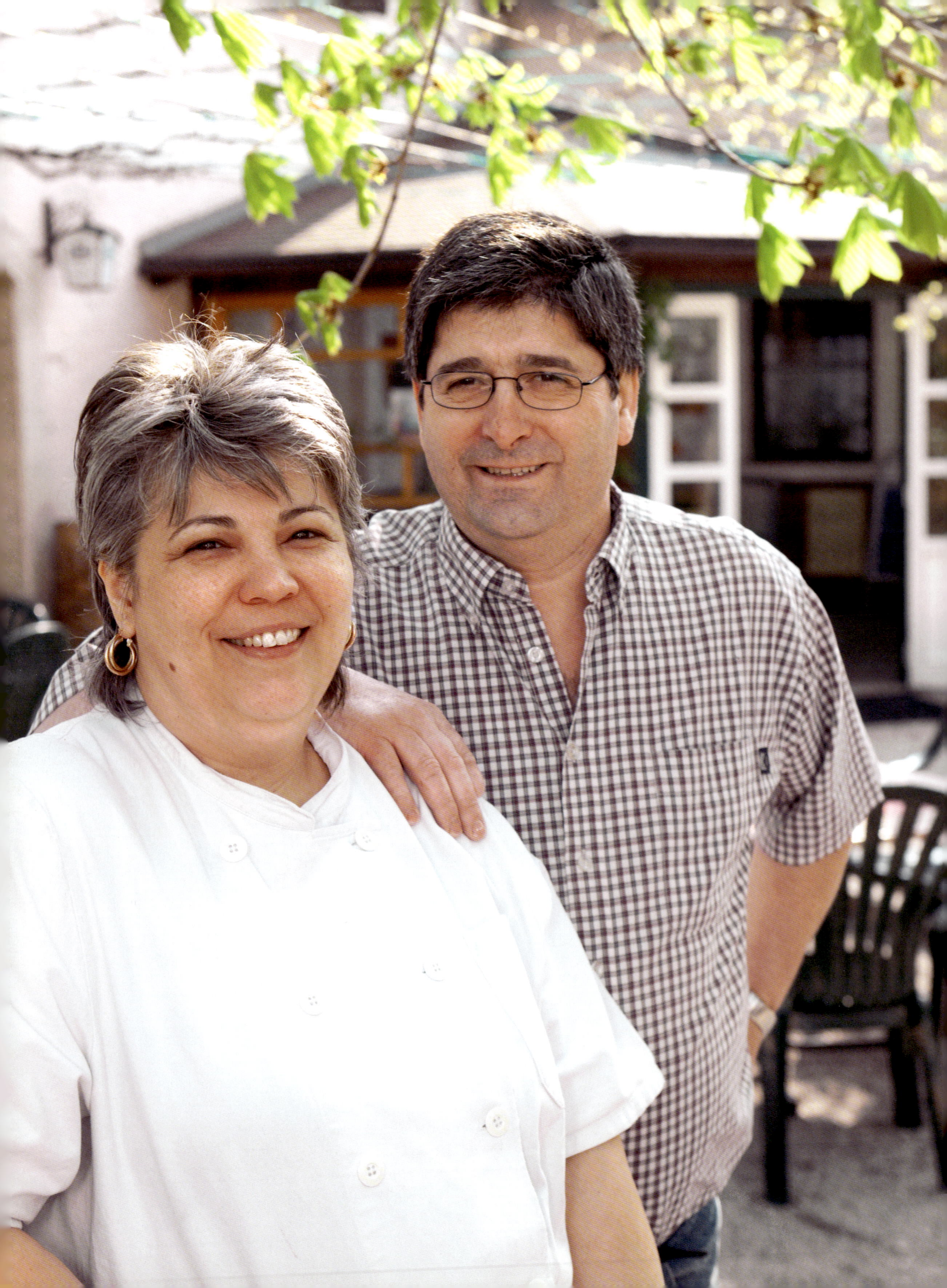

Portugiesische Kochkunst in österreichischer Landschaft

Gasthof Auerhahn

Schweinemedaillons mit Muscheln

Das Rezept zur Spezialität des Hauses finden Sie auf Seite 162

Zwischen Feuerkogel und Traunsee liegt Portugal fern, könnte man meinen. Schließlich machte schon Kaiser Franz Josef in der Salzkammergut-Gemeinde Ebensee Jagdurlaub – österreichischer geht es praktisch nicht mehr. Und trotzdem zieht es Liebhaber von „Cozido à Portuguesa" und „Bacalhau à Zé do Pipo" dorthin, genau gesagt in den Gasthof Auerhahn von Maria und Jorge Machado. „Ich mag die ehrliche Küche", sagt Maria, die selbst am Herd steht und typische Rezepte ihrer nordportugiesischen Schwiegermutter kocht. Über zehn Jahre ist der Gasthof nun schon in Familienbesitz und bekannt für seine nahrhaften, deftigen und geradlinigen Mahlzeiten. Wer hier herkommt, hat Zeit, denn „die Portugiesen lieben am Essen vor allem das Miteinander", erzählt Jorge.

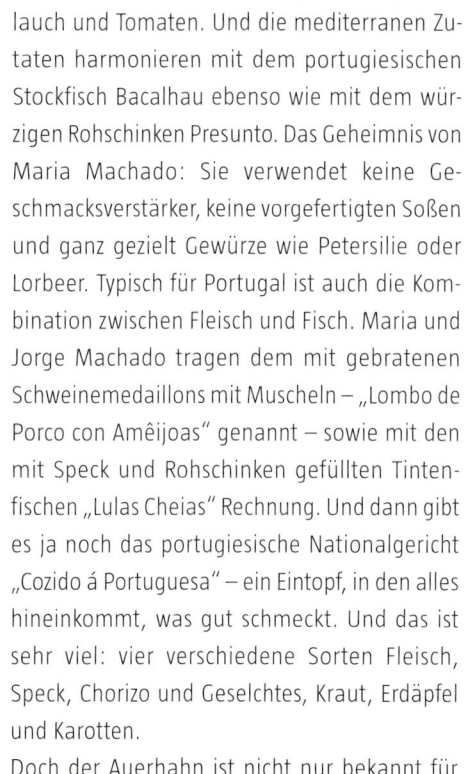

Gekocht wird mit viel Olivenöl, Zwiebeln, Knoblauch und Tomaten. Und die mediterranen Zutaten harmonieren mit dem portugiesischen Stockfisch Bacalhau ebenso wie mit dem würzigen Rohschinken Presunto. Das Geheimnis von Maria Machado: Sie verwendet keine Geschmacksverstärker, keine vorgefertigten Soßen und ganz gezielt Gewürze wie Petersilie oder Lorbeer. Typisch für Portugal ist auch die Kombination zwischen Fleisch und Fisch. Maria und Jorge Machado tragen dem mit gebratenen Schweinemedaillons mit Muscheln – „Lombo de Porco con Amêijoas" genannt – sowie mit den mit Speck und Rohschinken gefüllten Tintenfischen „Lulas Cheias" Rechnung. Und dann gibt es ja noch das portugiesische Nationalgericht „Cozido á Portuguesa" – ein Eintopf, in den alles hineinkommt, was gut schmeckt. Und das ist sehr viel: vier verschiedene Sorten Fleisch, Speck, Chorizo und Geselchtes, Kraut, Erdäpfel und Karotten.

Doch der Auerhahn ist nicht nur bekannt für seine portugiesische Küche. Jeden Freitag werden die Tische und Stühle auf die Seite geschoben und der Tanzboden poliert. Denn seit drei Jahren treffen sich leidenschaftliche Gesellschaftstänzer zum Schwofen am Parkett.

Gasthof Auerhahn
Bahnhofstraße 55
A-4802 Ebensee
☎ 00 43 (0) 61 33 / 53 20
www.gh-auerhahn.at

Kremstaler Freilandpute

Glückliche Tiere, gesundes Fleisch

Truthahnrollbraten

Das Rezept zur Spezialität des Hauses finden Sie auf Seite 163

Zu Füßen des Haslinger-Hofes breitet sich im Sommer das Kremstal wie ein Fleckerlteppich aus und rückt das Kircherl am Magdalenerberg ins Auge. Unter dem großen Nussbaum erblickt man die Spitze der Stiftskirche von Schlierbach und rundherum erstrecken sich Weizenfelder und Wiesen. Hier wachsen die 900 Puten der Familie Holzinger auf, genießen ihren Freilauf auf 3 000 Quadratmetern und sind wohl das, was man glückliche Puten nennt. „80 Prozent des Getreides für die Tiere bauen wir selbst an", erklärt Günther Holzinger. Die drei Sorten bekommen die Puten nicht als „Eintopf" serviert, sondern können sich jede einzelne Zutat je nach Gusto aussuchen. „Unser Futter ist auch nicht zerkleinert, denn der Muskelmagen der Tiere braucht etwas zum Arbeiten." Vor den Puten hielt man am Hof Hühner und Fleckvieh, seit 2002 haben Puten und ab 2005 auch schottische Hochlandrinder das Regiment übernommen. „Wenn immer wieder Fleischskandale bekannt werden, merken wir das mit Umsatzsprüngen von bis zu 20 Prozent", sagt Günther Holzinger. Kein Wunder: Wer sieht, in welcher Umgebung die Tiere aufwachsen und wie offen die Holzingers über ihre Profession aufklären, kommt gerne wieder. „80 Prozent unserer Kunden sind Stammkunden, im Hofladen wie auf den Bauernmärkten in Bad Hall und Steyr."

Als Eintagsküken kommen die künftigen Truthähne auf den Hof und in einen Stall, dessen Boden mit viel Stroh und Hobelspänen bedeckt ist. Hier haben sie es warm und hell – die besten Voraussetzungen, um gesund groß zu werden. Einmal wöchentlich wird am Hof geschlachtet und gewurstet. Daraus entstehen Frischfleisch in sämtlichen Variationen, aber auch Schinken und Krakauer, Dauerwurst und Leberkäse. Wie man hochwertiges Putenfleisch erkennt? „Die Struktur ist fest, nicht schwabbelig und sollte nach zwei- bis dreiminütigem, beidseitigem Braten in der Pfanne nicht geschrumpft sein."

Kremstaler Freilandpute
Oberschlierbach 30
A-4553 Schlierbach
☎ 00 43 (0) 75 82 / 81 20 30
www.freilandpute.at

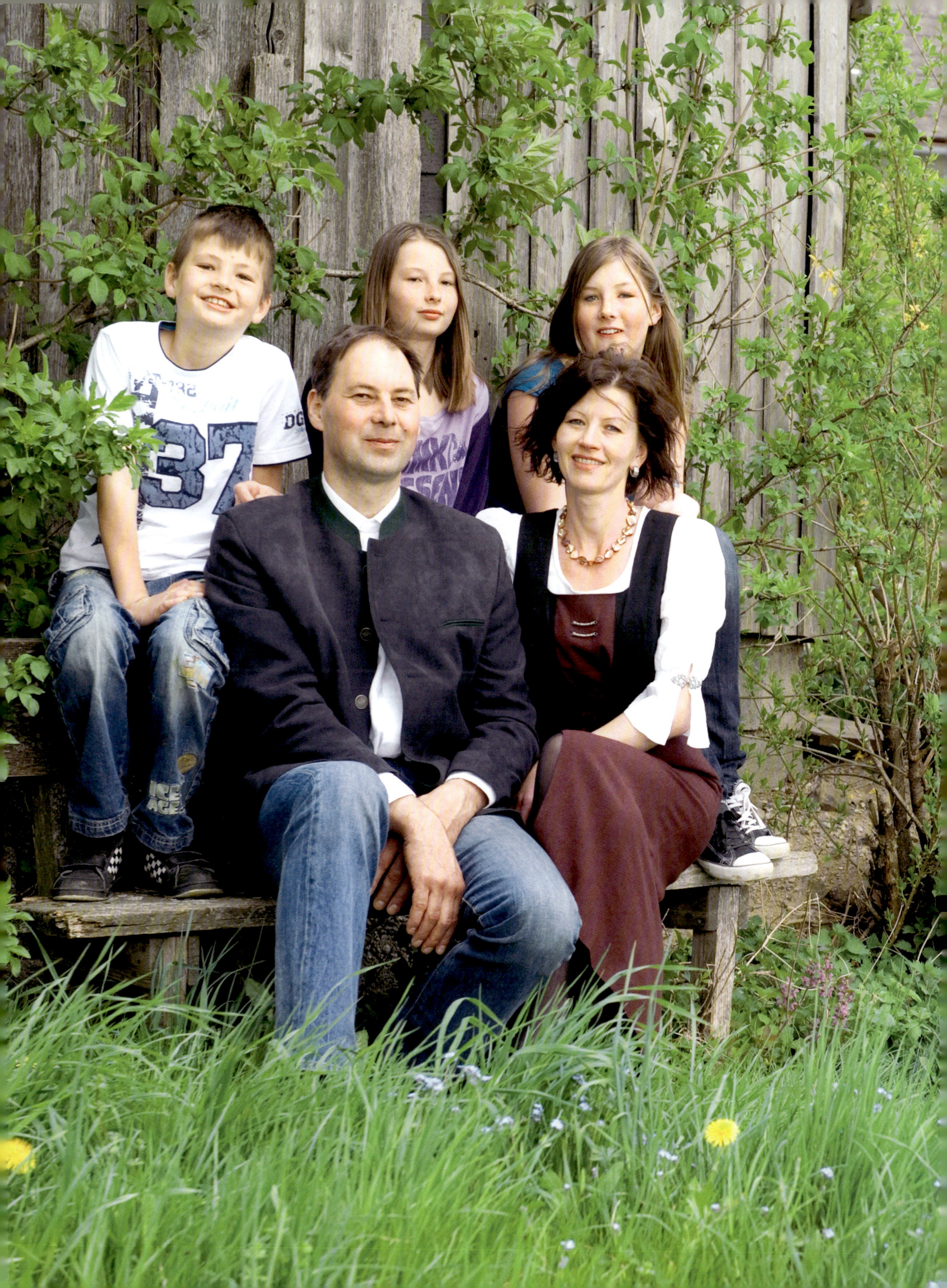

Nationalpark Kalkalpen

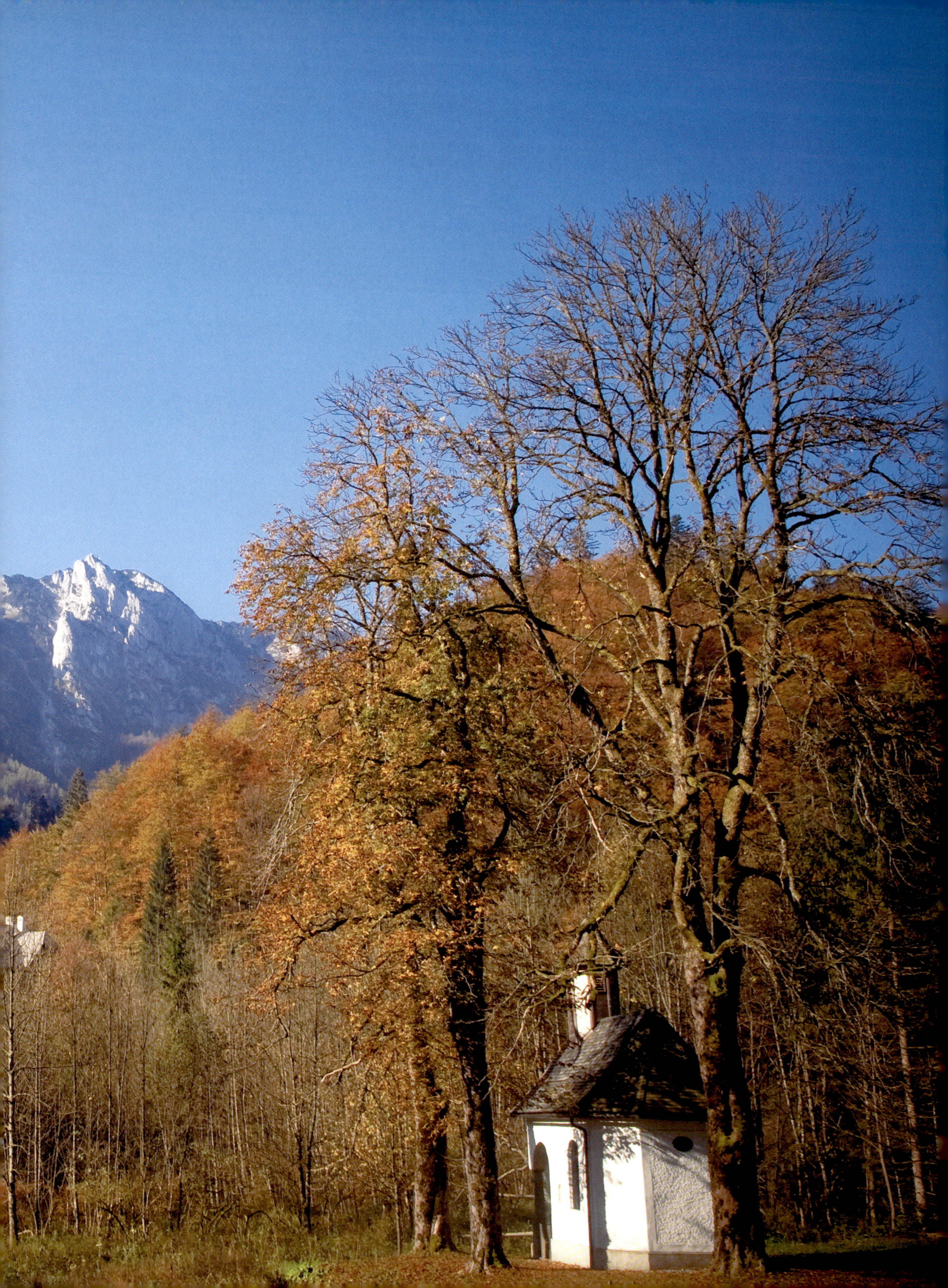

4. INTERNATIONALER TRÜFFELWETTBEWERB
24.-27. April 2010
Fachmesse
ÖBA / ÖKONDA - die genuss
2010

Leidenschaft, Qualitätsbewusstsein und Kreativität!

Konditorei Sturmberger

Ein warmes Rot empfängt den nach Süßem Suchenden in der Konditorei Sturmberger. Es ist kein grelles, aufdringliches Rot und doch vermittelt es die Leidenschaft, für die Andrea Sturmberger-Hackl und ihr Mann Stefan brennen: sie für Mehlspeisen und Pralinen, er für Kaffee. 2004 hat Friedrich Hackl nach über 30 Jahren den Stab an die beiden weitergegeben, nachdem Andrea in jungen Jahren ihre Meisterprüfung ablegt hatte. „Ich habe schon als Kind in der Backstube auf dem Tisch gesessen und zugeschaut, wie alles entsteht", erinnert sie sich. Und das hat sie bis heute nicht mehr losgelassen, auch das Feilen an der Qualität. Täglich wird gebacken, kein Stück Torte überdauert einen Tag. „Wir verwenden auch keine Fertigmassen oder Eipulver. In unseren Mehlspeisen gibt es richtige Eier", sagt Andrea Sturmberger. Die Zutaten kommen allesamt aus der Region, das gehört auch zum traditionellen Arbeiten. Und das gilt auch für das hausgemachte Speise-Eis und die Schokoladen.

Vor allem bei den Trüffeln ist sie ganz groß – und hat das auch schriftlich. Beim vierten internationalen Trüffelwettbewerb „Die Genuss-Messe" 2010 konnte Andrea Sturmberger als eine der wenigen weiblichen Maître de Chocolatiers Österreichs sechs Goldmedaillen, drei Silbermedaillen sowie den ersten und zweiten Gesamtplatz in der Kategorie Trüffelmischung erringen. Dies bedeutet die meisten Gold- und Silbermedaillen unter über 40 teilnehmenden Betrieben! „Vor dem Wettbewerb haben wir wochenlang getüftelt, um die optimalen Pralinen zu schaffen," erzählt Andrea Sturmberger. Und die Mühe hat sich gelohnt.

Wer dabei zusieht, wie Stefan Hackl seinen „Latte Art" eingießt, ahnt ebenfalls nicht, wie viel Übung hinter dem eleganten Schwung mit dem Handgelenk steckt. Und dieser Schwung bringt Herzen und Blätter, Schwäne und Hasen in sanfter Braun-Weiß-Zeichnung auf den Milchkaffee. Das beste daran: Wenn man die Tasse leert, ohne den Schaum zu zerstören, bleibt er am Ende des Kaffeegenusses unverändert am Boden übrig. „Das Geheimnis ist, dass der Schaum weich zum Gießen

Espresso-Kirsch-Trüffel

Das Rezept zur Spezialität des Hauses finden Sie auf Seite 163

sein muss, aber fest genug für das Muster." Und dieses Geheimnis wird nur an die Mitarbeiter weitergegeben, die alle eine Barista-Ausbildung der Speciality Coffee Association of Europe (SCAE) haben. Doch der Sturmberger'sche Kaffee ist nicht nur eine Freude für's Auge, sondern auch für den Gaumen. Seit 2006 komponiert eine kleine Rösterei im Piemont spezielle Mischungen aus acht verschiedenen Kaffeebohnen für das Kirchdorfer Familienunternehmen. Heraus kommt eine Kombination mit niedrigem Koffeingehalt, die durch das lange Rösten ein ausgeprägtes Aroma und magenschonende Eigenschaften hat. „Unsere Kaffeebohnen sind nie älter als zwei Wochen. Sie werden gleich nach unserer Bestellung geröstet und umgehend auf die Reise geschickt. Wenn sie bei uns nach durchschnittlich zehn Tagen ankommen, haben sie genau den richtigen Geschmack", erläutert Stefan Hackl. Er ist wie seine

Kirchdorf

Konditorei Sturmberger

Frau auf Qualität bedacht. Deshalb gibt es für italienische und österreichische Kaffeespezialitäten jeweils eigene Kaffeemühlen und -maschinen. Denn der Espresso wird heißer gebrüht als der kleine Braune und auch der Kaffee ist feiner gemahlen als bei seinem österreichischen Verwandten. Über 20 Varianten des Kaffeetrinkens kann man in der Konditorei Sturmberger ausprobieren.

Zu den vielen Medaillen, die das Ehepaar Sturmberger-Hackl im Laufe der Jahre für Kaffee und Süßigkeiten abgeräumt hat, kam 2010 auch noch der oberösterreichische Jungunternehmerpreis dazu. In der Kategorie „Jobmotor" erhielt Andrea Sturmberger die Auszeichnung für ihre Lehrlingsausbildung und die Arbeitsplätze, die sie schafft. Und sie hat in ihrem Betrieb erstmals in Oberösterreich die kombinierte Lehre als Konditor- und Systemgastronomiefachkraft eingeführt. Kreativität zahlt sich eben aus!

Konditorei Sturmberger
Simon-Redtenbacherplatz 1
A-4560 Kirchdorf
☎ 00 43 (0) 75 82 / 6 21 81
www.sturmberger.com

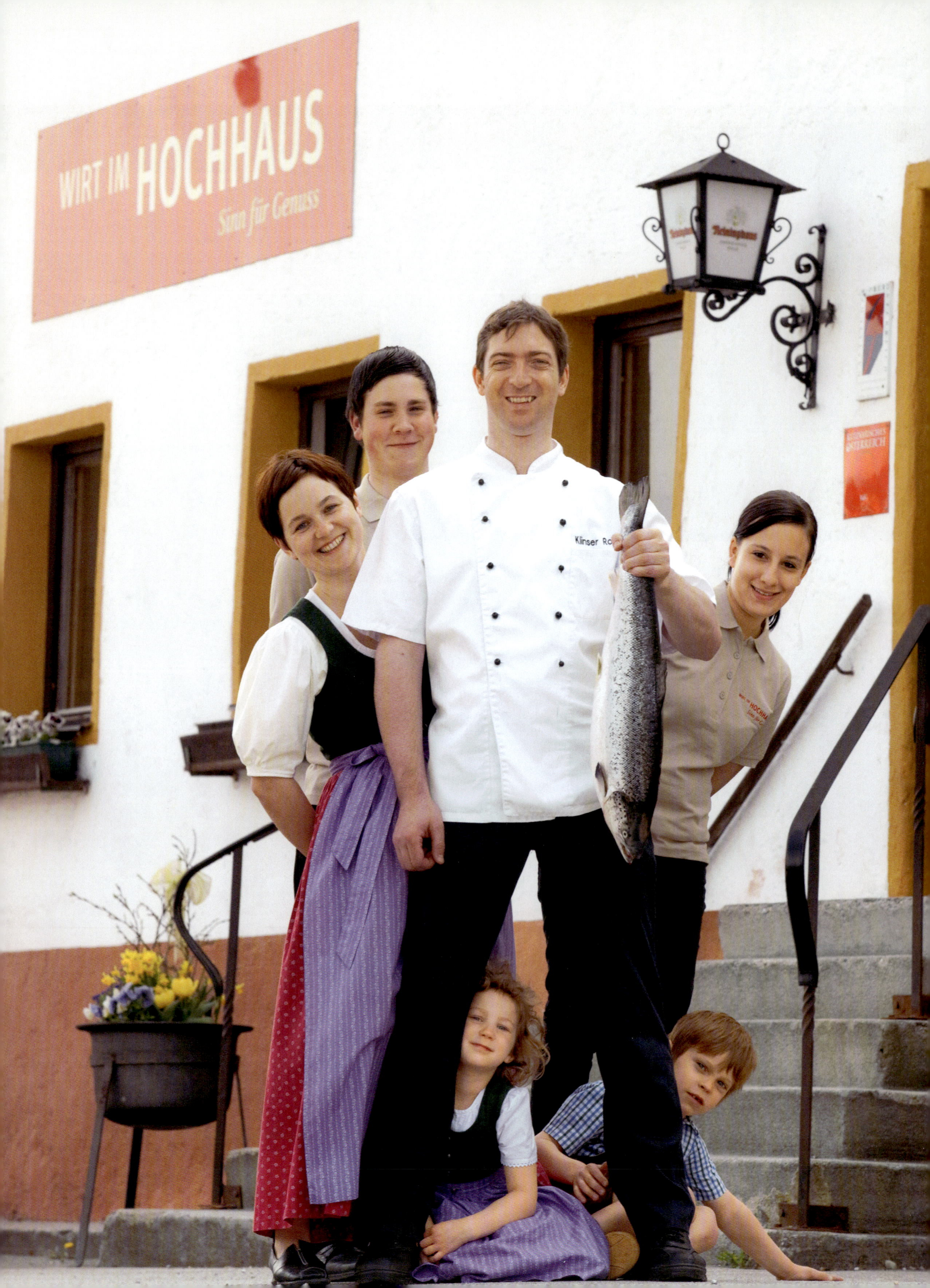
WIRT IM HOCHHAUS
Sinn für Genuss
Klinser Ro

Sinn für Genuss!

Wirt im Hochhaus

Am Ortsrand von Ottsdorf, unübersehbar an einer Kurve gelegen und nah am Waldrand, liegt das Gasthaus „Wirt im Hochhaus". Das Haus lädt zum Verweilen, zum Wohlfühlen ein, hier kommt man als Gast her, um zu genießen, um die Sinne verwöhnen zu lassen.

Seit 2003 sorgen Sigrid und Roland Klinser in den mit Liebe zum Detail ausgestatteten Räumlichkeiten dafür, dass man am liebsten hier bleiben möchte. Die von Roland Klinser entwickelte Speisekarte mit einem Schwerpunkt auf der regionalen und saisonalen Küche verwöhnt jeden Gaumen. Seine Spezialitätenwochen sind sehr beliebt, und wenn man sieht, was er aus Spargel alles zaubern kann, versteht man, warum: Roland Klinser verarbeitet ihn zu Mousse und Cappuccino, Lasagne und Risotto, serviert ihn mit Safran, gebacken oder knusprig. Gemeinsam bringen die Klinsers 15 Jahre Erfahrung in die Bewirtung ihrer Gäste ein, Sigrid als Konditorin und Roland als Koch. Die beiden haben in internationalen Küchen gearbeitet, darunter auch im „The Breakers" in Palm Beach, das zu den Top-Drei-Restaurants der USA zählt. Und auch im Urlaub verschließt sich das Ehepaar mit ihren beiden aufgeweckten Kindern nicht den kulinarischen Anregungen der Welt: „Wir probieren immer die einheimische Küche, die oft aus verblüffend einfachen Gerichten besteht", erzählt Klinser. Die Welt als Inspiration – so genussvoll kann Kochen sein.

Im Winter versammeln sich die Gäste in den zwei Stuben, wo die Holzöfen eine behagliche, gemütliche und familiäre Stimmung verbreiten, im Sommer lockt der Gastgarten mit seinen Kastanienbäumen. Kinder können sich auf dem hauseigenen Spielplatz austoben, durch Kirschbaumzweige schweift der Blick auf die gegenüberliegende Seite des Kremstales, auf die Burg Altpernstein. Am Rande des Gartens wachsen duftende Kräuter wie Rosmarin, Lavendel und Schokoladenminze – geerntet wird, was die Küche gerade braucht. Die anderen Produkte kommen aus Österreich, zu einem Großteil aus der näheren Umgebung. Und wenn man dann bei den von Sigrid Klinser erdachten Desserts angelangt ist, einen passenden Wein aus der umfangreichen, erlesenen Weinkarte ausgewählt hat, spürt man, dass beim Wirt im Hochhaus alle Sinne dem Genuss geweiht sind.

Wirt im Hochhaus
Ottsdorf 28
A-4560 Kirchdorf
00 43 (0) 75 82 / 6 26 13
www.wirtimhochhaus.at

Rainer's Schafspezialitäten

Schafskäsevariationen für alle Sinne!

Schafkäsestrudel mit Blattsalat

Das Rezept zur Spezialität des Hauses finden Sie auf Seite 164

„Meine Patentante hatte Schafe, und die haben mich magnetisch angezogen. Und manchmal habe ich mir eines ausgeliehen", erzählt Regina Zaunmair von ihrer frühen Leidenschaft für die wolligen Tiere. 65 Mutterschafe stehen in dem Stall oberhalb von Kirchdorf, alle haben einen Namen: „Wenn ich beginne, ihre Namen zu vergessen, weiß ich, dass wir zu viele Schafe haben", sagt sie schmunzelnd. Schon als Kindergartenkind wollte sie Bäuerin werden und irgendwann übernahmen Reginas Eltern den Selbstversorgerhof von den Großeltern und entschieden sich 1989 Vollerwerbsbauern zu werden.

Seit den 1980er-Jahren gibt es auch Schafe am Hof, die mit dem saftigen, kräuterhaltigen Gras von den Hängen der Burg Altpernstein gefüttert werden. Das Gras duftet durch die Heubelüftung im Winter wie Tee. Seit 1988 ist der Hof ein Biohof. Regina Zaunmair ist es wichtig, dass alle in einer natürlichen Umgebung aufwachsen, die für nachfolgende Generationen erhalten bleibt. Die ostfriesischen Bio-Milchschafe brauchen zudem intensive persönliche Betreuung, um gute Milch zu geben. Diese wird dann zu Schafkäsegupferln und Topfen, Aufstrichen in fünf verschiedenen Geschmacksrichtungen und Hirtenkäse in sechs Variationen verarbeitet. Darüber hinaus bieten die Zaunmairs Mozzarella, Joghurt, Camembert und Blauschimmelkäse vom Schaf in ihrem Hofladen an. Gesundheitlich interessierte Käsekenner schätzen neben dem cremig-zarten Geschmack auch die aufbauend-regenerierende Wirkung auf das Immunsystem und die Bekömmlichkeit der Schafspezialitäten. Sowohl für die im Kremstal typischen Gupferl als auch den Mozzarella werden Rainer's Schafspezialitäten regelmäßig mit der Goldmedaille des Wettbewerbs „Kasermandl" der Messe Wieselburg bedacht.

Im 1996 eröffneten Hofladen gibt es darüber hinaus frisches Lammfleisch und Dauerwürste, Felle – „die sind ideal für Rückenleiden" –, prämierter Feiermost aus Landl- und Speckbirnen sowie Äpfel und die Liköre. Die Rohstoffe holt die Familie aus der nächsten Umgebung, sucht nach Waldmeister, Hagebutten und Brombeeren. Besonders beliebt ist ihr Tannen- und Fichtenwipferl-Likör.

Rainer's Schafspezialitäten
Seebach 34
A-4560 Kirchdorf
☎ 00 43 (0) 75 82 / 6 31 59

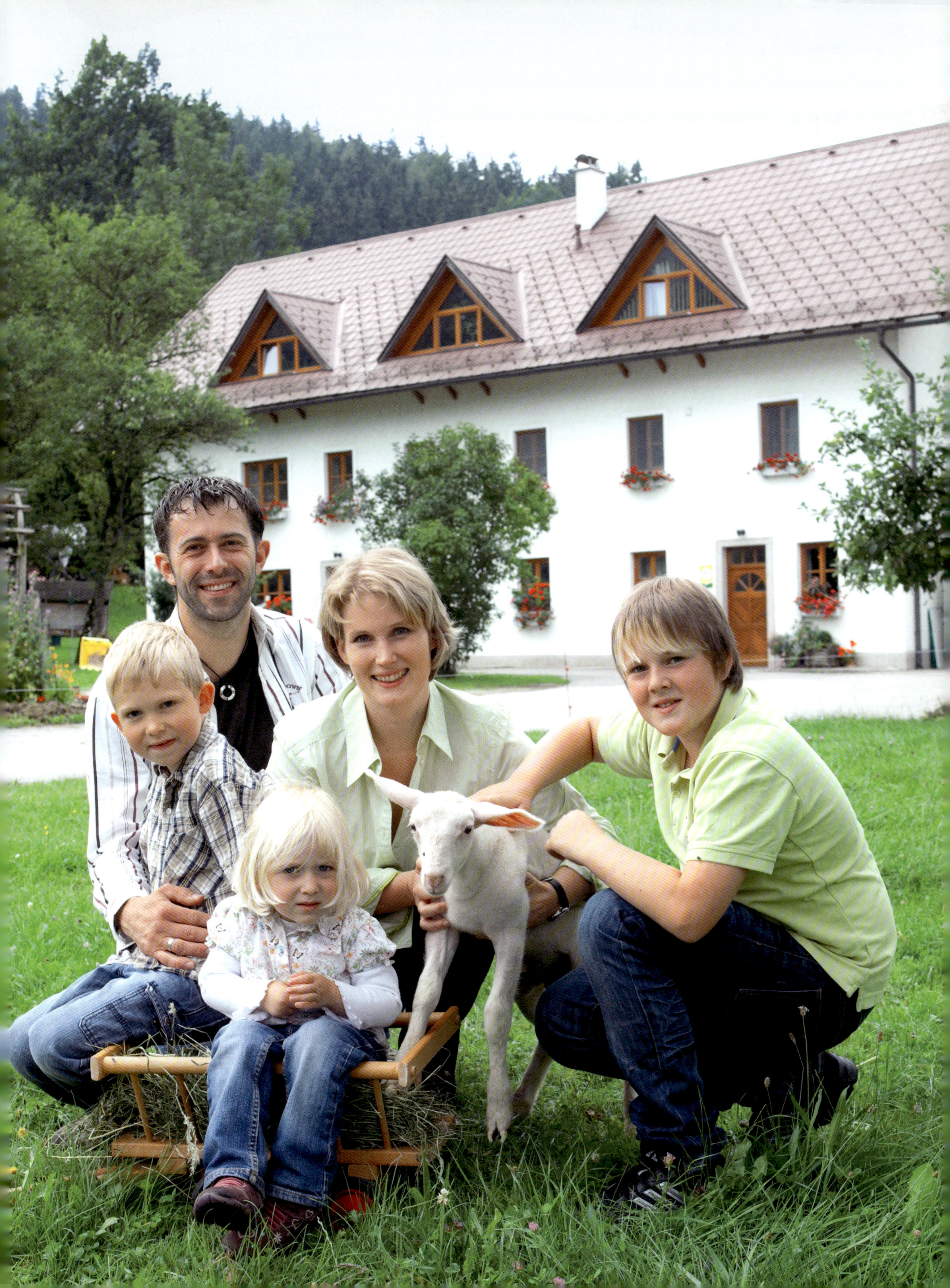

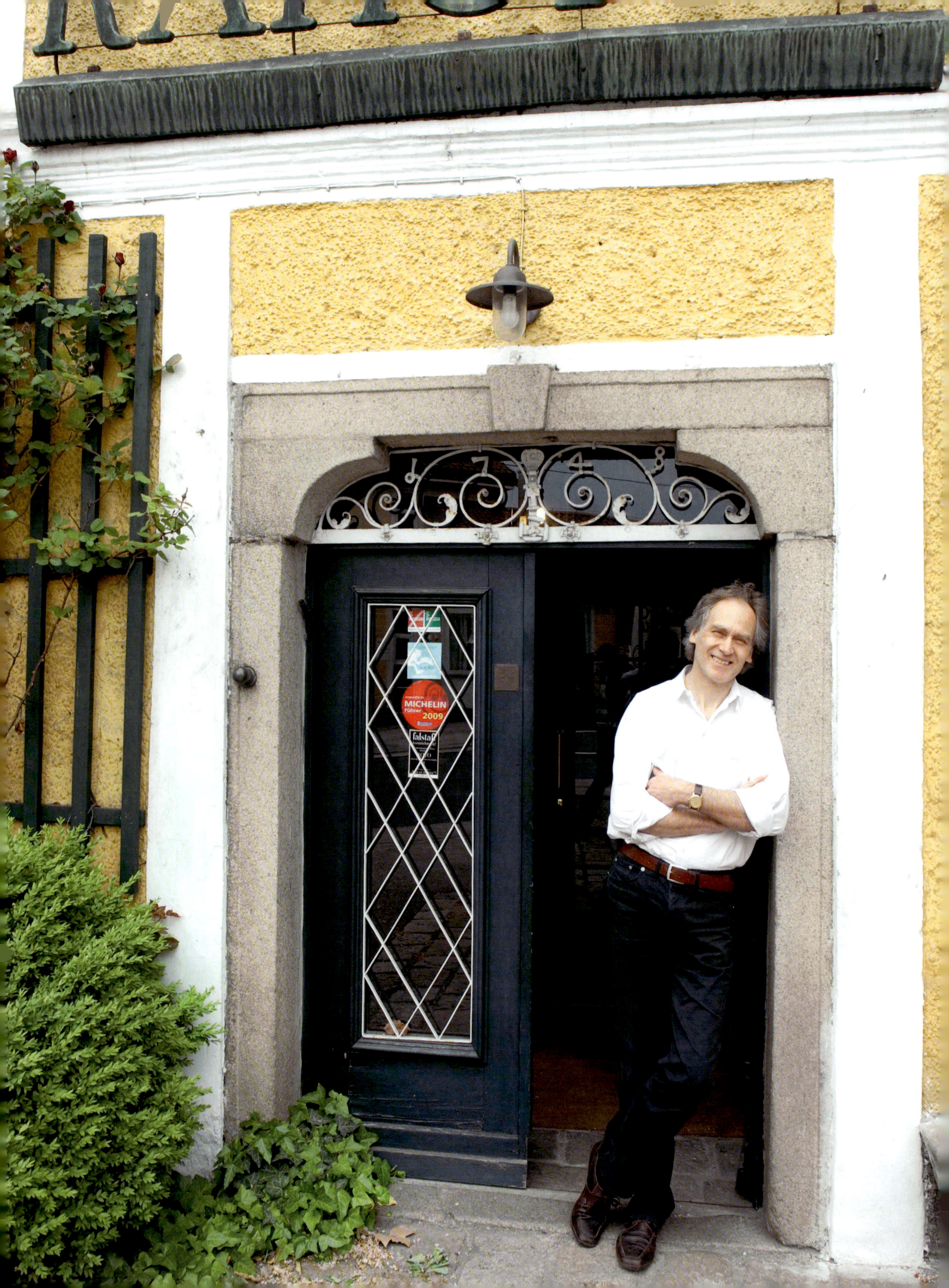
1748
MICHELIN
Führer
2009
falstaff

Einfachheit und Ursprünglichkeit

Gasthof Rahofer

Auf den Tischen des Innenhofes wachsen Rosmarin, Schnittlauch und Zitronenmelisse in bunten Töpfen, Lavendel und Basilikum werden von Palmen und Muskatellerwein beschattet. Wer sich in diesem Teil des Gasthofs Rahofer niederlässt, blickt auf ein großes Scheunentor, das eines ganz deutlich macht: Land- und Gastwirtschaft liegen hier eng beieinander. Und das war auf dem 500 Jahre alten Anwesen schon immer so, nicht erst, seit die Familie Rahofer es vor mehr als einem Jahrhundert in Besitz genommen hat.

Die Liebe zur Natur und zum Essen vermittelt seit mittlerweile mehr als dreißig Jahren auch Rudolf Rahofer tagtäglich seinen Gästen. Die kulinarische Botschaft des Küchenchefs lautet vor allem: Einfachheit und Ursprünglichkeit. „Warum soll ich einen Saibling faschieren, wenn ich ihn braten kann?" Er ist mutig mit dieser Herangehensweise, zugleich souverän in seiner Kochkunst, zelebriert die Klassiker und erfrischt den Gaumen mit raffinierter Geradlinigkeit. Dass viele seiner Stammgäste wegen seines Reisfleischs kommen, spricht Bände. Und doch ist er Neuem gegenüber stets aufgeschlossen, entdeckt beispielsweise junge Winzer wie das Weinviertler Weingut Fleckl, dessen Weine die Kulinarik Rahofers vollenden.

Respektvoll mit dem umgehen, was einem geschenkt wird – Rudolf Rahofer bevorzugt das Kochen mit saisonalen und regionalen Zutaten und ging bei der Renovierung des alten Gasthofes mit ebensoviel Sorgsamkeit und Fingerspitzengefühl vor. Modernisierungsversuche der 1960er-Jahre wurden so zum Teil rückgängig gemacht, in den neu eröffneten Gästezimmern etwa unlängst alte Balken und Türen freigelegt. „Unsere Zimmergäste, darunter viele Geschäftsleute, sind froh, wenn sie einmal ein etwas anderes Ambiente erleben können", so Rudolf Rahofer. Trotz allem Traditionsbewusstsein verfügen die Zimmer über Internetanschluss und liegen leicht erreichbar nur vier Kilometer von der Autobahnanschlussstelle Enns entfernt.

Erdäpfelknödel mit Schwammerlsauce

Das Rezept zur Spezialität des Hauses finden Sie auf Seite 164

Gasthof Rahofer
Hauptstraße 56
A-4484 Kronstorf
☎ 00 43 (0) 72 25 / 83 03
www.rahofer.at

Landhotel Grünberg am See

Der oberösterreichischen Küche auf der Spur

Topfenknödel pikant und süß

Das Rezept zur Spezialität des Hauses finden Sie auf Seite 165

Das Schloss Ort, der Gmundner Berg, die Esplanade und davor der Traunsee – diese Kulisse sieht man nur von der Terrasse des Landhotels Grünberg. Seit einem halben Jahrhundert ist das Haus in Familienbesitz, aktuell kümmern sich Ingrid und Franz Pernkopf engagiert um das Wohl ihrer Gäste.

Wer ins Landhotel Grünberg kommt, hat viele gute Gründe dafür. Zum einen lässt es sich hier unglaublich idyllisch wohnen. Von den 30 Komfortzimmern und drei Appartements aus kann man entweder auf den See oder ins Land schauen. Dass das Frühstück auf der Seeterrasse serviert wird, schätzen Stammgäste ebenso wie Firmen- und Geschäftsreisende. Doch nicht nur für die imposante Aussicht ist das Haus berühmt. Gäste zieht es an wegen des eigenen Badestrandes, des Bootsverleihs, der Schiffsanlegestelle – und der Kochkurse.

Fünf Jahre lang schrieb die Hausherrin Ingrid Pernkopf gemeinsam mit dem kürzlich verstorbenen Restaurantkritiker und Autor Professor Christoph Wagner Kochbücher. Das erste, das inzwischen vergriffen ist, hatte Weihnachtsbäckerei zum kulinarischen Thema. Beim zweiten war der Gourmetpapst gemeinsam mit der begeisterten Köchin „der oberösterreichischen Küche" auf der Spur – mit einer Mischung aus bodenständigen Schmankerln und Gerichten, die die Oma schon gekocht hat. Das Buch war ein großer Erfolg, dem weitere Kochbücher folgen werden. „Die Knödelküche – Knödel von pikant bis süß" zum Beispiel. Damit bleibt Ingrid Pernkopf einmal mehr der oberösterreichischen Küche treu, denn hier sind Knödel Nationalgericht. Entsprechend umfangreich ist die Auswahl, immer auch mit Variationen, die die Köche ermutigen, selbst kreativ zu werden. Und vor allem passen Knödel zum Lamm ebenso wie zu den heimischen Fischen Reinanke, Saibling und Hecht. Ingrid Pernkopf schwört auf ihre Lieferanten, die aus der Region kommen, aus dem Salzkammergut. Viele Rezepte und Kochvideos finden sich übrigens auch auf der Internetseite des Landhotels Grünberg wie beispielsweise Bärlauchnockerl, die Gmundner Fischsuppe und die Steyrer Hochzeitsknödel. Den passenden Wein servieren die Sommeliers Franz und Michael Pernkopf.

Landhotel Grünberg am See
Traunsteinstraße 109
A-4810 Gmunden
☎ 00 43 (0) 76 12 / 7 77 00
www.gruenberg.at

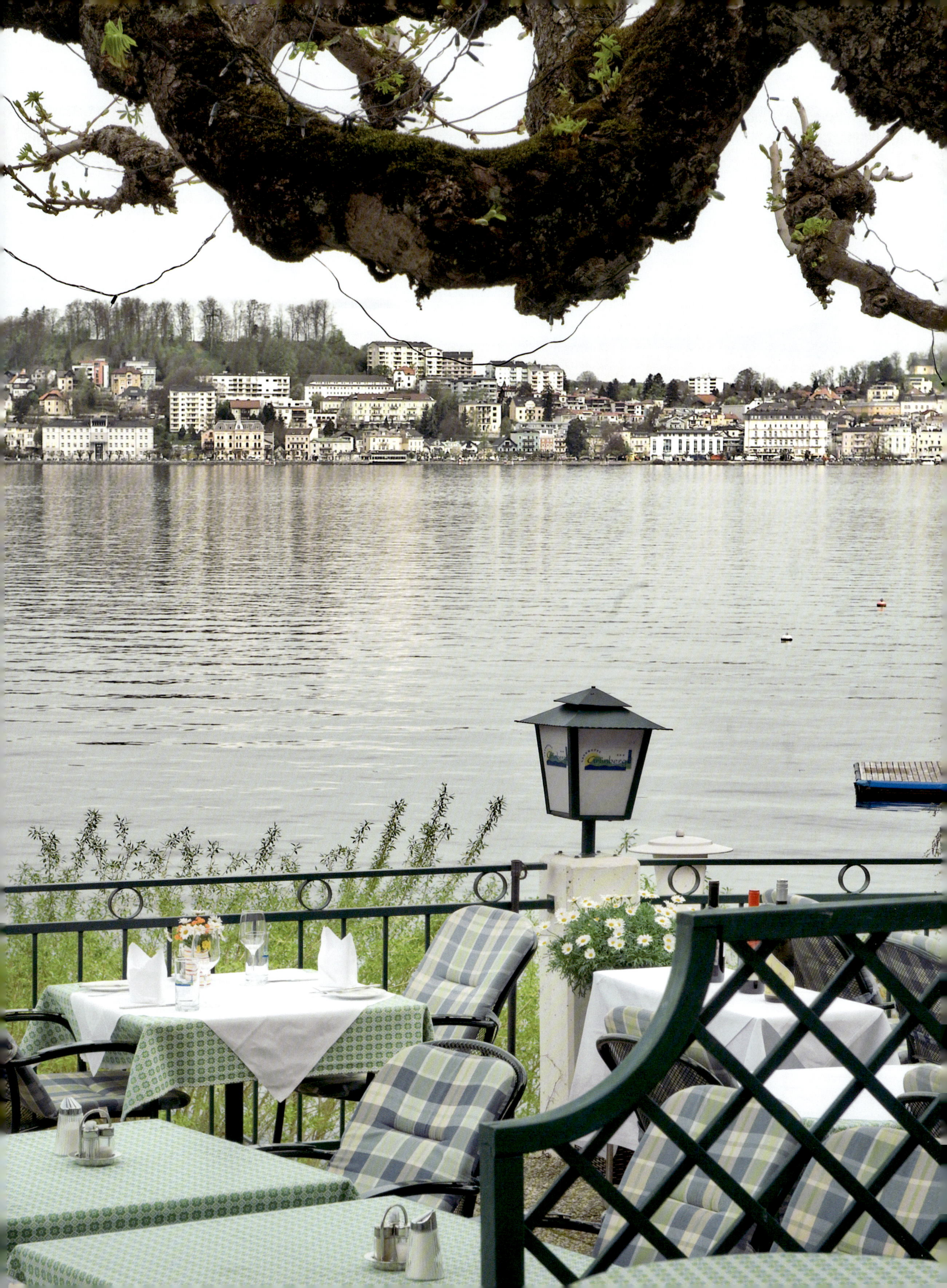

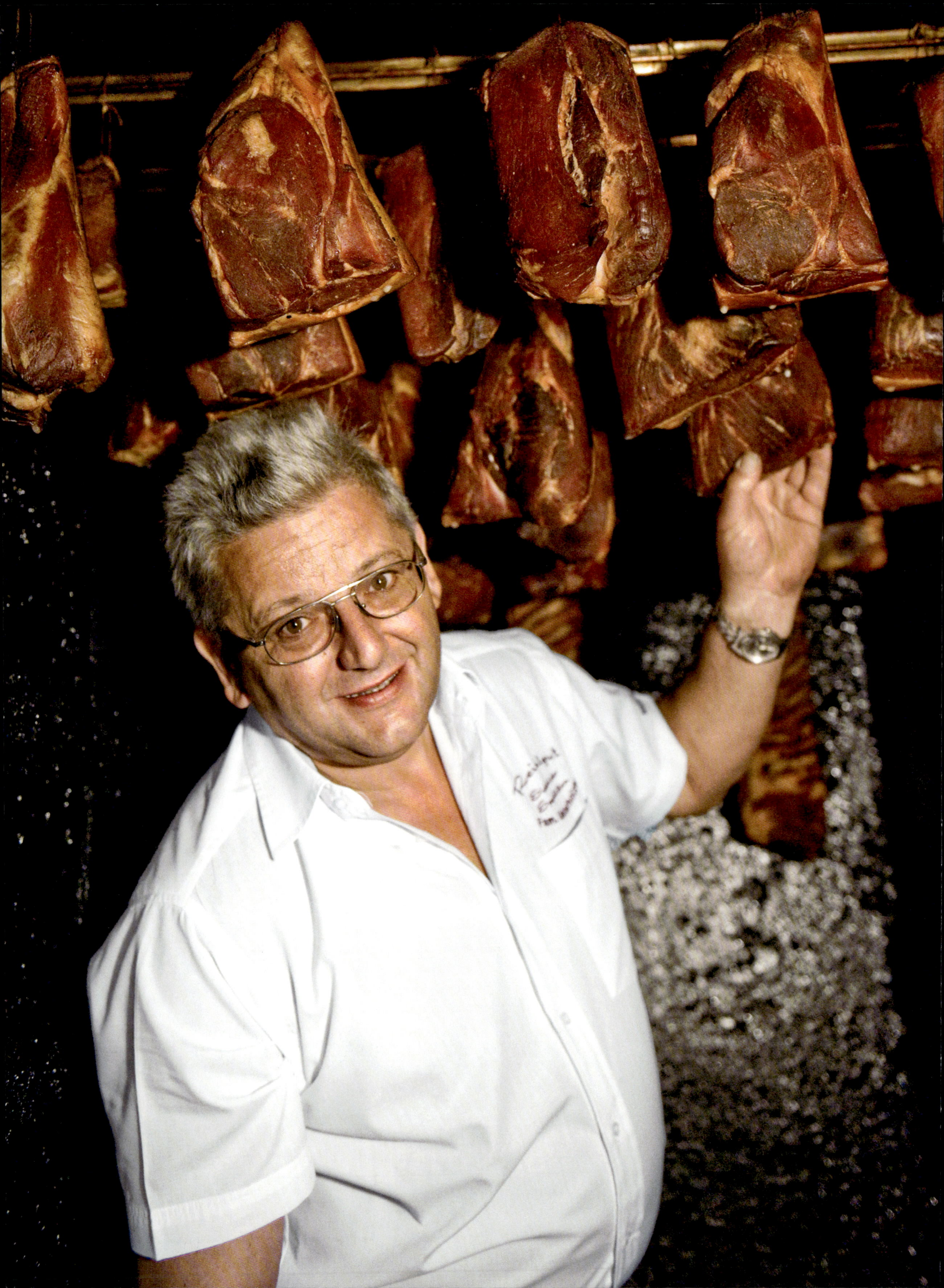

Fleischvermarktung mit Tradition

Reichlgut

Das Reichlgut ist seit über 260 Jahren im Besitz der Familie Unterholzer. Eingebettet in Hügel voller Streuobstbäume und Wiesen, kann der Blick von hier aus zur Wallfahrtskirche Sankt Leonhard und bis ins Mühlviertel schweifen. Hier betreiben Rudolf und Annemarie Unterholzer Schweinehaltung, machen Most, Schnäpse und Apfelsaft und begrüßen Gäste in ihrer Mostschenke.

Die Fleischvermarktung am Reichlgut hat eine 60-jährige Tradition. „Wir füttern die Schweinen nur mit hofeigenem Trockenfutter aus Weizen, Gerste, Mais und Sojaschrot", erzählt Rudolf Unterholzer. Er schlachtet seine Tiere selbst, um den Transportstress auszuschließen: „Durch die Fahrt steigt der ph-Wert im Schweinefleisch. Deshalb haben inzwischen sogar große Schlachthäuser Ruhezonen für die zu schlachtenden Schweine eingeführt", erläutert er.

Aus dem Fleisch entstehen Würste, Sulz, „Leberschedl" und Leberkäse sowie G'selchtes. Für den Bauchspeck gab es 2004 Gold von der oberösterreichischen Landwirtschaftskammer, 2005 eine Silbermedaille bei der Messe Wieselburg sowie 2008 einen goldenen und 2010 einen silbernen „Kulinarix" der Wirtschaftskammer Oberösterreich. Das Erfolgsgeheimnis: „Wir suren das Fleisch mindestens fünf Wochen. Damit verkürzen wir die Trockenzeit und das G'selchte wird zarter," erklärt Rudolf Unterholzer. Zusammen mit küchenfertig geteiltem Frischfleisch und Surfleisch sind die Unterholzers freitags am Bauernmarkt in Traun anzutreffen und donnerstags im Hofladen.

An diesem Tag treffen sich aber nicht nur die Liebhaber „fleischlicher" Genüsse, sondern auch Mostkenner. Früher saß man in Zweierreihen um den Küchentisch, trank ein Glas Most, ein Schnapserl oder einen Apfelsaft des Hofherren und ließ sich verköstigen. Seit 2004 finden bis zu 60 Leute in Annemaries Jaus'nhitt'n Platz. Vom März bis November kredenzt sie hier ihre Brettljausen, die saure Sulz oder Bauernkrapfen mit Staubzucker und Marillenmarmelade.

„Leberschedl"
Das Rezept zur Spezialität des Hauses finden Sie auf Seite 165

Reichlgut
Sipbach 11
A-4055 Pucking
☎ 00 43 (0) 72 29 / 7 82 23
www.reichlgut.at

Direktvermarktung Klement

Hier kommen Feinschmecker auf ihre Kosten!

Weidegans à la Klement
Das Rezept zur Spezialität des Hauses finden Sie auf Seite 166

Seit 1975 ist das „Gütl im Holz", wie der Klementhof früher einmal hieß, im Besitz der Familie Nowak. Während Franz und Theresia Nowak anfangs ziemlich viele Bereiche einer klassischen Landwirtschaft zu bewältigen hatten, spezialisierten sich Theresia und ihr Sohn Thomas nach dem Tod des Ehemanns und Vaters auf Schweine und Weidegänse. Seit 1999 werden Ferkel zu Schweinen gemästet, seit 2004 Eintagsgössl, wie die einen Tag alten Küken heißen, zu Weidegänsen.

Ziemlich zeitgleich mit der Entscheidung für die Weidegänse gingen die Nowaks mit ihren Produkten als Direktvermarkter auf ihr Kunden zu. Freitags und samstags verkaufen sie Frisch- und Surfleisch, Speck und die verschiedensten, selbst hergestellten Wurstsorten auf den Wochenmärkten am Stadtplatz, am Resthof und am Wieserfeldplatz in Steyr. Donnerstag und Freitag kann man die Produkte direkt am Hof erstehen. Ein weiterer Teil der Erzeugnisse geht an Gastronomen und Fleischhauer oder ins Jausen-Catering. Mit der Qualität des Fleisches nimmt es die Familie Nowak genau, lässt es viermal von Institutionen wie der Lebensmittelbehörde oder der zuständigen AMA-Gütesiegel-Kommission kontrollieren. Und da fällt positiv auf, dass die Schweine ohne Mais, dafür aber mit eigenem Futtergetreide aus Weizen, Triticalen (einer Mischung aus Weizen und Roggen) und Gerste gefüttert werden. Auch die Nowaksche Veredelung ihres Schweinefleischs erregt freudiges Aufsehen. Für den Bauchspeck erhielten sie 2010 den „Speckkaiser" der „Ab Hof"-Messe Wieselburg, von der „Genusskrone" wurde der Schinkenspeck zum besten Österreichs gekürt. Und Schinken- wie Karreespeck sind ebenfalls seit 2010 mit je einem „Goldenen Culinarix" des Lebensmittelclusters der Wirtschaftskammer prämiert.

Feinschmecker sind auch die 700 Weidegänse, die den Klementhof bevölkern. Sie grasen auf der Wiese, lassen Spitzwegerich, Schafgarbe und Kamille stehen und stürzen sich mit Heißhunger auf Äpfel und Birnen, die von den Obstbäumen fallen. Bis Mitte August hört man die Gänse kaum, „je näher sie aber ihrer Geschlechtsreife kommen, umso lauter schnattern sie", erklärt Thomas Nowak. Rückt der Österreichische Nationalfeiertag am 26. Oktober näher, läuft die hauseigene Schlachtung an. Gastronomen und Fleischhauer geben ihre Nachfrage bekannt und selten bleibt eine gestochene Gans ohne sofortigen Verarbeiter.

Direktvermarktung Klement
Hausleitnerstraße 5
A-4407 Steyr/Gleink
☎ 00 43 (0) 72 52 / 3 83 74

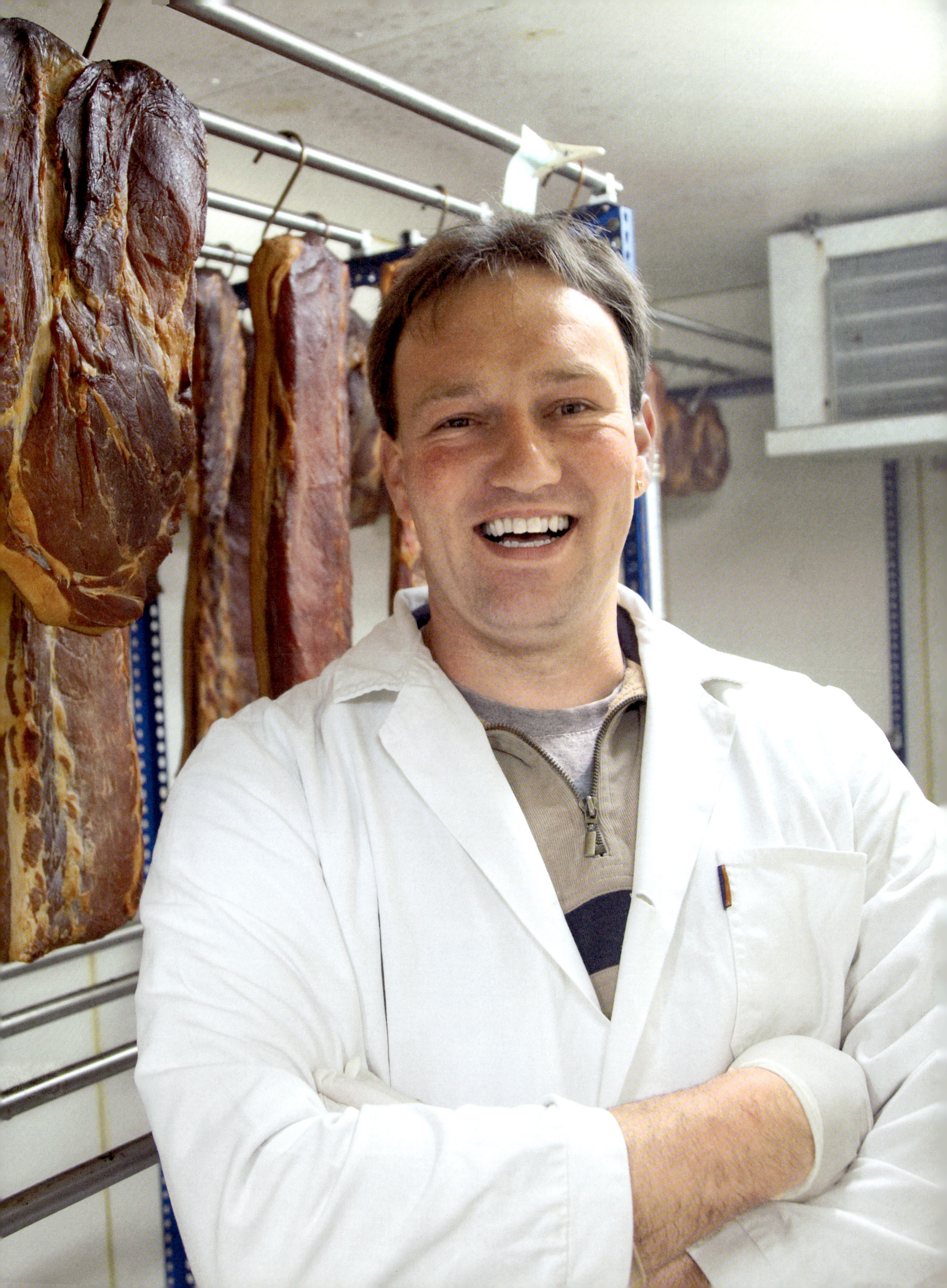

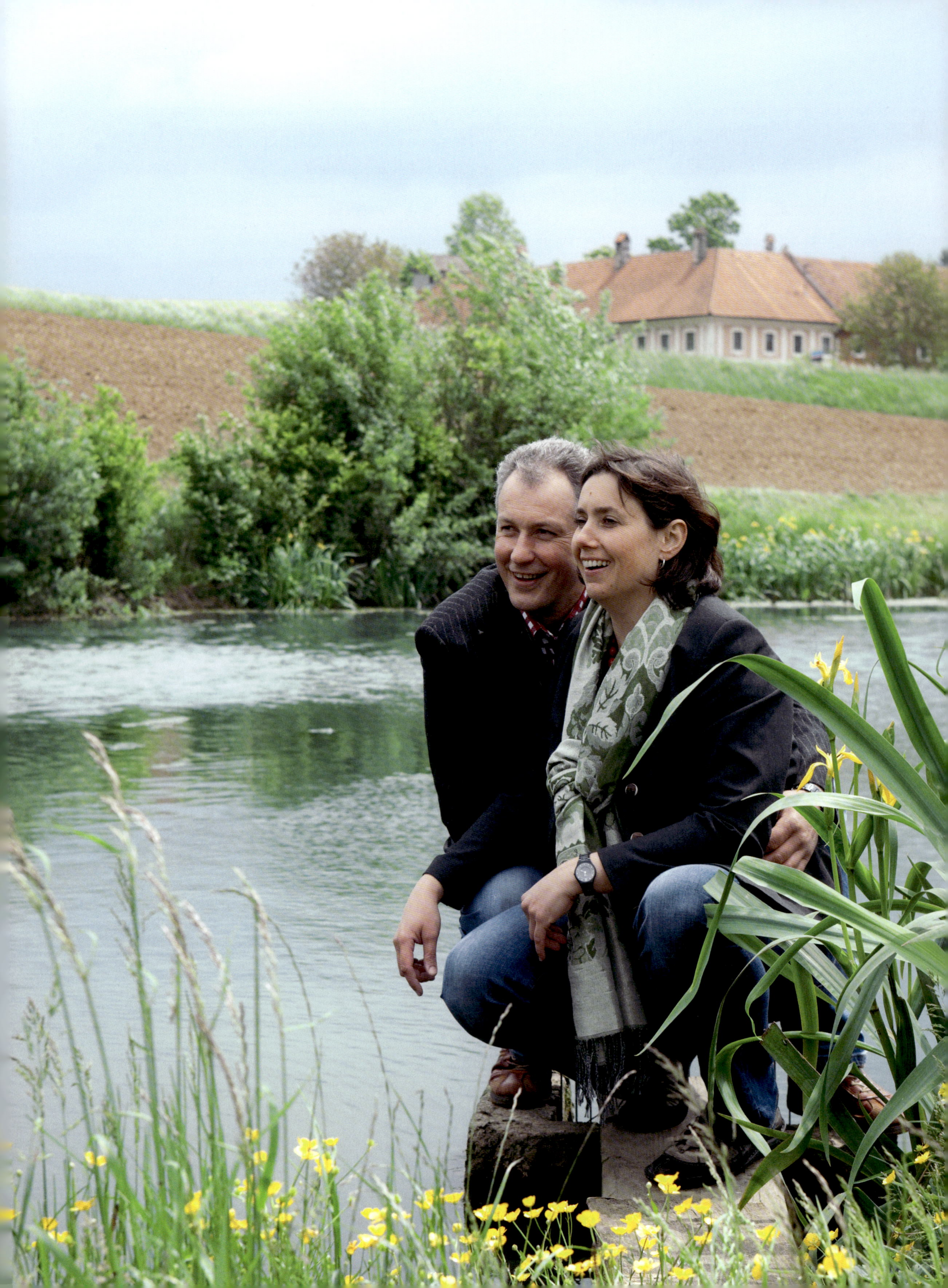

Gesunde Alternative: Fisch

Jagerbauer

„Wir wollen mit viel Liebe unsere guten heimischen Fische bis auf den Teller unserer Kunden bringen", sagt Wolfgang Hiesmayr. Gemeinsam mit seiner Frau Gertraud hat er sich ganz und gar diesem Thema verschrieben, auch wenn er früher als Bauer mit anderen Tieren zu tun hatte. „Die Liebe zu den Fischen ist gekommen, als ich meine Frau kennengelernt habe", erinnert er sich 15 Jahre zurück. Gertraud hatte zu dieser Zeit ihr Betriebswirtschaftsstudium beendet und war auf der Suche nach einer Betätigung, die ihr Wissen auf den Boden bringen konnte. Und da es in ihrer Familie ohnehin seit 35 Jahren Fischteiche gab, warf sie sich auf die Idee, Fischspezialitäten anzubieten. 35 verschiedene Ausformungen von Saibling, Forelle, Karpfen und Lachsforelle sind inzwischen entstanden. Beispiel Forelle: Sie gibt es im Hofladen sowie freitags am Linzer Stadtmarkt als ganzen Fisch, Filet, geräuchert, als Salat, Aufstrich, Suppe und Laibchen vom Fisch. „Alle Rezepte sind Hausrezepte. Meine Mama ist da sehr kreativ", erzählt Gertraud Hiesmayr. Inspiriert werden die Hiesmayrs aber ständig auch von ihren Kunden, die neue Ideen anstoßen und das Angebot erweitern helfen.

In den fünf großen Teichen, die vom Ipfbach gespeist werden, schwimmen auch zahlreiche Karpfen, die vor allem von Mitte Oktober bis April immer mehr Liebhaber finden. „Vor allem filetiert und geschröpft sind sie sehr begehrt", sagt Wolfgang Hiesmayr. In diesem Zustand pendelt sich der Karpfen am Gaumen zwischen Fleisch und Fisch ein und lässt sich wie ein Schnitzel kochen. Gemeinsam mit den anderen Fischen bedient er die steigende Nachfrage Gesundheitsbewusster. Reich an ungesättigten Fettsäuren, vorbeugende Eigenschaften bei Altersdemenz, leichte Verdaulichkeit und nicht zuletzt eine einfache und schnelle Zubereitung sprechen für den Fisch im Allgemeinen. Und dass Wolfgang und Gertraud Hiesmayr vom Frischfisch bis zur kalten Platte und fischigen Halbfertiggerichten alles anbieten, macht den Zugang zur gesunden Alternative Fisch umso bequemer.

Jagerbauer
Kiebach 6
A-4491 Hofkirchen
☎ 00 43 (0) 72 25 / 73 40
www.jagerbauer.at

Gasthof Kemmetmüller

Entspannte Atmosphäre im traditionsreichen Gasthof

Braumeistersteak
Das Rezept zur Spezialität des Hauses finden Sie auf Seite 166

„Unsere Region Pyhrn-Priel ist das Naherholungsgebiet für Ausflügler aus dem Großraum Linz und dem Süden Deutschlands, aber auch immer mehr von der anderen Seite des Pyhrn. Und wer gut essen will – vom Hilfsarbeiter bis zum Universitätsprofessor –, kommt zu uns", sagt Franz Mayerhofer, Wirt des Gasthofs Kemmetmüller. In seiner Heimatgemeinde ist er einfach der „Kemmetmüller Franzi". Kein Wunder, ist das Wirtshaus doch seit 1797 in Familienbesitz. Hier wird geboten, was die Leute von einem Gasthaus erwarten: entspannte Atmosphäre sowie Bodenständiges aus Küche und Keller zu anständigen Preisen. „Wir sind und bleiben ein Wirtshaus, in dem der Schmäh rennt, die Gläser voll sind und die Gäste etwas auf dem Teller haben", erklärt Mayerhofer. Und das, was er serviert, kommt aus der Region – nachzulesen auf der umfangreichen Speisekarte, die Produzenten und Abstammung der Zutaten ausweist.

Als 2001 das Gasthaus renoviert wurde, erfüllte sich Franz Mayerhofer den Traum vom eigenen Bier, dem „Kemmet Bräu". Hell, dunkel und als Weizenbier braut er den Saft, der ausschließlich aus Wasser, Malz und Hopfen besteht. „Unser Bier ist naturbelassen, weder pasteurisiert noch filtriert und mit einem niedrigen Kohlensäureanteil", erläutert er.

Und weil Franz Mayerhofer bei aller Bodenständigkeit eine unruhige Ecke in seinem Herzen hat, gestaltete er zwei Jahre später sechs Themenzimmer in seinem Gasthof: „Wir haben den ersten Stock ausgehöhlt, und dabei sind unterschiedliche Raumcharaktere entstanden", erzählt er. Es entstanden Zimmer, die auf die Namen „Chinatown", „Robin Hood", „Richard Löwenherz", „1001 Nacht", „Bonanza" und „Enterprise" hören. Für Romantiker gibt's zwei Zimmer mit Himmelbett. Hier macht Urlaub, wer im Winter auf die Wurzeralm oder nach Hinterstoder zum Skifahren geht. Im Sommer lädt der Nationalpark Kalkalpen zum Wandern ein, oder man nutzt eines der vielen Sportangebote der Region. Auch ein 18-Loch-Golfplatz zieht zunehmend Gäste an, „angeblich soll er wegen der Aussicht auf die umliegenden Berge einer der schönsten Österreichs sein", sagt Franz Mayerhofer.

Gasthof Kemmetmüller
Hauptstraße 22
A-4580 Windischgarten
☎ 00 43 (0) 75 62 / 2 00 66
www.kemmet.at

N° 47

C. KURTZ 1953

d S
1689

Willkommen

23. Mai '10
fingst
tanz
Windischgarsten
Piratensound
Topsound Holiday
Die Gigolos

Für Dich
Für Dich
60
60
60
Bengel
Bengel
Bengel
Bengel
Bengel
Bengel

Lebkuchenvariationen für alle Genießer!

Ischler Lebkuchen Franz Tausch

„Leben und Bauen im Salzkammergut" – so heißt ein Buch, das Josef Zeppetzauer geschrieben hat. Neben aufschlussreichen Texten und stimmungsvollen Bildern transportiert es vor allem eines: die Liebe des Autors zu seiner Heimat. Er, der eigentlich historische Häuser renoviert, ist viel in der Welt herumgekommen, wahrscheinlich gerade deshalb ist für ihn das Salzkammergut „etwas Besonderes. Und Bad Ischl noch einmal etwas Anderes."

Als der letzte Lebkuchenbäcker Bad Ischls 2006 seine Tore schließen wollte, war es für Josef Zeppetzauer unerträglich, dass seine Heimatstadt ihr typisches Gebäck verlieren sollte. Er kaufte die Geräte, die Rezepte und das Haus, in dem seit 1840 der Ischler Lebkuchen gebacken wurde. In einem neu gestalteten Geschäft in der Schulgasse gibt es seither wieder jede nur erdenkliche Art von Lebkuchen inklusive wunderschöner Geschenkverpackungen. Ob die „Fünfmandler-Lebkuchen", die Hänsel und Gretel schon vom Lebkuchenhaus naschten, den „Herrenkuchen" mit feinstem Orangengeschmack oder die „Elisen-Lebkuchen" glutenfrei und für Diabetiker – mit über 40 verschiedenen Spezialitäten in den unterschiedlichsten Mengen und Verpackungen ist der Laden ein Paradies für Liebhaber. Sein Elisen-Lebkuchen wurde übrigens bei einem Geschmackstest der Zeitschrift „Konsument" zum besten seiner Art gekürt!

Wenn Josef Zeppetzauer eine Packung fremder Lebkuchen in die Hand bekommt, schaut er als erstes auf die Inhaltsstoffe. Daran kann er erkennen, ob der Lebkuchen etwas wert ist. Oft merkt er den Unterschied schon am Gewicht: „Wir verwenden weniger Treibmittel als jede Hausfrau und ganz viel Honig. In 90 Kilogramm Teig sind beim Ischler Lebkuchen 40 Kilogramm Bienenhonig." Ein weiterer Vorteil: Durch den großzügigen Anteil an „Götternektar" bleibt das Gebäck länger weich. Sämtliche Zutaten für die Honigkuchen kommen aus Österreich und sind übrigens nicht nur bei Kindern, sondern auch zunehmend bei Sportlern beliebt: „Radfahrer finden unsere Lebkuchen sehr stärkend", erzählt Zeppetzauer. Im Online-Shop können sie gerne bestellt werden, versandt wird europaweit.

Ischler Lebkuchen Franz Tausch
Zentrale
Wolfganger Straße 7
A-4820 Bad Ischl
☎ 00 43 (0) 61 32 / 2 34 35
Geschäft
Schulgasse 1
A-4820 Bad Ischl
☎ 00 43 (0) 61 32 / 2 36 34-1
www.ischler-lebkuchen.at

Goldgelber Genuss in Flaschen

Ölkuchen
Das Rezept zur Spezialität des Hauses finden Sie auf Seite 167

Goldgelb ist das Hobby von Vollerwerbsbauer Herbert Stockinger. Der Ferkelproduzent ist nämlich mit Leib und Seele auch Rapsöl-Hersteller. Vom Anbau über die Ernte, das Pressen, Abfüllen bis zum Zustellen der Flaschen fühlt er sich für sein Produkt verantwortlich. 2004 hat er damit begonnen und für einen namhaften Großproduzenten die schwarzen Samen geerntet. Als die Preise sanken, tat er sich mit anderen Rapsbauern zusammen und kaufte eine eigene Ölpresse. „Was uns erstaunt hat, war, dass das Öl plötzlich nicht mehr weiß, sondern goldgelb war", erinnert sich Stockinger. Das mag damit zusammenhängen, dass er nur 30 Prozent Öl aus den Samen presst. „Den ‚Kuchen' bekommen meine Stiere. Sie sollten auch gutes Futter haben." Zum Vergleich: Große Produzenten quetschen jeden nur verfügbaren Millitropfen Öl aus den schwarzen Körnern. Bei Herbert Stockinger wird das Rapsöl nach der Pressung bei maximal 40 Grad Celsius zwei Wochen in lichtdichten Behältern aufbewahrt und dann gefiltert.

Zwei- bis dreitausend Flaschen füllt Herbert Stockinger im Jahr mit dem kalt gepressten Öl ab, und das je nach Bedarf in Einheiten von 750 Milliliter oder zehn Litern, auch ab Hof. Um frisches Öl zu bekommen, lagert er den Raps bei einer Luftfeuchtigkeit von acht Prozent. Sechs von 45 Hektar Agrarfläche leuchten im Frühling intensiv gelb, oft vor der malerischen Kulisse des Traunstein. „Wir wechseln die Rapsfelder jedes Jahr, denn die Pflanze darf für einen optimalen Ertrag nur alle sechs Jahre an derselben Stelle angebaut werden", erklärt Stockinger.

Sein Öl hat über die Jahre viele Anhänger gewonnen, wird nach Deutschland verschickt und ist als Geschenk bereits bis nach Schottland vorgedrungen. Hier wie da erfahren die Kenner, dass kalt gepresstes Rapsöl nicht nur für Salate verwendet werden kann, sondern sich auch hervorragend für's Braten und Frittieren eignet.

Stockinger Rapsöl
Thal 7
A-4663 Laakirchen
☎ 00 43 (0) 76 13 / 31 16

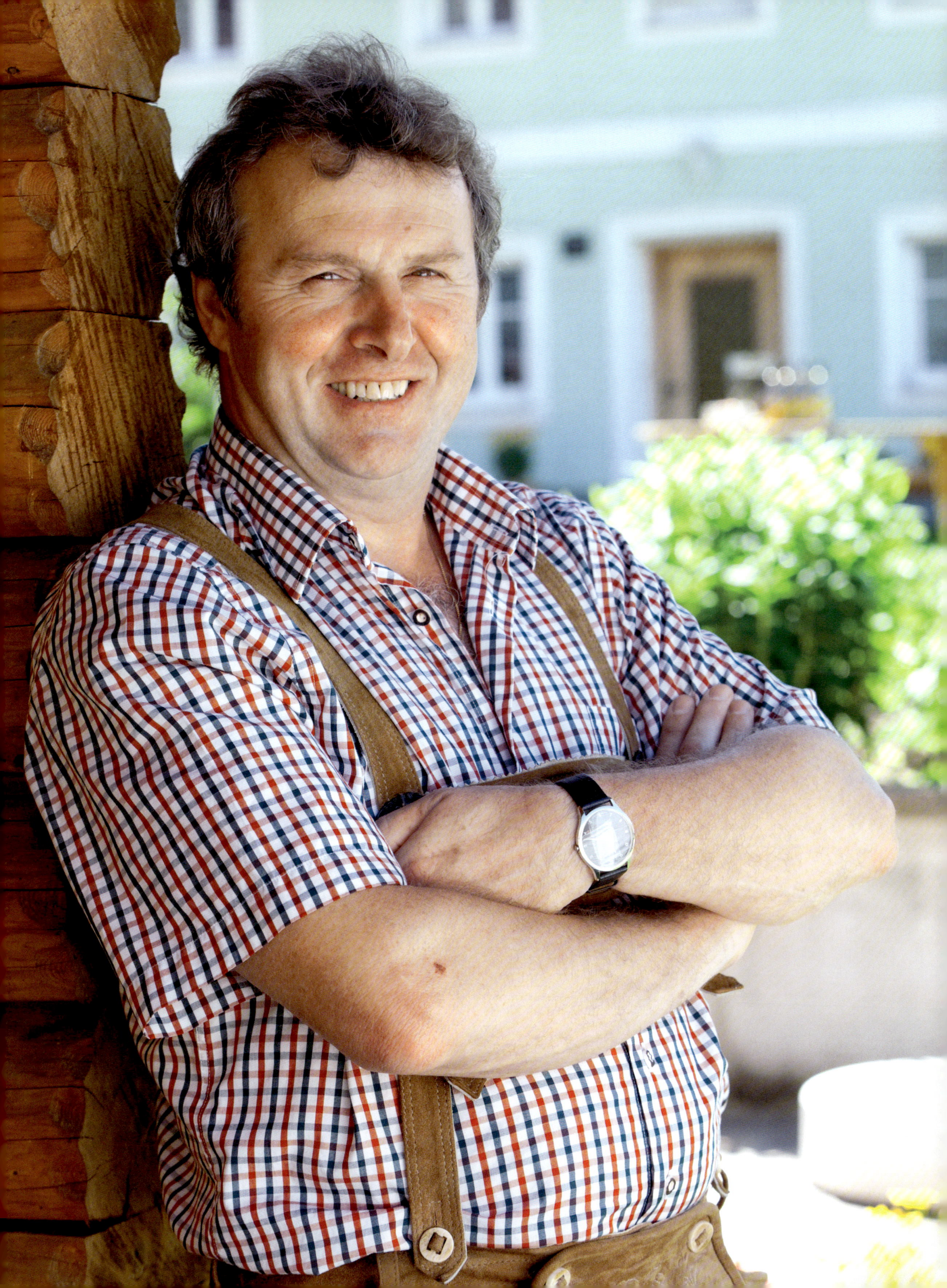

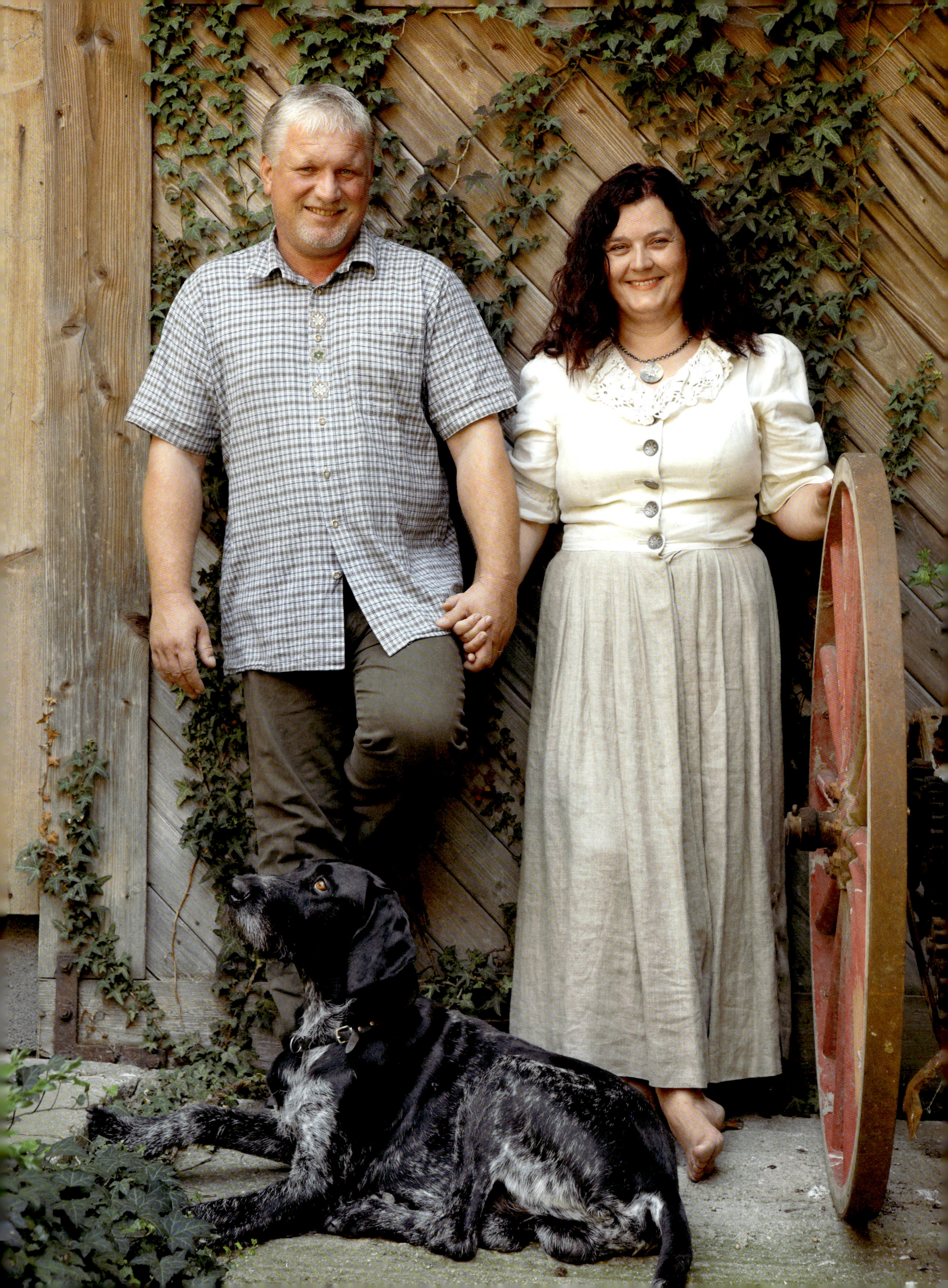

Idylle im oberösterreichischen Hügelland

Ansfeldner Gänse und Enten

Nur wenige Kilometer vom ganz normalen Wahnsinn der Shoppingmeile Haid/Traun liegt der 300 Jahre alte Hof von Margarete Almeder-Langmayr und Hannes Langmayr in der kompletten Idylle des oberösterreichischen Hügellandes. Und angesichts dieser Ruhe würde man nie vermuten, dass hier Gänse, Enten und Schweine den Ton angeben. 1 000 Stück Federvieh und 500 Mastschweine leben hier im Einklang mit der Natur und den Jahreszeiten.

2004 haben die beiden den Hof in der fünften Generation übernommen und ziemlich zeitgleich mit der Gänse- und Entenhaltung begonnen. „Mein Mann ist immer aufgeschlossen für Neues, und so haben wir mit 30 bis 40 Gänsen begonnen", erzählt Margarete. Vier bis fünf Hektar Gras- und Kleewiesen verwandeln die Hundertschaften von Dänischen Gänsen im Laufe des Sommers und Herbsts in „Mondlandschaften", wie Hannes Langmayr die abgegrasten Flächen schmunzelnd bezeichnet. Nach der Sommerfrische beginnt Ende Oktober die Schlachtzeit, die bis Weihnachten dauert. Rund um Martini am 11. November ist Gansl-Zeit, und Gastronomen und Privatverbraucher warten schon auf die frisch geschlachteten, küchenfertigen Vögel. Wer sich einen sichern will, sollte eine Woche im Voraus reservieren.

Der Hofladen, der freitags und samstags geöffnet hat, liefert neben dem begehrten Federvieh aber noch andere Köstlichkeiten – beispielsweise das von Hannes Langmayr persönlich erlegte Wild. Ab Mai wird Fleisch von Rehen, ab Herbst von Hasen, Fasanen und Wildenten als Frischfleisch, aber auch als Dauer- und Bratwürste sowie Leberkäse angeboten. Und dann gibt es da noch die Schmankerln der Gustino-Schweine, die in einem modernen Außenklima-Stall leben. Sie geben in AMA-Gütesiegel-Qualität Frisch- und Surfleisch, Speck und Blutwürste.

Für die Hauswirtschaftslehrerin Margarete ist die Arbeit am Hof ein guter Ausgleich für die mentalen Herausforderungen ihres Berufes. Und so ist sie für die Produktion des Hofsaftes aus Äpfel und Birnen sowie von acht verschiedenen Edelbränden und Likören zuständig. Ihr besonderes Geheimnis ist der „Vierkanter", der auf dem Gaumen einen süßen Hauch von Himbeere hinterlässt. Mehr verrät sie nicht ...

Ansfeldner Freilandgans nach Art des Hauses

Das Rezept zur Spezialität des Hauses finden Sie auf Seite 167

Ansfeldner Gänse und Enten
Moos 12
A-4053 Haid/Ansfelden
☎ 00 43 (0) 72 29 / 7 83 85
www.freilandgaense.at

W2) Wurm & Wurm

Lebensfreude pur!

Palatschinken mit W2)-Kirschen-Amaretto-Fruchtaufstrich
Das Rezept zur Spezialität des Hauses finden Sie auf Seite 168

Früher gehörte der Hof auf der Spitze des Gustoberges zum Stift Sankt Florian und wurde deshalb Gustohof genannt. Der Hausname hat sich bis heute gehalten und steht mehr denn je für Qualität und „Lebensfreude pur". So lautet der Leitspruch von Uwe Wurm, der den Gustohof in zweiter Generation führt. Die dritte wächst mit Sohn Marcel gerade heran und wird verwöhnt mit Natürlichkeit, ursprünglichen Geschmäckern und berauschender Umgebung.

Schon die Auffahrt zum Wurm-Hof ist ein Erlebnis. Man kommt vorbei an Kümmelfeldern, rosa blühenden Mohnflächen und sprießenden Obstblüten. Über 3 000 Bäume gehören zum Hof, die Früchte verarbeitet Uwe Wurm zu Säften und Mosten, Edelbränden und Fruchtaufstrichen. Für alle Produkte gilt: „Wir verarbeiten das Obst schonend, lassen ihm seine Farbe und Fruchtigkeit", sagt Uwe Wurm. Damit vermeidet er den Kompottgeschmack beim Apfelsaft, den Essigstich beim Most und den Klebstoffton beim Edelbrand. „Man muss die Frucht im Glas wiederfinden, die man sich vorstellt." Und das gilt auch für seine Aufstriche mit 66 Prozent Fruchtanteil und reduziertem Zucker, für die man im Grunde gar kein Brot bräuchte! Es gibt sie in fünf verschiedenen Variationen, darunter Raffinessen wie Erdbeere mit rosa Pfeffer und Kirsche mit Amaretto.

Knapp 30 Edelbrände stellt Uwe Wurm her, teilweise aus alten Mostobstsorten wie der Kletzen- und Nagowitzbirne oder dem Gravensteiner Apfel. Er ist Mitglied im oberösterreichischen Edelbrand-Forum, in dem sich sieben nationale und internationale Top-Brenner austauschen. Sie alle arbeiten unter dem Motto „Wer alles erreicht hat, hat aufgehört, gut zu sein." Und das gilt auch für Wurms Moste, die Obstschaumweine mit ihrem feinen Prickeln und die Säfte. Apfel und Birne gibt es reinsortig in der klaren und naturtrüben Version; dem Apfelsaft gibt Uwe Wurm auch Begleitung zur Seite. Besonders die Cranberry ist ein angenehmer Kompagnon, die mit ihrer Säure dem süßen Apfel das gewisse Etwas verleiht – ideal für Cocktails, „daran tüfteln wir gerade." Alle Produkte kann man ab Hof, in ausgewählten Geschäften und Hotel- beziehungsweise Gastronomiebetrieben sowie im W2)-Webshop erstehen.

W2) Wurm & Wurm
Weiling 10
A-4490 Sankt Florian
☎ 00 43 (0) 72 24 / 43 87
www.wurm-wurm.at

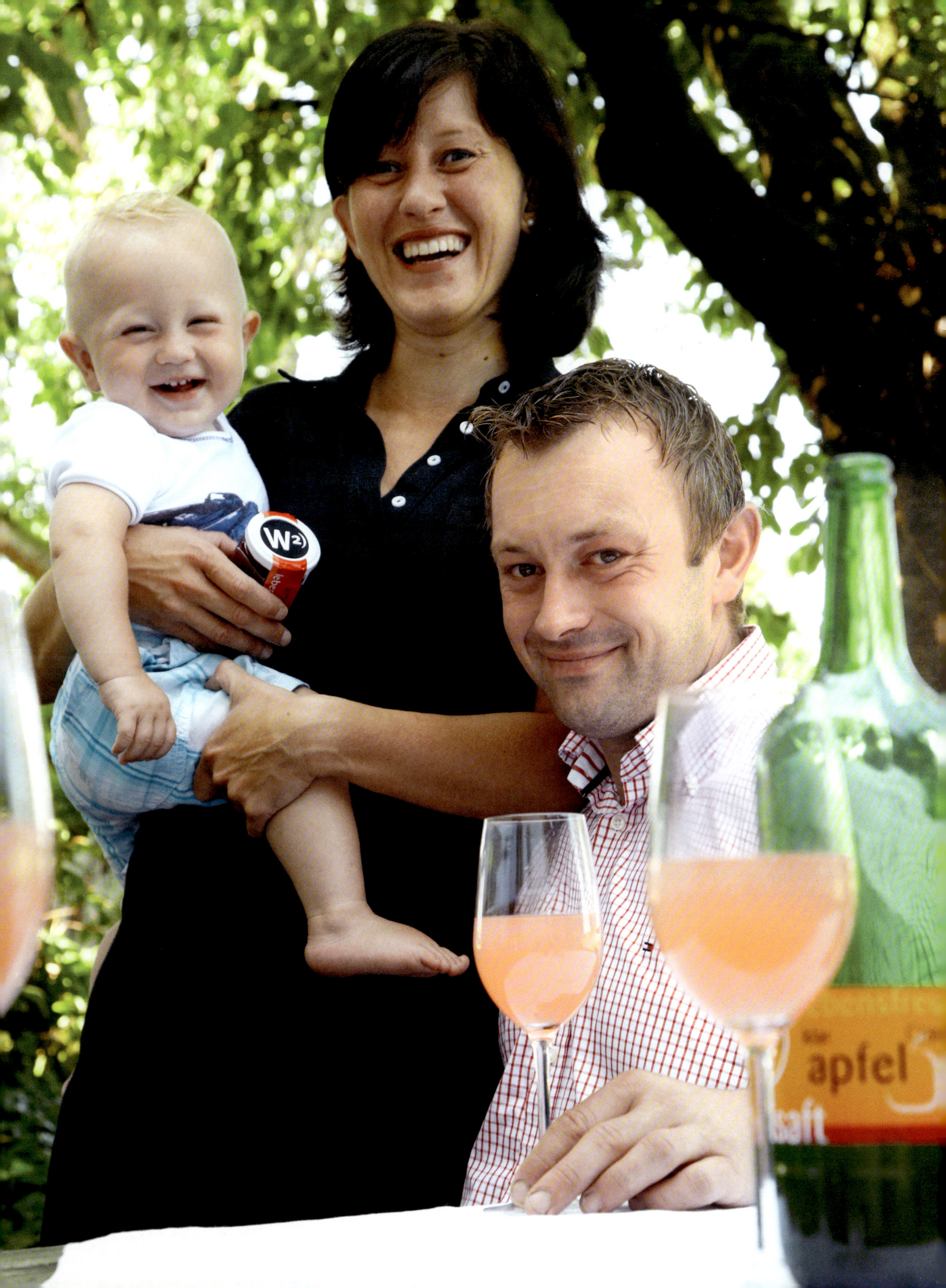
apfel

Soufflierter Restental-Saibling mit Kartoffelrösti und gebratenem Gemüse

Steigerwirt, S. 107

Zutaten für 4 Personen

4 ganze Saiblinge
Rösti 150 g mehlig kochende Kartoffeln | 1 Ei | 30 g Mascarino | Salz, Pfeffer | Butterschmalz zum Braten
Farce 300 g Saiblingabschnitte ohne Haut | 250 ml Obers (Sahne) | 1 Ei | 2 cl Noilly Prat | Salz, gemahlener Koriander, Cayennepfeffer, weißer Pfeffer
Gemüse 2 Fenchelknollen | 1 Zucchino | 1 Melanzana (Aubergine) | 2 Stangen Junglauch | 4 Rispentomaten mit Strunk | 1 Jungzwiebel | 1 Spritzer Pernod | 1 EL Orangenzesten | etwas Gemüsefond | 30 g Butter

Zubereitung

Für den Rösti die Kartoffeln roh in Wasser reiben. Das Wasser entzieht die Stärke und der Rösti wird beim Braten knuspriger. Zu der Kartoffel das Ei und den Mascarino geben. Abschmecken. Kurz vor dem Servieren die Röstimasse in der Pfanne braten.

Saibling filetieren und die Gräten entfernen. Die Abschnitte für die Farce klein schneiden und ohne Haut im Cutter mit Obers, Ei und den Gewürzen verarbeiten. Alle Behälter für die Farce sollten gut gekühlt sein, gegebenenfalls Eiswürfel zur Farcemasse geben. Anschließend die Farce durch ein Passiersieb streichen. Den Ofen auf 160 °C vorheizen. Für die Filets den Saibling auf ein Brett legen, zu einer Rolle formen und mit einem Spagat (Bindfaden) zusammenbinden. In der Pfanne bei starker Hitze rollend braten. Die Saiblingsrollen aufstellen und mit der Farcemasse füllen. Die Saiblingsrollen bei Oberhitze sufflieren, bis die Masse hochgezogen ist. Anschließen bei 65 °C warmhalten.

Für das Gemüse Fenchel und Zucchino in Scheiben schneiden. Beim Junglauch die Wurzeln und die dunklen Enden wegschneiden. Die Melanzana in Rechtecke schneiden. Zuerst die Rispentomaten und die Jungzwiebel in einer Pfanne mit Deckel schmoren. Dann den Fenchel in einer Pfanne schön braun anbraten, von der Hitze nehmen und mit etwas Pernod und Orangenzesten parfümieren. In einer separaten Pfanne die Melanzana-Würfel und die Zucchinischeiben mit wenig Öl anbraten. Mit Gemüsefond ablöschen.

Den Saibling mit dem Rösti in dem Gemüse servieren.

Ofenbrat'l vom Gustino-Schwein

Gasthaus Sternwirt, S. 111

Zutaten für 6 Personen

Ofenbrat'l 1,5 kg Carrée oder Schweinebauch mit Schwarte | 5 Knoblauchzehen | je 100 g Zwiebel und Karotten, klein geschnitten | 2–3 EL Tomatenmark | 500 ml Gemüsesuppe | Salz, Pfeffer, ganzer Kümmel
Semmelknödel 1 kleine Zwiebel, gewürfelt | 250 ml Milch | 2 Eier | 200 g Knödelbrot | etwas Mehl | Margarine zum Braten | gehackte Petersilie | Salz, geriebener Muskat

Zubereitung

Das Fleisch mit Knoblauch und Gewürzen einreiben und über Nacht einwirken lassen. Zwiebeln und Karotten mit etwas Tomatenmark anrösten. Mit Suppe ablöschen und das Fleisch drauflegen. Bei circa 200 °C braten, bis das Fleisch weich ist. Bratenrückstände passieren und sieben.

Für die Knödel die Zwiebelwürfel in Margarine anrösten. Die Milch mit den Eiern verrühren. Knödelbrot mit Mehl stauben und Gewürze unterheben. Die Zwiebeln in die Eier-Milch-Mischung einrühren, mit dem Knödelbrot verrühren und circa 10 Minuten rasten lassen. Dann mit nassen Händen runde Knödel formen, in Salzwasser geben und circa 20 Minuten köcheln lassen. Braten zusammen mit den Semmelknödeln servieren.

Gebratener Saibling mit Petersilienkartoffeln

Stiftsschank Kremsmünster, S. 116

Zutaten für 1 Person

1 Saibling | 1 Kräuterstrauß mit Petersilie, Rosmarin, Kerbel, Thymian | Saft von 1 Limette | 3–4 EL Butter | 1 EL Mandelsplitter | 3 mittelgroße, gekochte Kartoffeln | 1 EL Petersilie, gehackt | Meersalz

Zubereitung

Den Backofen auf 180 °C vorheizen. Den ausgenommenen Saibling innen salzen und mit Kräutern füllen. Die Hälfte des Limettensafts hineingeben. Einen Teil der Butter in der Pfanne zergehen lassen, Saibling beidseitig goldbraun anbraten. Mit Mandelsplittern bestreuen, den restlichen Limettensaft darübergeben und 5 Minuten im Ofen überbacken. Währenddessen die Kartoffeln in Butter und der Petersilie unter Schwenken erhitzen und zusammen mit dem Saibling servieren.

Weidegans nach Mutters Art

Spezialitätenhof Deichsel, S. 120

Zutaten für 4 Personen

150 g Rosinen | 450 g säuerliche Äpfel | 1 Weidegans à 3,5 kg | Paprikapulver | Majoran, Thymian, Rosmarin | 125 ml Rotwein | Saft von 1 Orange | Salz, Pfeffer aus der Mühle

Zubereitung

Den Backofen auf 200 °C vorheizen. Die Rosinen in Wasser kurz einweichen und abtropfen lassen. Die Äpfel schälen, in dünne Scheiben schneiden und mit den Rosinen vermischen. Die Weidegans innen und außen mit den Gewürzen und Salz gut einreiben, mit den Äpfeln und Rosinen füllen. Dressieren und mit der Brustseite nach unten in die Bratpfanne legen. Etwas Wasser dazugeben und im vorgeheizten Ofen unter mehrmaligem Begießen braten. Später umdrehen und weiterbraten. Etwa eine halbe Stunde vor dem Garwerden mit dem Rotwein begießen.
Die Haut wird besonders knusprig, wenn man Brust und Keule mit Salzwasser bepinselt und 10 bis 15 Minuten bei hoher Oberhitze im Rohr brät. Die fertige Weidegans aus dem Rohr nehmen, den Bratensaft mit Orangensaft verrühren und einkochen. Das Gansl portionieren und mit Apfelrotkraut, Kohlsprossen und Erdäpfelknödel servieren.

Saltimbocca von der Bestleitner Hendlbrust

Bestleitner Hendl, S. 123 (Rezept von Georg Essig)

Zutaten für 4 Personen

4 Hühnerbrüste à ca. 150 g | *8 Scheiben Rohschinken* | *8 Salbeiblätter* | *Salz, Pfeffer* | *etwas Oliven- oder Rapsöl zum Anbraten*

Zubereitung

Den Backofen auf 170 °C vorheizen. Die Hühnerbrüste salzen und pfeffern, auf beiden Seiten mit einem Salbeiblatt belegen. Je zwei Scheiben Rohschinken so auflegen, dass man die Hühnerbrüste komplett einwickeln kann. Vorsichtig bei mittlerer Hitze in der Pfanne von beiden Seiten anbraten und danach circa 5 Minuten im Ofen fertig garen. Danach aus dem Ofen nehmen, kurz unter einer Alufolie rasten lassen und am besten mit feinen Nudeln in Tomatensoße servieren.

Schweinemedaillons mit Muscheln

Gasthof Auerhahn, S. 127

Zutaten für 4 Personen

500 g Schweinefilet | *1 kg Muscheln (Mies-, Venus- und Grünschalenmuscheln mischen)* | *Olivenöl zum Braten* | *4 Knoblauchzehen* | *125 ml Weißwein* | *2–3 Lorbeerblätter* | *2 EL gehackte Petersilie* | *1 Prise Piri-Piri (optional)* | *1/2 Zitrone* | *Paprikapulver* | *Salz, Pfeffer*

Zubereitung

Schweinefilet in 3 Zentimeter dicke Medaillons schneiden und mit Salz, Pfeffer und Paprikapulver rundum würzen. Die Muscheln sorgfältig waschen. In einer großen Pfanne oder einem breiten Topf Olivenöl erhitzen, der Boden sollte bedeckt sein. Die Medaillons scharf anbraten, wenden. Den Knoblauch in Streifen schneiden und im Öl kurz mitbraten. Wenn der Knoblauch hellbraun ist, gewaschene Muscheln und Weißwein dazugeben, mit Lorbeerblättern, Petersilie und eventuell etwas Piri-Piri würzen. Bei geschlossenem Deckel und starker Hitze kochen lassen, bis nur noch ein Fond übrig ist. Mit etwas Zitronensaft abrunden.

💡 Dazu passt frisches Weißbrot oder Pommes frites.

Truthahnrollbraten

Kremstaler Freilandpute, S. 128

Zutaten für 4 Personen
150 g Wurzelgemüse | 1 Zwiebel | 1 kg Truthahnrollbraten | 500 ml Gemüsefond | 1 EL Maizena (Stärke) | italienische Kräuter | Rosmarin, Estragon | Salz, Pfeffer

Zubereitung
Ofen auf 180 °C vorheizen. Wurzelgemüse und Zwiebel putzen und würfelig schneiden. Rollbraten mit Salz, Pfeffer und Kräutern würzen und in heißem Fett anbraten. Herausnehmen. Im Bratenrückstand Wurzelgemüse und Zwiebel anschwitzen, den Rollbraten einlegen und mit dem Fond aufgießen. Im Ofen etwa 1 Stunde braten. Während des Bratens öfters mit eigenem Saft übergießen. Rollbraten herausnehmen und rasten lassen. Für die Sauce den Bratenrückstand durch ein Sieb seihen und mit etwas Stärke eindicken. Den Braten in Scheiben schneiden. Mit der Sauce, Gemüse und Kartoffeln anrichten.

Espresso-Kirsch-Trüffel

Konditorei Sturmberger, S. 133

Zutaten für 60 Pralinen
Espresso-Ganache 100 ml Sahne | 200 g Zartbitter-Kuvertüre | 2 EL Zucker | 60 ml frischer Espresso
Kirsch-Ganache 100 ml Sahne | 120 g weiße Schokolade | 100 g Kirschpüree
60 Pralinenhohlkörper

Zubereitung
Die Sahne erhitzen, die Kuvertüre darin langsam auflösen. Zucker und Espresso dazugeben. Die Espresso-Ganache in die Hohlkörper zur Hälfte einfüllen und circa 6 Stunden stehen lassen.
Für die Kirsch-Ganache die Sahne erhitzen und die weiße Schokolade darin auflösen. Das Kirschpüree dazugeben und diese Kirschmasse in die Hohlkörper einfüllen. Erkalten lassen.

Schafkäsestrudel mit Blattsalat

Rainer's Schafspezialitäten, S. 138

Zutaten für 5 Personen
2 Lauchstangen | 2 EL Olivenöl | 100 g Sellerie, geraspelt | 300 g Karotten, geraspelt | 300 g Bio-Kräuterhirtenkäse | 1 Pck. Bio-Blätterteig | Salz, Pfeffer

Zubereitung
Den Backofen auf 180 °C vorheizen. Den Lauch mit Olivenöl, Sellerie und Karotten abrösten. Den Kräuterhirtenkäse dazugeben. Mit Salz und Pfeffer abschmecken. Auf Blätterteig verstreichen und zusammenrollen. Im Backofen 30 Minuten backen. Dazu frischen Blattsalat reichen.

Erdäpfelknödel mit Schwammerlsauce

Gasthof Rahofer, S. 141

Zutaten für 10 Personen
Erdäpfelknödel 1 kg mehlig kochende Erdäpfel | 1 Ei | 2 Dotter | 50 g flüssige bis weiche Butter | 2 EL geriebener Parmesan | 1 gehäufter TL Salz | weißer Pfeffer, Muskat
Schwammerlsauce 2 Zwiebeln | ½ Paprikaschote | 2 EL Butter | 2 EL Dinkelmehl | 125 ml Grüner Veltliner | 125 ml Rindersuppe | 300 g Schwammerl | 500 ml Obers | 250 ml Sauerrahm | Saft und Schale von 1 Zitrone | Petersilie, Thymian | Salz, Pfeffer

Zubereitung
Erdäpfel dämpfen, bis die Schalen aufreißen. Schälen und etwas auskühlen lassen. Durch die Erdäpfelpresse drücken. Restliche Zutaten dazugeben und gut durchmischen. Aus dem Teig Knödel formen. In Salzwasser mit zwei Esslöffel Öl einkochen, bis sie an der Oberfläche schwimmen. Mit einem Siebschöpfer herausnehmen.
Für die Schwammerlsauce die Zwiebeln und Paprikaschoten klein schneiden, in Butter anschwitzen und mit Dinkelmehl stauben. Mit Weißwein und Suppe aufgießen. Schwammerl und Obers sowie Sauerrahm dazugeben, mit Salz, Zitronensaft und -schale, Petersilie, Pfeffer und eventuell Thymian abschmecken.

Topfenknödel pikant und süß

Landhotel Grünberg am See, S. 142

Zutaten für 4 Personen

Grundmasse 400 g Topfen | 2 Eier, 100 g netto | 1 Dotter | 30 g zerlassene Butter | 130 g entrindetes Toastbrot, zerkleinert oder in sehr kleine Würfel geschnitten | 1 Prise Salz

Süße Variante 30 g Feinkristallzucker | Schale von 1 Zitrone oder Orange | 1 EL Vanillezucker

Pikante Variante 1–2 EL frisch gehackte Kräuter oder Gewürze | Salz, frisch gemahlener Pfeffer

Butterbröseln zum Garnieren

Zubereitung

Topfen mit Eiern und Dotter mischen, Butter einrühren, mit dem Toastbrot und Salz vermengen und gut verrühren. Je nach Verwendung mit den süßen oder pikanten Zutaten abschmecken und mindestens 1 Stunde ziehen lassen. Kleine Knödel formen, in kochendes Salzwasser einlegen und je nach Größe circa 12 Minuten unter dem Siedepunkt gar ziehen lassen. Die Knödel dürfen nicht kochen! Mit einem Lochschöpfer herausnehmen, gut abtropfen lassen und in pikanten oder süßen Butterbröseln wälzen. Eventuell mit zerlassener Butter beträufeln und mit Zwetschkenröster servieren.

💡 Das Brot soll am besten vom Vortag, jedoch nicht hart oder zu trocken sein.

„Leberschedl"

Reichlgut, S. 145

Zutaten für 6 Personen

250 g Schweinsleber | 750 g Schweinefleisch von Bauch oder Schulter | etwas Bratenreste | 3–4 Semmeln | 5 EL Milch | 3 Eier | 1 große Zwiebel | 1 Knoblauchzehe | 1 Schweinsnetz (beim Metzger erhältlich) | Majoran, Koriander, Kümmel | Salz, Pfeffer

Zubereitung

Den Backofen auf 180 °C vorheizen. Leber und Fleisch faschieren. Semmel in Milch und Eier einweichen. Mit der fein gehackten Zwiebel, dem zerdrückten Knoblauch und den ausgedrückten Semmeln vermischen. Mit den Gewürzen abschmecken. Schweinsnetz in eine flache Bratenform legen, das Gemisch einfüllen und den Netzrand rundum darüberschlagen. Im Backrohr knusprig braten, dabei mehrmals etwas heißes Wasser angießen.

💡 Dazu passen Mühlviertler Krautsalat oder Sauerkraut mit Kartoffeln.

Weidegans à la Klement

Direktvermarktung Klement, S. 146

Zutaten für 6 Personen

1 Weidegans à 4,5 kg | *2 halbierte Äpfel* | *2 geschälte Orangen* | *Majoran, Thymian* | *Salzwasser und Bier zum Bestreichen* | *Salz, Pfeffer*

Zubereitung

Den Backofen auf 160 °C vorheizen. Die Weidegans mit Salz, Pfeffer und den Gewürzen innen und außen einreiben. Mit der Hälfte der Äpfel und Orangen füllen, auf ein Ofenblech geben und einen Viertelliter Wasser dazugießen. Dann in das vorgeheizte Backrohr geben. Pro Kilogramm der Gans 1 Stunde Bratzeit bei Niedrigtemperatur einplanen. Nach 1,5 Stunden Bratzeit unter den Flügeln und Haxerln einstechen und das Fett abfließen lassen. Umdrehen. Etwa 30 Minuten vor dem Bratende das Fett abschöpfen, restliche Äpfel und Orangen in die Bratflüssigkeit geben und mitbrutzeln lassen. Dann auf Oberhitze bei 200 °C umschalten und die Gans mit einer Mischung aus Salzwasser und Bier bestreichen.

Dazu passen Rotkraut, Semmel- oder Serviettenknödel und Preiselbeeren in einem Apfel, einer Birne oder einem Pfirsich.

Braumeistersteak

Gasthof Kemmetmüller, S. 150

Zutaten für 1 Person

1 Scheibe Schweinsschopf | *20 g Speck* | *1 Zwiebel* | *1 Tomate* | *2 Scheiben Schnittkäse* | *2–3 EL Sauerrahm* | *1–2 Knoblauchzehen, zerdrückt* | *2 Kartoffeln, gekocht* | *Fett zum Anbraten* | *Salz, Pfeffer aus der Mühle*

Zubereitung

Das Fleisch salzen, pfeffern und grillen. Speck und Zwiebeln fein würfeln und in einer Pfanne mit Fett rösten. Tomate halbieren, kurz angrillen, mit Käsescheiben belegen und überbacken. Sauerrahm mit Knoblauch vermischen, würzen und über die Kartoffeln ziehen. Beim Anrichten geröstete Speck-Zwiebel-Mischung über dem Fleisch verteilen, Tomate und Kartoffeln daneben anrichten und nach Geschmack garnieren, zum Beispiel mit bunten Paprikastücken.

Ölkuchen

Stockinger Rapsöl, S. 154

Zutaten für 1 mittelgroßen Kuchen

280 g glattes Mehl | 1 Pck. Backpulver | 4 Eier | 250 g Staubzucker | 1 Prise Salz | 1 Pck. Vanillezucker | geriebene Schale von 1 Zitrone | 200 ml kalt gepresstes Rapsöl | 200 ml Wasser (oder nach Geschmack Kaffee, Orangensaft oder Milch)

Zubereitung

Das Backrohr auf ca. 170 °C vorheizen. Mehl und Backpulver mischen. Eier mit Zucker, Salz und Vanillezucker cremig schlagen. Das Öl langsam einlaufen lassen. Abwechselnd Mehl und Flüssigkeit unterheben und die Masse in eine Form füllen. Im Backrohr etwa 40 Minuten backen.

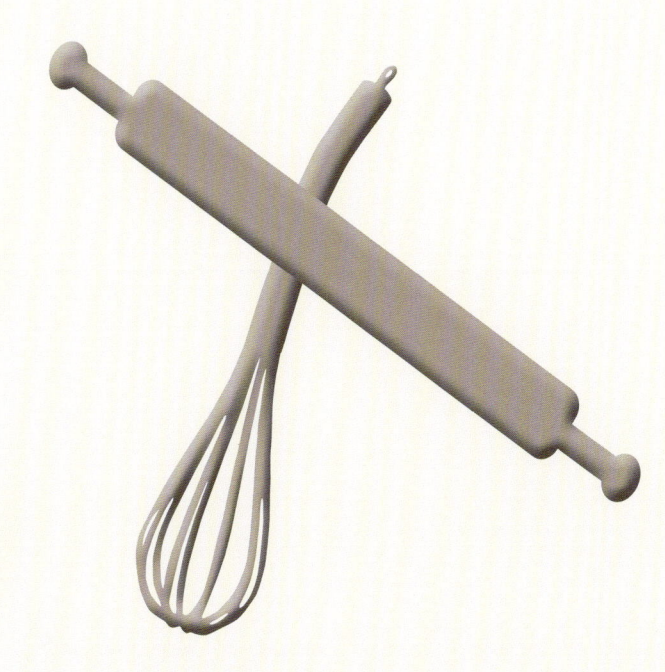

Ansfeldner Freilandgans nach Art des Hauses

Ansfeldner Gänse und Enten, S. 157

Zutaten für 6 Personen

1 Freilandgans à 3–5 kg | 2 Äpfel | 2 Zwiebeln | 100 g Dörrzwetschken | 100 g Semmelwürfel | Salz, Pfeffer oder Brathendlgewürzsalz

Zubereitung

Backrohr auf 180 °C vorheizen. Die küchenfertige Gans würzen. Die Äpfel und geschälten Zwiebeln in große Würfel schneiden, mit Dörrzwetschken, Semmelwürfeln und Gewürzen vermischen. Die Gans füllen, zunähen oder zustecken und mit der Bauchseite auf ein befettetes Blech legen.
Beim Einschieben der Gans in das Backrohr diesen sofort zurückschalten. Bei maximal 150 °C Hitze circa 4 Stunden braten, bei halber Bratzeit umdrehen und mit Bratensaft übergießen. Die letzten 10–15 Minuten bei großer Hitze knusprig bräunen. Geheimtipp: Wer es süß mag, kann Honig mit heißem Gänseschmalz verrühren und die Gans damit einpinseln. Die fertige Gans kurz ruhen lassen. Anschließend tranchieren, Brust in schräge Filetstücke teilen. Vom Saft die überschüssige Menge abgießen, den Rest mit dem Obst und Gemüse der Füllung für die Sauce fein passieren.

Dazu passen Marmeladenbirne, Semmelknödel, Rotkraut und Most vom Fass.

Palatschinken mit W2)-Kirschen-Amaretto-Fruchtaufstrich

Wurm & Wurm, S. 158

Zutaten für 2 Personen
330 ml Milch | 70 g Feinkristallzucker | 1 Prise Salz | 2 Eier | 170 g Mehl | 2–3 EL Öl | Staubzucker | Kirschen-Amaretto-Fruchtaufstrich

Zubereitung
Milch, Zucker, Salz und Eier mit einem Schneebesen schaumig rühren. Mehl einstreuen und zu einem glatten Teig verrühren. 15 Minuten ziehen lassen.
Tipp: Etwas kohlensäurehaltiges Mineralwasser in den Teig geben, damit die Palatschinken lockerer werden.
Eine Pfanne mit Öl benetzen und die Palatschinken nacheinander auf beiden Seiten herausbacken. Kirschen-Amaretto-Fruchtaufstrich auftragen, zusammenrollen und mit Staubzucker bestreuen. Für kleine Feinspitze mit Schlagobers garnieren und heiß servieren.

Trauner Fischsuppe

Rezepttipp aus dem Verlag

Zutaten
500 g Fischfilets nach Geschmack, entgrätet, ohne Haut | 750 ml Fischfond oder Fischsuppe | 200 ml trockener Weißwein | 6-8 Cocktailtomaten | 2-3 Weißbrotscheiben | 1 EL Kerbel, gehackt | einige Safranfäden | Salz, Pfeffer | Butter zum Anrösten

Zubereitung
Die sorgfältig entgräteten Fischfilets in mundgerechte Stücke teilen. In einem Topf den Fischfond beziehungsweise die Fischsuppe gemeinsam mit dem Weißwein und den Safranfäden aufkochen lassen. Fischstücke einlegen, Hitze sofort reduzieren und je nach gewünschtem Gargrad maximal 10 Minuten knapp unter dem Siedepunkt ziehen lassen. Währenddessen die Cocktailtomaten kurz mit heißem Wasser überbrühen, Haut abziehen und geschälte Tomaten 3 Minuten vor Garungsende zur Suppe geben. In einer kleinen Pfanne das würfelig geschnittene Weißbrot in etwas Butter knusprig rösten. Fertige Fischsuppe mit Salz und Pfeffer abschmecken, vorsichtig in vorgewärmte Suppenteller füllen, Croûtons und frisch gehackten Kerbel darüber streuen und servieren.

Wenn man die Fischmenge etwa verdoppelt und noch verschiedene Gemüsewürfel nach Geschmack hinzu gibt, wird aus der Fischsuppe schnell eine ausgiebige Hauptmahlzeit. Dazu kann man beispielsweise Salzkartoffeln und Blattsalate servieren.

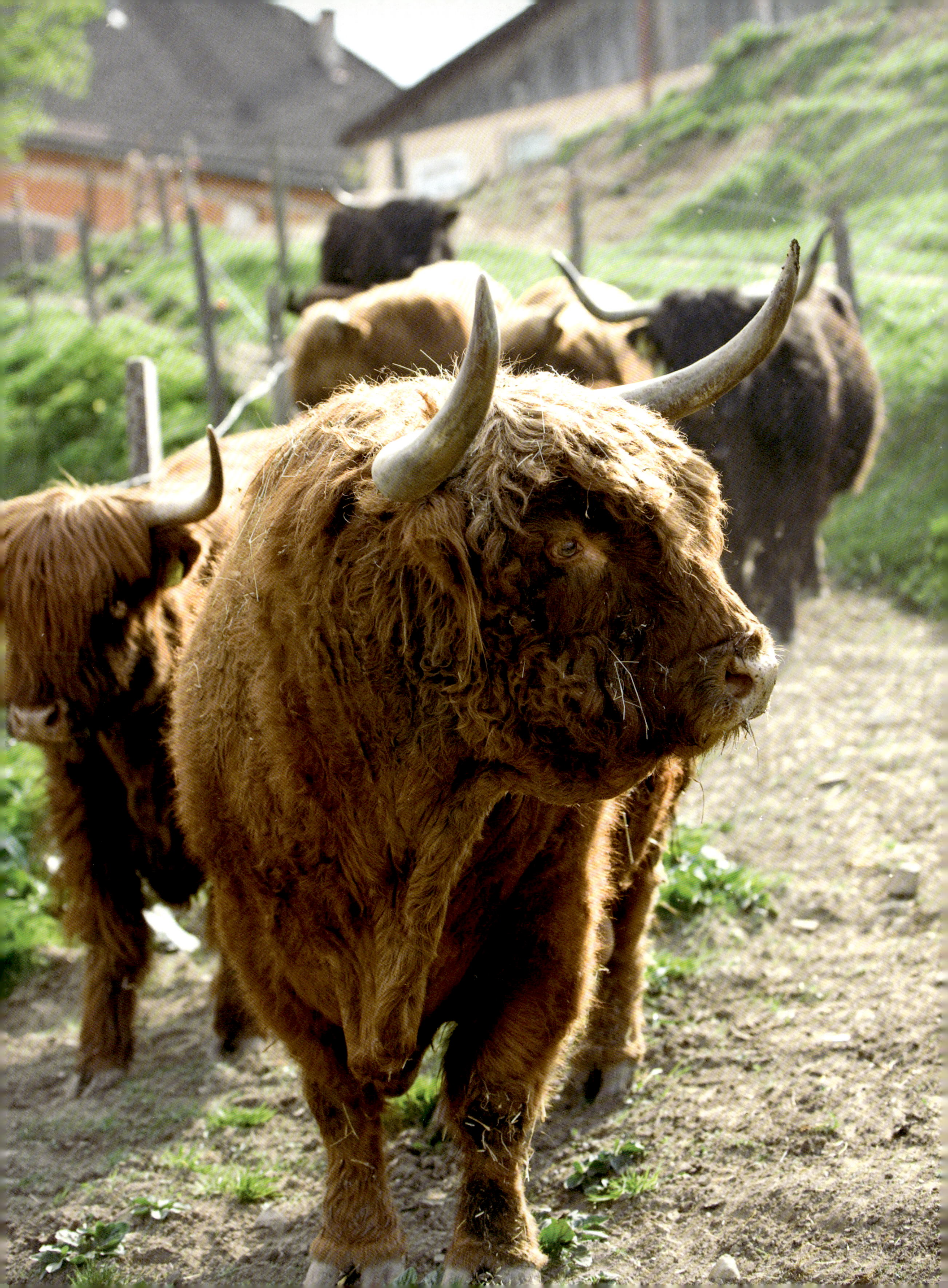

Steyr

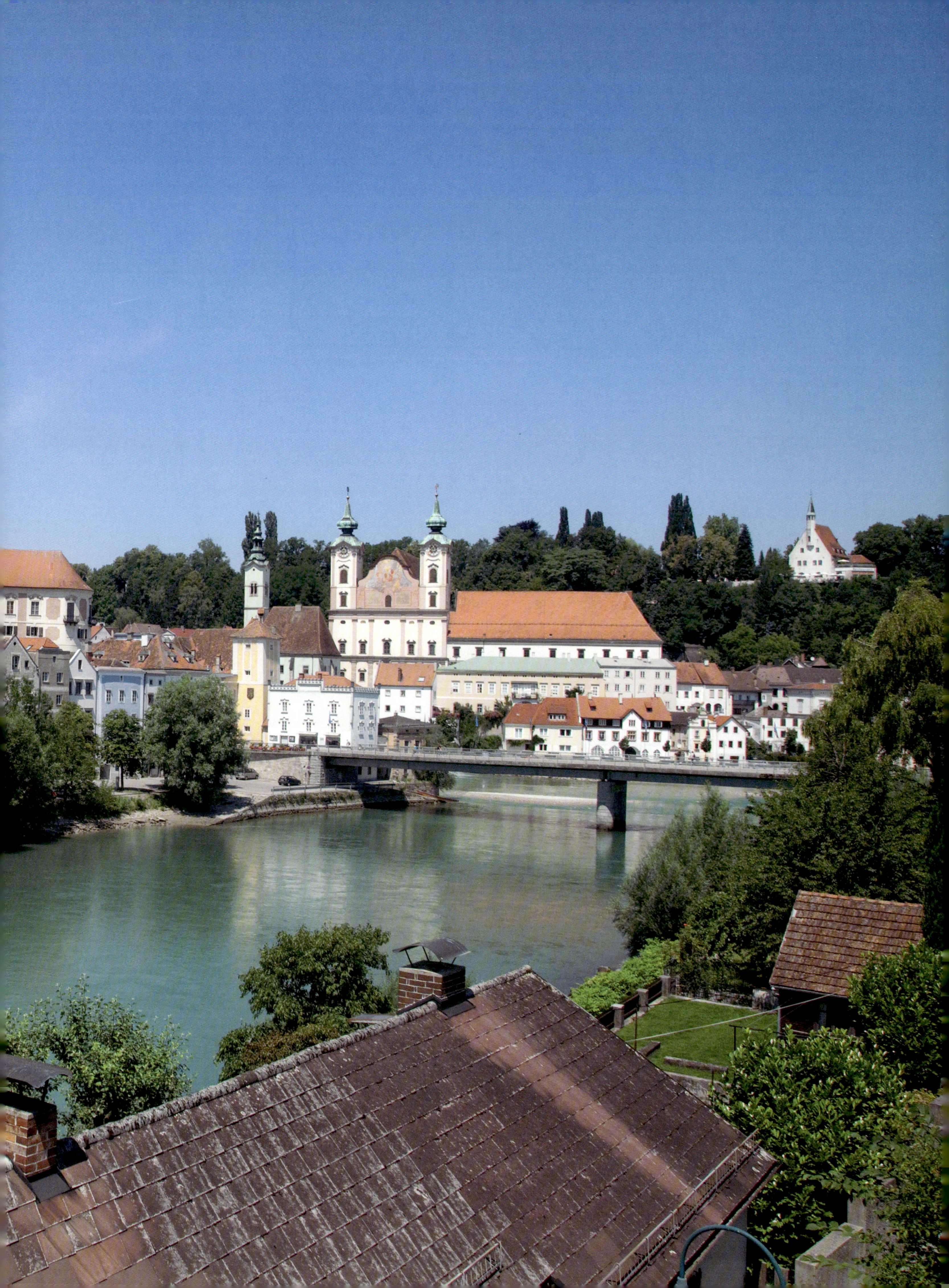

Stift Seitenstetten

Sonntagberg

Schloss Scheibbs

Haag

„Mitanaund" im Mostviertel

Der Übergang ist fließend im Mostviertel, das genau genommen Niederösterreich zuzuordnen ist. Doch innerlich sind den Menschen in diesem Viertel Mühl- und Traunviertel in Oberösterreich näher. Denn diesseits wie jenseits der Bundesländergrenze gibt es vieles, was man gemeinsam – „mitanaund" – hat: die Streuobstwiesen, die hügelige Landschaft, die Gehöfte. Im Norden bildet die Donau, im Osten der Wienerwald und im Süden die Steiermark die Grenze des 5 500 Quadratkilometer großen, flussreichen Viertels.

Das milde Klima lässt Obst, Wein und Gemüse gedeihen. Nicht umsonst steht hier kaum etwas so im Mittelpunkt wie der Most, der nicht nur den Durst löscht oder den Gaumen kitzelt, sondern auch identitätsstiftend wirkt. Die Gegend ist landwirtschaftlich geprägt, große Industriebetriebe stehen im Schatten von Mostbaronen und Schnapsbrennern, Winzern und Bauern. Seit der Most in den 1990er-Jahren eine Renaissance erlebt, steigt auch der touristische Reiz der Region. Beispiel Moststraße: Sie schlängelt sich 200 Kilometer durch das größte geschlossene Mostbirnbaumgebiet Europas, führt zu zahlreichen Mostwirtshäusern, Moststraßenheurigen und bäuerlichen Ab-Hof-Betrieben sowie so manchem Aussichtspunkt. „Wir sind immer noch zu wenig selbstbewusst, was die Schätze unserer Region angeht", sagt ein Gastronom hinter vorgehaltener Hand. Und genau das ist der Reiz des Mostviertels. Hier erlebt man echte Gastfreundschaft ohne Hintergedanken und ein unverfälschtes Interesse daran, Besuchern zu den schönsten Plätzen zu schicken.

Eine dieser Mikroregionen ist das Pielachtal. Es wird auch „Tal der Dirndln" genannt. Dreierlei kann es zwischen Sankt Pölten und dem Mostviertler Bergland bedeuten. Einmal ist es die schicke Tracht der Frauen, dann der liebevolle Ausdruck für eine Frau und nicht zuletzt ein Name für die roten Früchte des gelben Hartriegels, den Kornelkirschen, die im Pielachtal zu allerlei Köstlichem veredelt werden: Säfte, Marmeladen, Edelbrände, Schokolade, Torten oder würzig eingelegte „Pielachtaler Oliven". Sogar schmückende Ketten aus Dirndlkernen und wärmende Dirndlkissen finden sich im Sortiment.

Eine wunderbare Ergänzung des Mosts findet man im „Schofkas". Seit jeher wurde er auf den Bauern-

Schloss Scheibbs

höfen zum Eigenverbrauch hergestellt, denn jedes Haus hatte Schafe. Traditionell wird er mit einer dicken Schicht Schnittlauch, gewürzt mit Salz und Pfeffer, genossen. Auch die verschiedenen Formen des Schafkäses sind typisch für die Region. Im Melktal beispielsweise hat der Käse die Form eines Striezels!

Eine besondere Spezialität sind die Forellen aus der Ybbs. Gezüchtet werden Bachforelle, Regenbogenforelle und Saibling. Allesamt ausgezeichnete Speisefische, die in gebratenem, gekochtem und geräuchertem Zustand angeboten werden. Auch die Lachsforelle gewinnt in der Region an Bedeutung. Darüber hinaus bildet die Ybbsforelle bei den „Eisenstraßenwirten" einen Schwerpunkt auf der Speisekarte. Moststraße, Eisenstraße – im Mostviertel gibt es auch für das Auge einiges zu entdecken. Das Geschirrmuseum in Wilhelmsburg etwa, das dem Lilienporzellan und heimischen Steingut huldigt. Oder das Metall- und Erlebniszentrum FeRRUM in Ybbsitz, das sich in neun Themeninseln diesem Teil der heimischen Geschichte zuwendet. Liebhaber der sakralen Kunst erleben kulturelle Höhepunkte in den Stiften von Seitenstetten, Ardagger und Lilienfeld, der Kartause von Gaming, in der Basilika von Sonntagberg und im Dom zu Sankt Pölten.

„Und … Action!" – auch dafür steht das Mostviertel. In Weinburg steht Österreichs größte Kletterwand, die vielfältige Unterwelt kann man beim Höhlentrekking entdecken. Für Rafting- und Canyoningausflüge bietet sich die Salza an. Pedalritter kurven gemütlich über die Donau-, Pielachtal- und Traisentalradwege oder pilgern im Drahteselsattel nach Mariazell. Wer gerne wandert, erobert den Naturpark Ötscher-Tormäuer mit dem „Grand Canyon Österreichs". Am Ötscher lässt es sich übrigens auch im Winter gut aushalten. Und für Golfspieler halten die vier Plätze des Mostviertels ebenfalls einiges bereit.

Das Mostviertel ist ein Viertel der Verführungen, ob optisch, sportlich oder auch kulinarisch – für jeden Geschmack ist etwas dabei!

Deckengemälde im Stift Seitenstetten

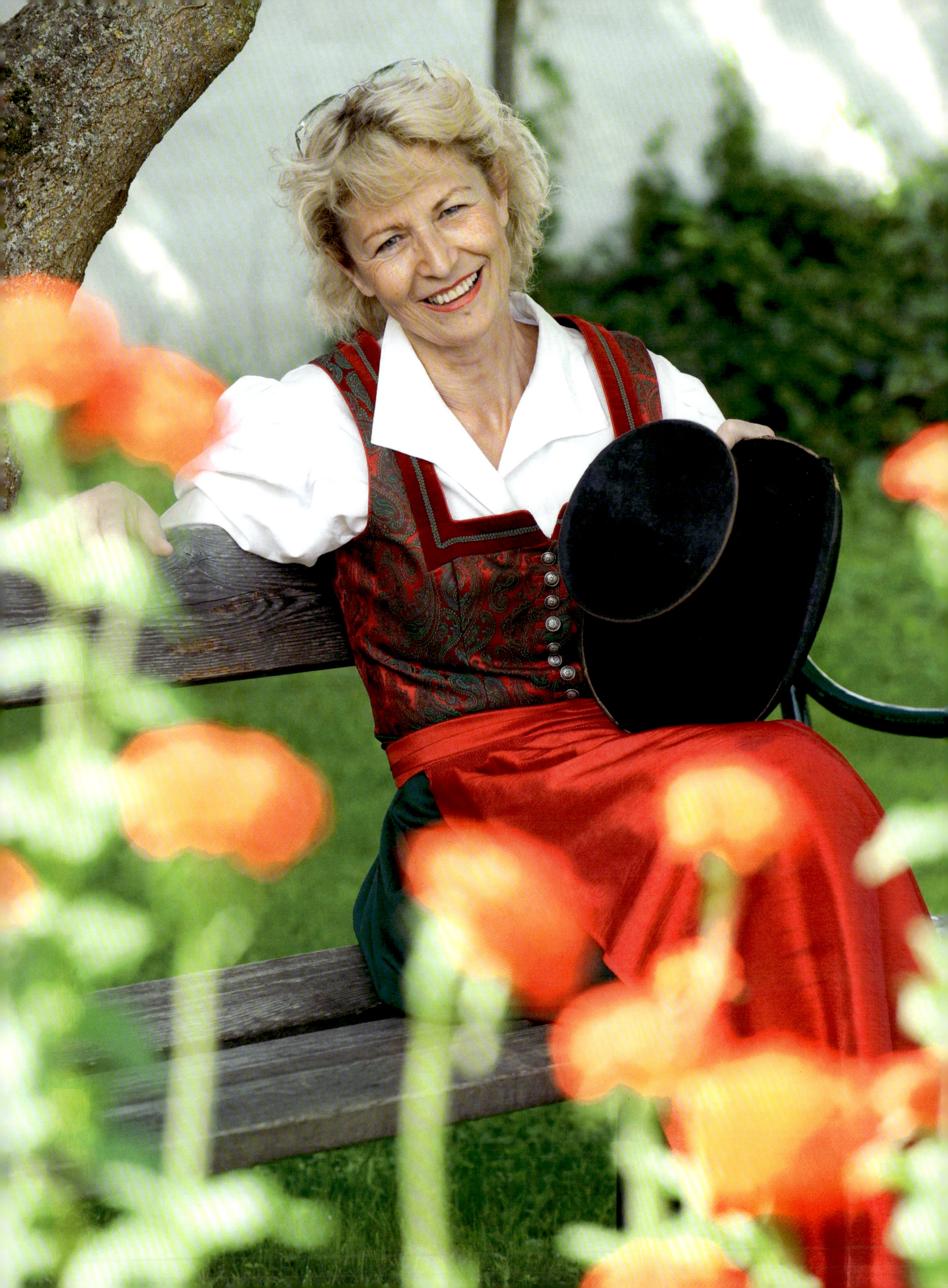

Gastlichkeit mit Herz und Gefühl!

Mostviertlerwirt Ott

„Es gibt nur ein Fest der Liebe, und das ist die Hochzeit. Sie sollte perfekt sein." Melitta Ott ist Romantikerin, Wirtin des Mostviertlerhofs in Seitenstetten und Leutbitterin in einer Person. Seit 20 Jahren begleitet sie Brautpaare von den ersten Vorbereitungen bis zur Hochzeitsnacht, weint bei den Trauungen und ist der gute Geist im Hintergrund, den jede Hochzeitsfeier braucht. „Ich bin zur Stelle, wenn es einen Rotweinfleck zu beseitigen gibt, eine Laufmasche das Bild trübt oder der Schuh drückt", beschreibt sie einen kleinen Teil ihrer Aufgaben als Leutbitterin. Sie ist fest davon überzeugt, dass eine Hochzeitsfeier ein Jahr Vorbereitungszeit braucht, und „es sollte eine schöne Zeit sein, in der das Brautpaar auch herausfindet, ob es gemeinsame Entscheidungen treffen kann." Ihre Hochzeiter und deren Familien gut kennenzulernen, ist ihr eine Herzensangelegenheit, auch weil sie möchte, dass alles wie am Schnürchen läuft. „Wir sind über Monate hinaus ausgebucht. Nur zwischen Dezember und Ostern haben wir selten Hochzeiten, denn da wird traditionell nicht getanzt."

Eine weitere Aufgabe von Melitta Ott ist es, den Hochzeitszug zu organisieren. Man trifft sich vor der Trauung im Rosengarten oder im Meierhof des Stifts Seitenstetten oder im Wirtshaus. Von hier setzt sich die Gesellschaft dann geschlossen in Richtung Kirche in Bewegung. „Danach gibt es eine Agape mit Brot und Wein. Das bringt dem Brautpaar Glück und integriert die Zaungäste." Gastlichkeit mit Herz und Gefühl – das sind bei Melitta Ott und im Mostviertlerwirt keine leeren Worte. Wer hier sein Hochzeitsessen gibt, kommt auch gerne zu den Hochzeitstagen, Taufen und Jubiläen wieder. Kredenzt werden neben raffinierten Gerichten wie Petersilienrisotto mit gebratenen Garnelen typische Mostviertler Schmankerln wie das Back- oder Krenfleisch und die Klosterkäsesuppe mit Speckbirnenchips. Dazu passen Säfte und Moste heimischer Produzenten: „Nur gemeinsam sind wir hier im schönen Mostviertel stark", ist Melitta Ott überzeugt.

Gefüllter Schweinslungenbraten mit Mostsauce und Grammelschmarrn

Das Rezept zur Spezialität des Hauses finden Sie auf Seite 232

Mostviertlerwirt Ott
Marktplatz 4
A-3353 Seitenstetten
☎ 00 43 (0) 74 77 / 4 23 04
www.mostviertlerwirt.at

Konditorei Konfiserie Schadauer

Verliebt in Schokolade!

Seitenstettner Mosttorte
Das Rezept zur Spezialität des Hauses finden Sie auf Seite 232

Die Bananen- und Kardinalschnitten sowie die Biedermeier-Torte mit Nuss-Karamell-Mousse haben es den Einheimischen angetan, wer als Tourist in die Konditorei Schadauer kommt, sucht meist eine Fortsetzung des Bewunderten im Stift Seitenstetten. „Mit unseren Rosenblütenschnitten stellen wir eine Verbindung zum bekannten Rosengarten des Stiftes her," sagt Bert Cleemann und erzählt von Rosenwasser und Erdbeeren, die das Aroma der edlen Blumen unterstreichen. Zu erkennen ist diese begehrte Köstlichkeit übrigens an den getrockneten und kandierten Rosenblättern. Und dann ist da noch die berühmte Mostschnitte, die Liebhaber aus Nah und Fern gefunden hat. Wer das Kaffeehaus betritt, bemerkt sehr schnell, dass man hier nicht nur Kuchen, Schnitten und Plunder mit Leidenschaft kreiert (mindestens einmal in der Woche gibt es neue Torten oder Kuchen), sondern auch sehr verliebt in Schokolade ist. Seit April 2009 stellen Bert Cleemann und Ilona Schadauer handgeschöpfte Tafelschokolade her, die sie mit den unterschiedlichsten Geschenken der Natur bestreuen: Zwetschken und Kirschen von eigenen Bäumen, Speckbirn-Kletzen (getrocknete Birnen) vom Mostbauern oder vor Weihnachten mit geraspelten Lebkuchen. „Schokoladenart" nennt sich dieses Projekt, das zwei Leidenschaften von Ilona Schadauer vereint: die Schokolade und das Malen. Was zuerst da war? „Das Malen!" Und deshalb gestaltet sie auch die Verpackungen ihrer Tafeln selbst. Wen es nicht täglich nach Seitenstetten verschlägt: Die Schokolade kann man von September bis Juni im Internet bestellen. Ihre Kreativität leben Schadauer und Cleemann auch bei den Pralinen und beim Eis aus. Von überall her kommen die Ideen geflogen, bevor sie in kleinen Mengen ausprobiert und auf den Prüfstand gestellt werden, beispielsweise der Erdbeer-Balsamico-Trüffel oder das Rosmarin-Marillen-Eis.

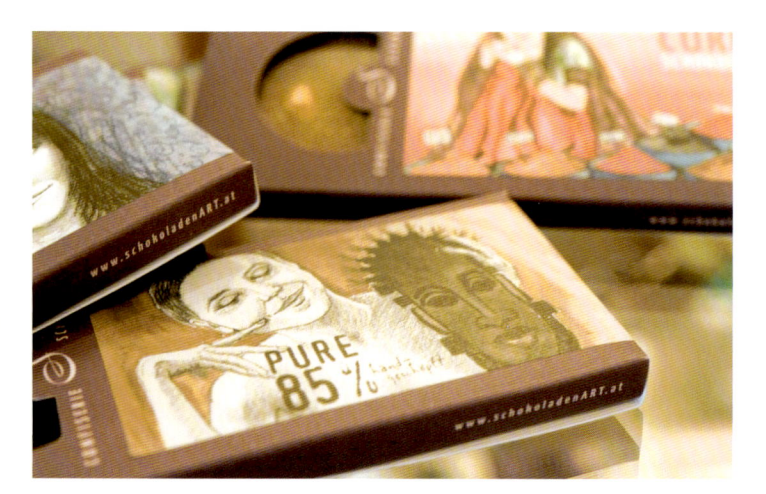

Konditorei Konfiserie Schadauer
Steyrer Straße 6
A-3353 Seitenstetten
☎ 00 43 (0) 74 77 / 4 22 68
www.schadauer.at
www.schokoladenart.at

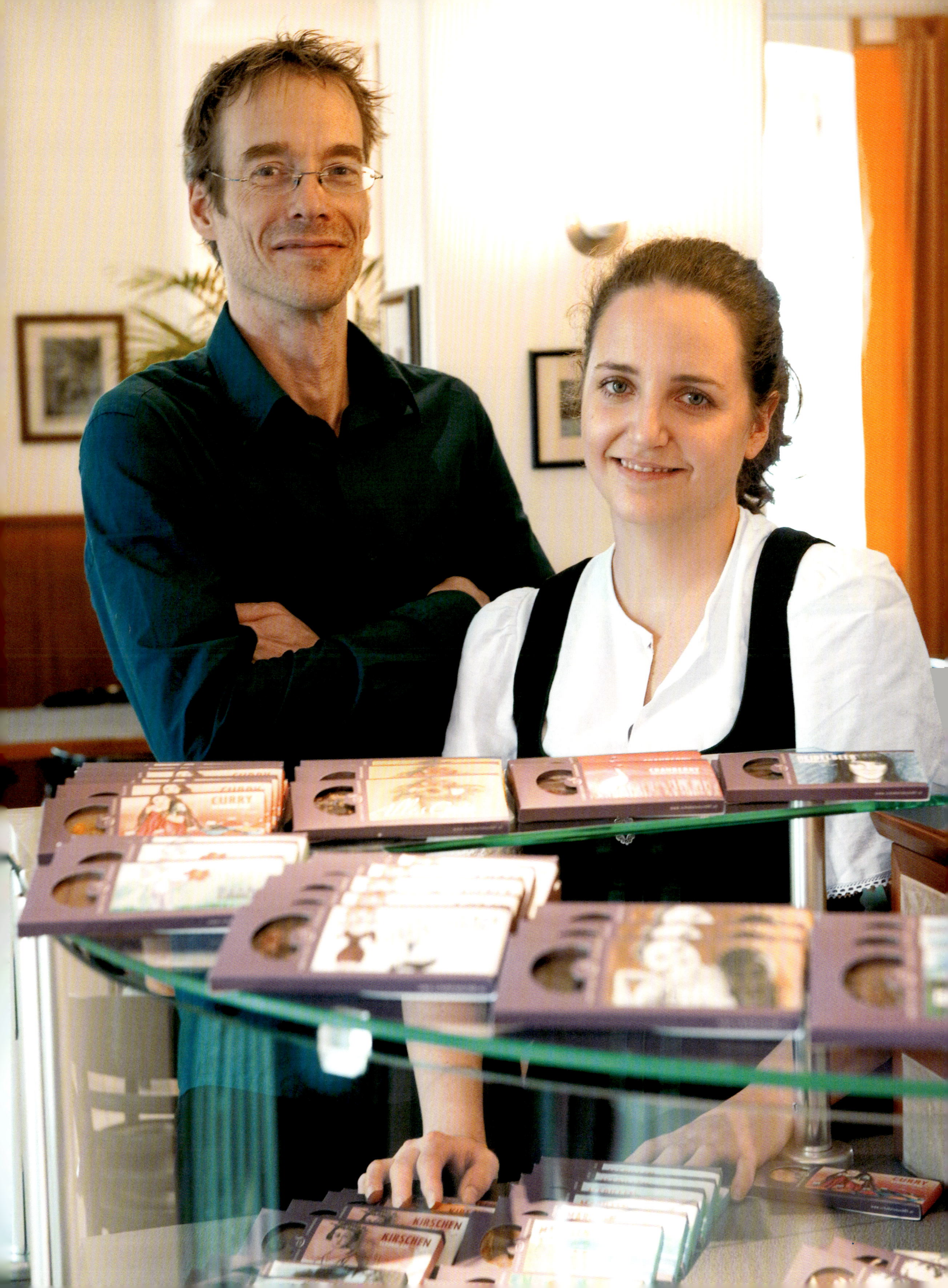
CURRY
KIRSCHEN
KIRSCHEN
CURRY

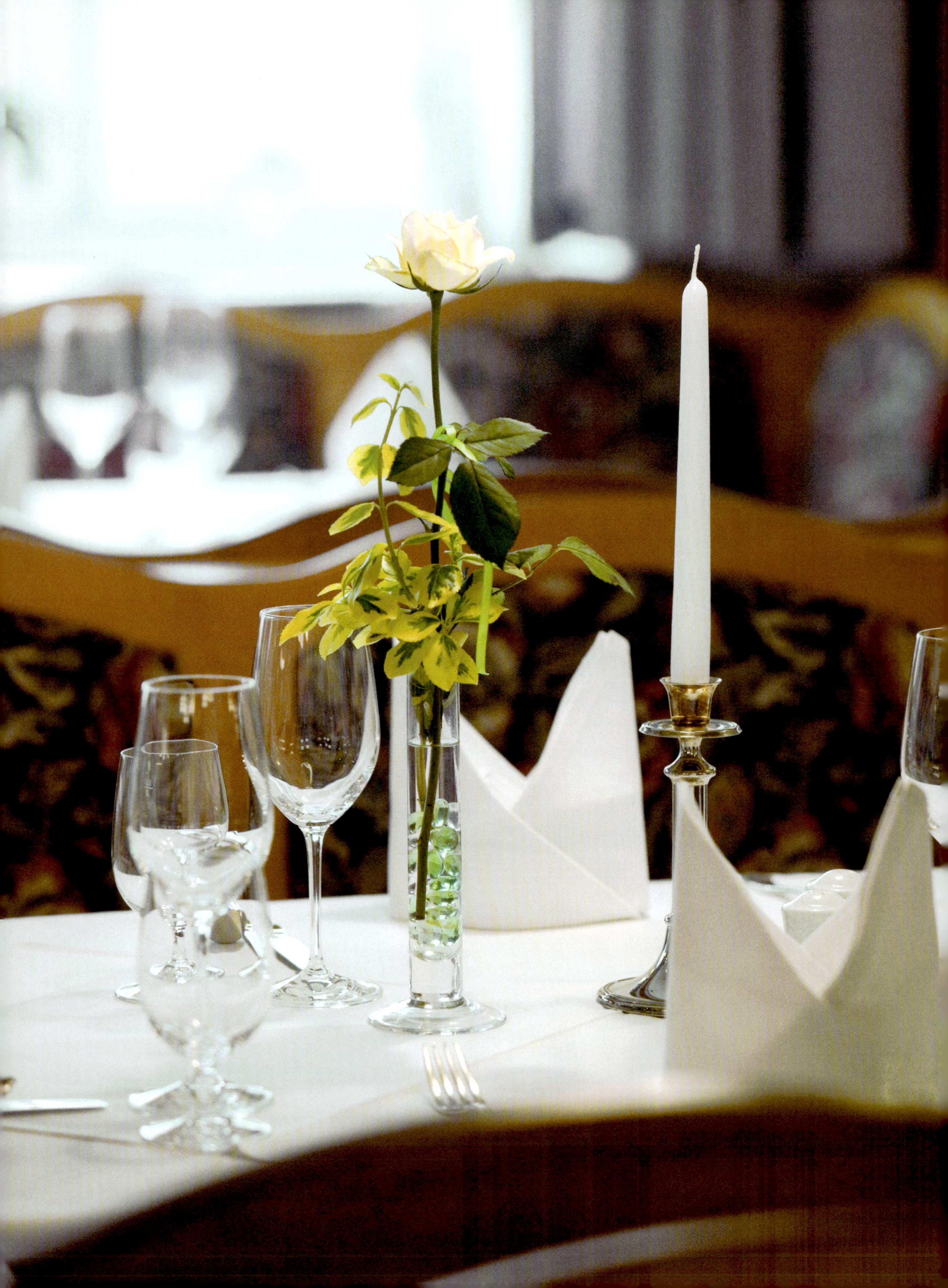

Gute Kombination aus Inspiration und Bodenständigkeit

Gasthof Mitter

Am Anfang stand die „kollegiale Verbundenheit", jetzt unterzeichnet Eckart Witzigmann seine Nachrichten an Albin Hawel mit „freundschaftlicher Verbundenheit". Der berühmte Koch hat den Funken in Albin Hawel erweckt, den er nach der Rückkehr von München nach Stadt Haag zu entzünden hoffte. Und gleichzeitig war ihm klar, dass man in dem 600 Jahre alten Wirtshaus kein zweites „Aubergine" eröffnen konnte. Also nahm er die Zutaten Inspiration und Bodenständigkeit und machte daraus eine Küche, die ganz und gar seine – und nur seine – Handschrift trägt. Albin Hawel lässt sich vollständig darauf ein, was seine natürliche Umgebung ihm schenkt. Die Bekanntheit des Hauses für Wildspezialitäten hat er noch ausgebaut, Spargel-, Fisch-, Schwammerl- und Gansl-Highlights ziehen regelmäßig viele Feinschmecker in den Gasthof Mitter. Sein Publikum sind Einheimische wie anreisende Gourmets gleichermaßen. Wer gutbürgerliche Küche und Mostviertler Spezialitäten schätzt, nimmt in der Gaststube Platz. Hier serviert Albin Hawel Schwarzbrotsuppe mit Speck, Blunz'ngröstl und gebackene Apfelknödel auf Preiselbeersauce. Wer es einen Hauch kreativer will, reserviert einen Tisch im Restaurant. Beide Geschmäcker treffen sich auf der Terrasse oder im 3 000 Quadratmeter großen Garten unter Nuss- und Kastanienbäumen, einem der größten der Stadt. Für den gediegenen Service und den Wein, der zu 90 Prozent aus Österreich stammt, ist Silvia Hawel zuständig. „Meine Frau und ich lieben diesen Beruf und schauen voller Zufriedenheit auf das, was wir gemeinsam mit den Eltern erreicht haben. Und freuen uns auf das, was noch vor uns liegt." Einer von den beiden Chefleuten des Familienbetriebes mit 10 Pensionszimmern ist immer als Ansprechpartner für Gäste und Mitarbeiter verfügbar, „oft 16 Stunden am Tag."

Gebackene Apfelknödel auf Preiselbeersauce

Das Rezept zur Spezialität des Hauses finden Sie auf Seite 233

Gasthof Mitter
Linzer Straße 11
A-3350 Stadt Haag
☎ 00 43 (0) 74 34 / 42 42 60
www.mitter-haag.at

Mostheuriger Hansbauer

Geschmeidiger Most, erfolgreiche Edelbrände!

Ein schwarzer Hut mit rotem Band und einem weißen Adlerflaum – daran erkennt man einen Mostbaron. Hans Hiebl mit seinem Heurigen ist einer von inzwischen 20 Mostadeligen; in den Gemäuern des Hansbauer-Hofes wurde der Grundstein für den erlesenen Kreis gelegt. „Früher wurden jene Bauern Mostbarone genannt, die durch den Verkauf von Most an die Arbeiter der Westbahn-Strecke mehr aus ihrer Bauerschaft machten", erklärt Hiebl. Heute sehen es die Leitbetriebe des Viertels als ihre Aufgabe, Interessierten nicht nur die Feinheiten des Mosts nahezubringen, sondern auch die Kultur und die Menschen.

Most gehört im Mostviertel zur Kultur und Hans Hiebl hat mit seinen Obstweinen seit 2001 so ziemlich alles gewonnen, was es zu gewinnen gibt. Er gilt als der erfolgreichste Mostproduzent und die „Goldenen Birnen" sind kaum mehr zu zählen. „Man muss aus Speck-, Landl- und Dorschbirne die Eigenheiten herausarbeiten", erklärt Hiebl eines seiner Erfolgsgeheimnisse. Er experimentiert viel mit der Restsüße, „die den Most geschmeidiger und runder macht." Und holt damit auch solche ins Most-Boot, denen das Getränk normalerweise zu sauer ist. Wichtig bleibt, „dass auch ein Laie immer noch die Früchte auseinanderkennt." Am besten schmeckt der Most in Verbindung mit den Jausenspezialitäten von Gattin Rosi. Bei der „Gemischten Verführung" spannt sie Fleisch und Käse üppig zusammen. Ihr Brat'l gibt's aus der Rean sowie gefüllt mit Aufstrichen. Ihre Haussulz wird nach einem alten Rezept hergestellt. Und bei der Meterjause tischt sie auf einem Birnenholz-Brett alle Aufstriche und Fleischschmankerl auf.

Eine weitere Leidenschaft Hans Hiebls sind Edelbrände der kräftigeren Sorte, nämlich jene mit einem Anteil von 43 bis 50 Volumenprozent Alkohol. 2001 hat er damit begonnen, das Schnapsbrennen am Hof auf neue Beine zu stellen und auch andere für die Herstellung von Edelbränden zu begeistern. „Wir machen daraus ein Erlebnis." Und dass seine Edelbrände ein Erlebnis sind, zeigt die Tatsache, dass der Gault Millau 2006 Hans Hiebl die Auszeichnung für den „Schnaps des Jahres" verliehen hat. Eine Besonderheit: der Brand der Mostbarone „Prima Pira". Er reift zwei Jahre in Birnenholzfässern, zeichnet sich deshalb durch seine zart-rötliche Farbe und den vollen Birnengeschmack aus.

Mostheuriger Hansbauer
Krottendorf 7
A-3350 Stadt Haag
00 43 (0) 6 64 / 2 75 35 16
www.hansbauer.at

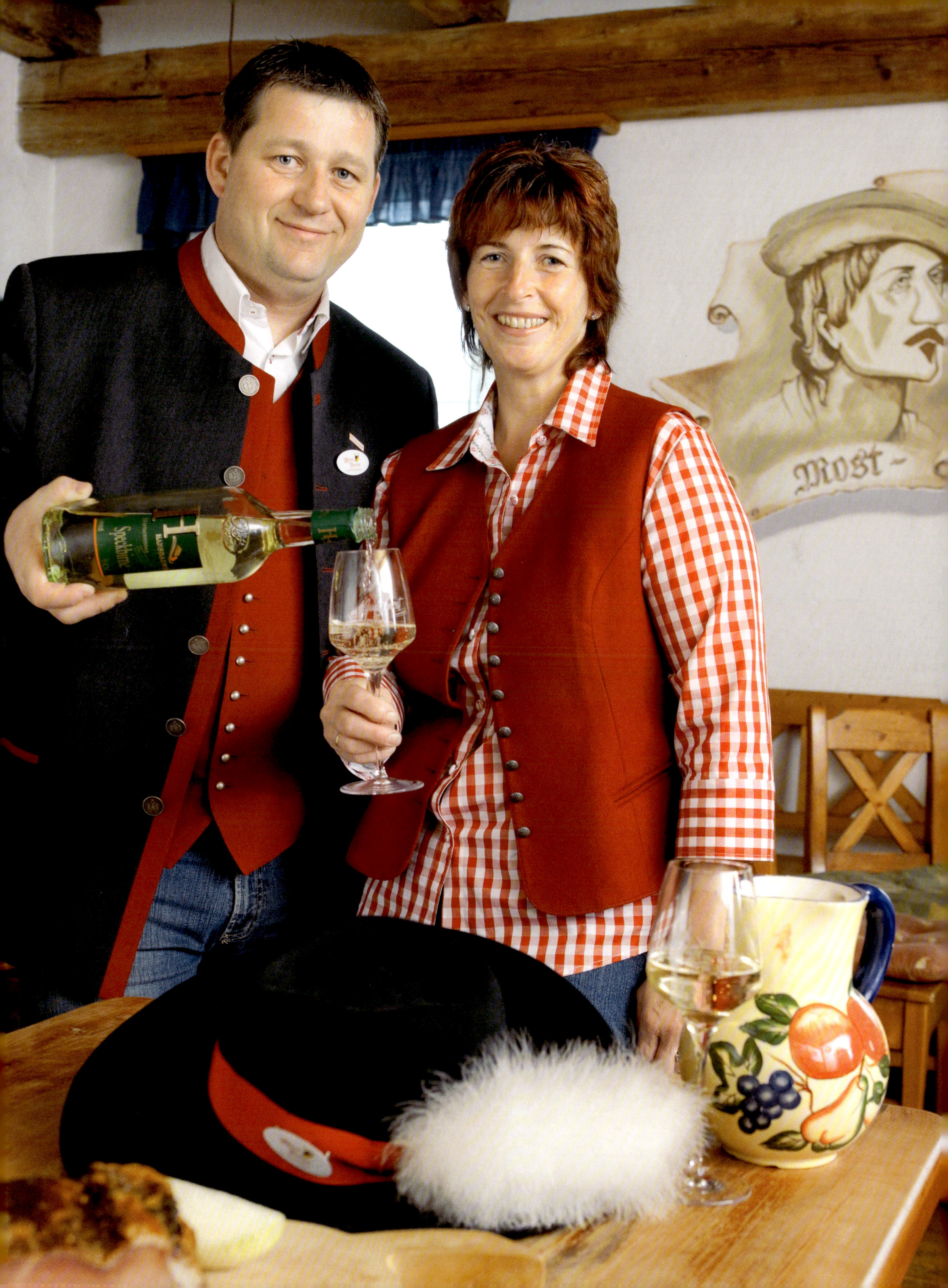
Most-

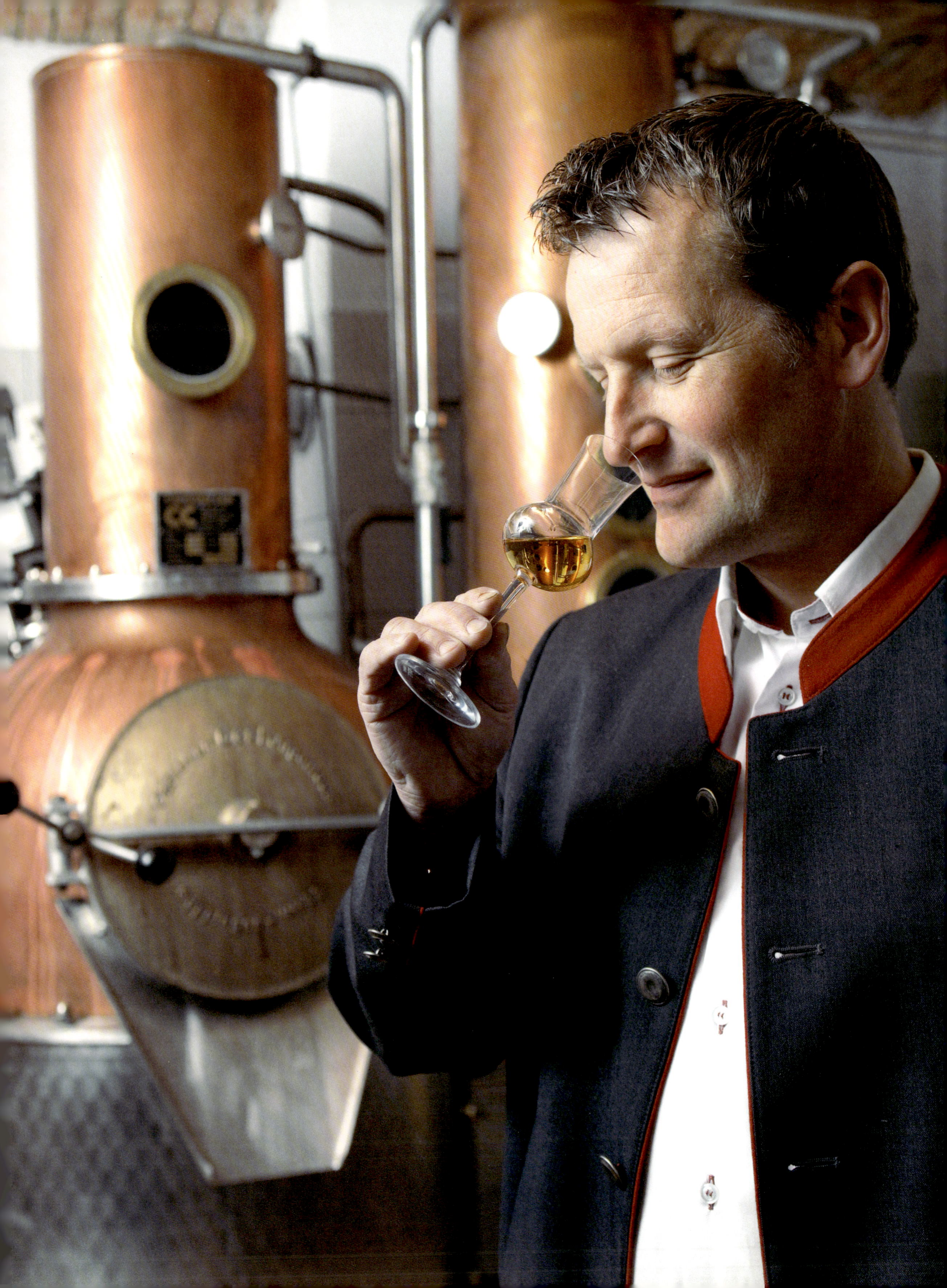

Stadt Haag

Ein besonderes Gespür für hochprozentige Kostbarkeiten!

Destillerie Hiebl

18 Goldmedaillen und fünf „Goldene Stamperln" bei der „Ab Hof"-Messe in Wieselburg 2010 – diese Auszeichnungen sind nur die vorläufige Spitze einer Anerkennungspyramide, die Georg Hiebl mit seinen Edelbränden seit 1997 errichtet. Seit 2003 ist er unter den Top Ten der internationalen Brenner bei der „Destillata", 2006 war er Gesamtsieger, 2007 und 2009 der beste Edelbrandhersteller Österreichs. Doch was macht den Mann, der scheinbar alles in einen Edelbrand verwandelt, was unter dieser Sonne wächst, so erfolgreich?

Als er 1993 den Hof seiner Eltern übernahm, wollte er die Tradition des Schnapsbrennens am Leben erhalten. Das Problem: Der Schnaps schmeckte ihm nicht. Also tauchte er in die Kunst des Brennens ein, holte sich einen Landwirtschaftsberater für Obstbau, nahm an Verkostungen teil und hortete Erfahrungen geschmacklicher und technischer Natur. Nach vier Jahren stellte er sich der Konkurrenz, ergatterte sein erstes „Goldenes Stamperl" und holte in der Folge über 300 Prämierungen, auch bei der „Destillata". Reifes und sauberes Obst ist ihm wichtig, ebenso der Kontakt zu den Produzenten. Oft holt er es persönlich ab, um es sofort einzumaischen. Und das muss idealerweise kontrolliert ablaufen. „Die Führung sollte gleichmäßig und zügig bei 16 bis 18 Grad passieren, weil sonst das Aroma und der Alkohol verloren geht", erklärt Georg Hiebl. Und drittens spielt dem Edelbrand-Sommelier inzwischen die Erfahrung in die Hände. Als Jurymitglied bei zahlreichen Landesverkostungen schult er seine Sensorik und hat ein besonderes Gespür für die hochprozentigen Kostbarkeiten entwickelt. „Mittlerweile bin ich mit meinen Produkten zufrieden. Was aber nicht bedeutet, dass ich nicht immer wieder Neues ausprobiere." Über 120 verschiedene Edelbrände, Liköre, Geiste, Whiskeys und Rumsorten zeugen von seinem Entdeckungstrieb. Bekannt ist unter Kennern sein Brand von der Roten Rübe, sein Schoko-Chili-Likör „ein Renner". Und „George 2" hat den britischen Whiskey-Papst Jim Murray so begeistert, dass er ihn zum besten Österreichs erkoren hat.

Destillerie Hiebl
Reichhub 36
A-3350 Stadt Haag
☎ 00 43 (0) 74 34 / 4 21 14
www.die-schnapsidee.at

Konditorei und Dampfbäckerei Piaty

Der Vergangenheit treu in die Zukunft

Mocca-Wind
Das Rezept zur Spezialität des Hauses finden Sie auf Seite 233

Wer in Waidhofen um vier Uhr früh Lust auf warmes Brot verspürt, geht zum Piaty. Wer in Waidhofen rührgespachteltes Naturfruchteis schlecken will, geht zum Piaty. Wer in Waidhofen mit dem Mocca-Wind eine Mehlspeise ohne Mehl schnabulieren will, geht zum Piaty. Die Konditorei und Dampfbäckerei am Unteren Stadtplatz ist mit ihrer 100-jährigen Geschichte einfach eine Institution in der Ybbs-Stadt. Und weil man auf so viele Jahrzehnte zurückblickt, kennt man den Wert von Tradition. Die Einrichtung des „Wiener Kaffeehauses" aus Walnussholz hat sich seit 1927 kaum verändert. Ein ähnliches Alter hat der Dampfbackofen, damals der modernste Niederösterreichs und rebellisch gegenüber sämtlichen Zerstörungsversuchen des Krieges. Senior Karl Piaty hat sich ebenfalls vielen Modernisierungstendenzen in den Weg gestellt. Seit 1927 beispielsweise werden schmelzende Köstlichkeiten im Hause Piaty mit Rührspachtelmaschinen erzeugt. Während andere den moderneren Methoden der Eiserzeugung nicht widerstehen konnten, glaubte Piaty an die aufwendige Herstellung seines Naturfruchteises. Täglich werden zwölf klassische Sorten hergestellt, die voller natürlicher und frischer Früchte sind. Auch bei den Cremeeissorten wird auf natürliche Qualität geachtet: Dafür spendiert man beispielsweise dem Kaffee-Eis einen dreiviertel Liter Espresso auf drei Liter Vanilleeis. Geröstete Haselnüsse und hochwertige Schokoladen sind selbstverständlich.

Etwas ganz Besonderes befindet sich am Dachboden des 400 Jahre alten Hauses. Hier hat Karl Piatys Vater eine Volkskundesammlung angelegt, in der er Sehenswertes von 250 Bauernhöfen aus einem Umkreis von zehn Kilometern Luftlinie zusammengetragen hat. Das Schmuckstück ist eine Bauernstube aus dem Jahr 1614, die er vor der Zerstörung gerettet und einem interessierten Publikum wieder zugänglich gemacht hat. Bei der Eröffnung 1962 schrieb der niederösterreichische Landeshauptmann und frühere Außenminister Leopold Figl mit jenem Füller ins Gästebuch, mit dem er 1955 den österreichischen Staatsvertrag unterzeichnet hatte: „Der Vergangenheit treu wird die Zukunft gestaltet und gesichert." Ein Motto, das für die Konditorei und Dampfbäckerei Piaty wohl noch länger gelten dürfte.

Konditorei und Dampfbäckerei Piaty
Unterer Stadtplatz 39
A-3340 Waidhofen / Ybbs
00 43 (0) 74 42 / 5 31 10
www.piaty.at

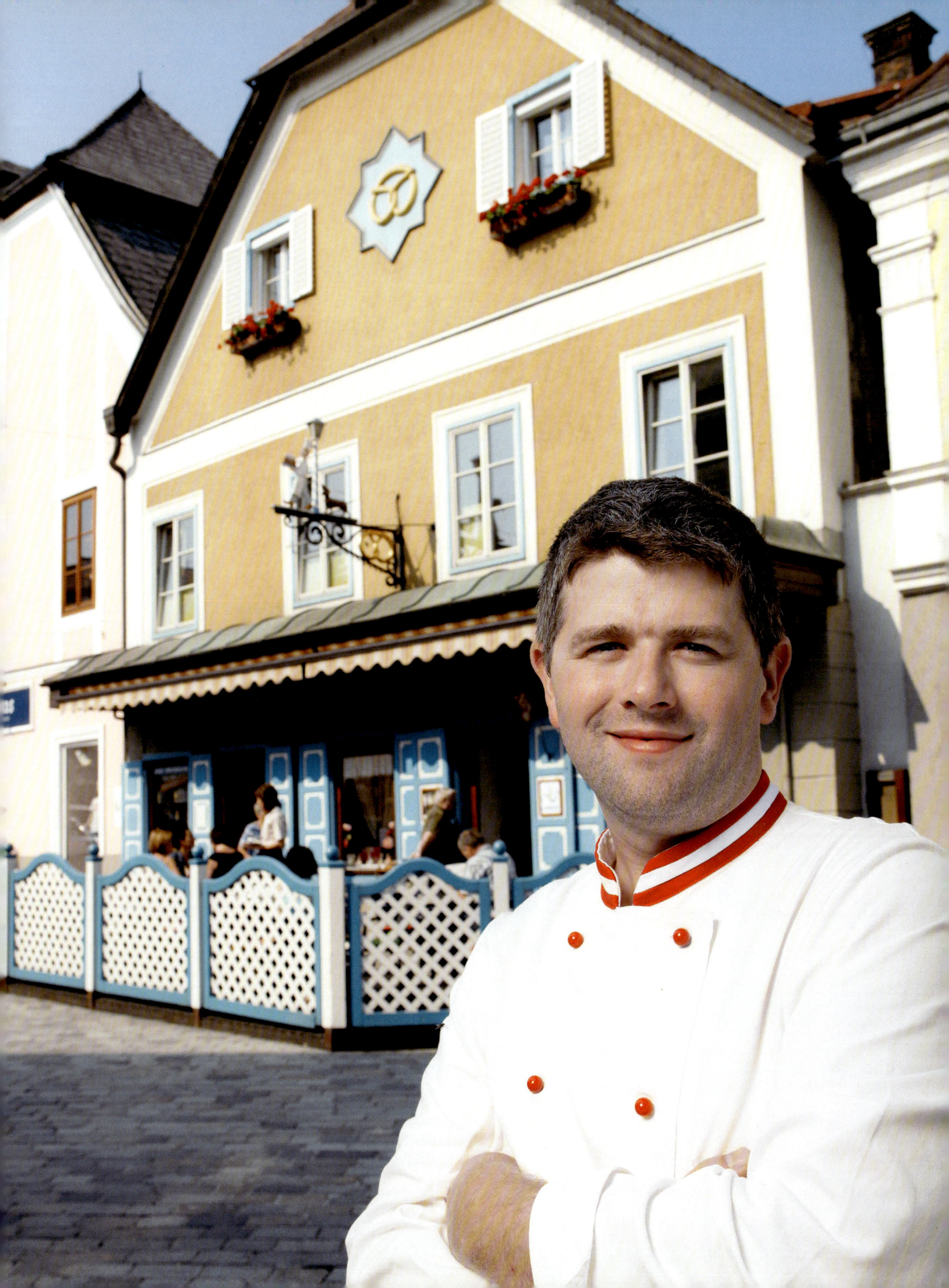

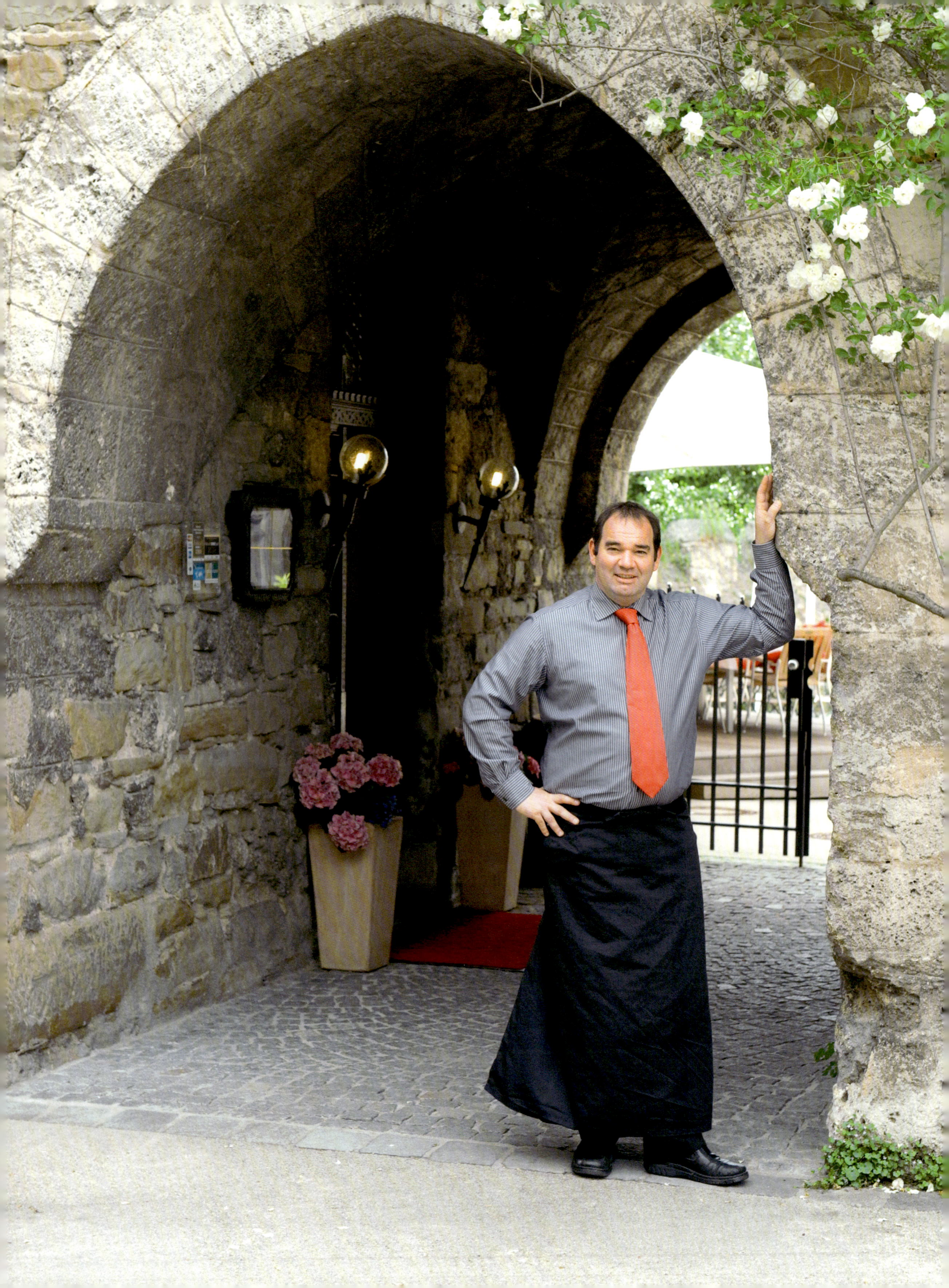

Anspruchsvoll, originell, zeitlos und modern

Schlosswirt

Waidhofen an der Ybbs ist eine Stadt der Türme. Sie gehören zu Kirchen und ehemaligen Befestungen sowie zum von Hans Hollein 2007 feinfühlig umgebauten Rothschild-Schloss, das die Stadt seit Jahrhunderten prägt. Im Stöcklgebäude desselben residiert der Schlosswirt. Zeitlos und gleichermaßen modern wie das Gemäuer ist das Konzept: „Wir möchten jene, die gerne auf ein Seidl Bier vorbeischauen ebenso ansprechen wie Feinspitze", erklärt Andreas Plappert. Und das gelingt auf mehreren Ebenen.

Die Küche des Schlosswirts ist geprägt von den Schätzen einer Region mit typischen Spezialitäten wie der Ybbsforelle, dem Most und dem Schafkäse. Und diese Schmankerl kann man bodenständig oder gehoben genießen. Man bekommt ein Blunzn-G'röstl oder ein Blunzn-Tascherl mit Chilikraut. Man bekommt einen Schafkäse mit Schnittlauch oder einem Pesto-Dreierlei. Man kann an Tischen mit feiner Wäsche Platz nehmen oder an den blanken Holztischen sitzen, auf denen eine bunte Blume leuchtet. Man trinkt Bier oder einen der 70 vollmundigen Weine, die großteils aus Österreich stammen.

Wirtshaus und Restaurant unter einem Dach zu vereinen, ist anspruchsvoll, originell sind die zusätzlichen Ideen rund um die Küche. Einmal im Monat etwa darf ein Gastkoch an den Herd – keine Prominenten, sondern passionierte Hobbyköche. Witzig ist auch der Einfall, für Hungrige nach 22 Uhr einen Picknickkorb zu packen. Statt Würstl und Gulaschsuppe entdeckt der Gast bei der Nachtwächterjause regionale Schmankerln wie Wildwurst und Schafkäse, Wachteleier und geräucherte Forelle. Und dann gibt es noch die Ein-Euro-Happen: „Ab 16 Uhr kann man bei uns statt der allgegenwärtigen Brez'n eine Kombination aus Aufstrich, Brot und einer Kleinigkeit wie Speck, Schafkäse oder Forellenmousse gustieren."

Der Schlosswirt ist übrigens nicht nur ein nicht mehr ganz so geheimer Geheimtipp für Liebhaber guten Essens. Auch die Jugend hat ihn entdeckt – genauer gesagt, den Kristallsaal: „Hierher laden wir regelmäig zu Clubbings mit internationalen Top-DJs", sagt Andreas Plappert.

Schlosswirts Lammkrone mit geschmortem Gemüse

Das Rezept zur Spezialität des Hauses finden Sie auf Seite 234

Schlosswirt
Schlossweg 1
A-3340 Waidhofen/Ybbs
☎ 00 43 (0) 74 42 / 5 36 57
www.schlosswirt-rothschild.at

Echter Mostgenuss beim Mostbaron!

Zeillerner Mostg'wölb

„Jo, do is gmiadlich!" Ein schöneres Kompliment kann es für einen Heurigenwirt gar nicht geben. Und genau das hört Sepp Zeiner von den Gästen in seinem Zeillernem Mostg'wölb immer wieder. Dazu trägt schon der Vierkanthof bei, der sich in 16. Generation im Besitz der Zeiners befindet und zwischen 1600 und 1700 schon gerne die Wallfahrer nach Sonntagberg, Mariazell und Kollmitzberg aufgenommen hat. Der „Piernmost" war damals obligatorisch und aus dieser Zeit stammt auch das älteste Mostrezept, „das noch im Original vorliegt", sagt Zeiner.

Ein Original – das ist auch das Mostg'wölb selbst mit seinem Genuss- und Erlebnisangebot. Im Prinzip ist in Oberzeillern immer etwas los. Im März steht es im Zeichen des Frühlingserwachens, im April wird das Mostviertler Schinkenfest gefeiert, im Oktober dankt man für die Ernte und im November dreht sich alles um Geflügel, Hochlandrinder und Speck. Sohn Manfred ist ein begnadeter Fleischer und im Mostg'wölb für die einschlägigen Genüsse zuständig. Sepp Zeiners Frau Loisi zaubert die Mehlspeisen und der Mostbaron ist für die feinen Flüssigkeiten zuständig. Bis zu 12 verschiedene sortenreine und Cuvée-Moste stellt er her, auch Spezialitäten wie der Birnentraum-Zider, der Birnenschaumwein und Natursäfte lagern in den Kellern. Die Früchte dafür liefern die mehr als 1 000 Bäume rund um das Mostg'wölb, darunter auch Zwetschken, Mirabellen, Kirschen, Dirndl und Mispeln, die der Mostbaron zu edlen Bränden, Marmeladen und Einlegefrüchte verarbeitet. In Niederösterreich gibt es übrigens 21 Barone. Ihr gemeinsamer Schwur: Die Kultur rund um den vergorenen Birnenmost zu pflegen und weiterzuentwickeln. Wer bei einem Mostbaron einkehrt, erlebt also echten Mostgenuss!

Und noch mehr: Man kann sich zum Mostritter schlagen lassen, den Titel „Doctor honoris mosticus" erwerben, Schinkenparade und Genuss-Salon beim Mostbaron mit ritterlichem Umhang feiern, bei dem der Most in eigenen Gläsern serviert wird. Getestet werden sollte dabei auf alle Fälle der Göd(n)-Most: „Als Buben sind wir vor dem Besuch des Paten oder der Patin immer in den Keller gegangen, um den besten Most für sie auszusuchen. Diese Tradition haben wir im trockenen Göd-Most und im lieblicheren Godn-Most im Jahr 2000 wieder auferstehen lassen", ist Mostbaron Zeiner stolz.

Zeillerner Mostg'wölb
Oberzeillern 126
A-3311 Zeillern
☎ 00 43 (0) 74 72 / 6 77 06
www.mostgwoelb.at

Ein herzliches „Griaß di God" im Zeillerner Mostg'wölb

Apfelsenf
Mostviertel
Hollerkoch
APFEL CHIPS
Schwarze Johannis
Mostviertler Schokolade
JOSEF V.
Edelbrand
Kirsche
Likör
Holunder

Gemeinsam sind wir stärker!

Mostland Gen.m.b.H.

Gemeinschaftlich denken und handeln – das ist die Devise der Genossenschaftsmitglieder von Mostland. Zu erkennen sind die vielen verschiedenen Produkte am Etikett mit dem Schriftzug „Daheim im Mostviertel®". 1990 als lockere Bauerngemeinschaft gegründet, entstand 1996 die bäuerliche Genossenschaft Mostland, der sich mittlerweile gut 100 Familienbetriebe angeschlossen haben. „Gemeinsam sind wir stärker und können Synergien nutzen", erklärt Gründungsobmann Sepp Zeiner den Antrieb der Mitglieder. Er ist stolz auf die Spezialitäten des Mostviertels und hat durch Regionalentwicklungsreisen nach Großbritannien, Frankreich, Spanien und Italien beobachtet: „Wir stehen den dortigen Initiativen um nichts nach." Außerdem ist die Mostland Genossenschaft Initiator und Betreiber des größten Birnengartens Österreichs mit mehr als 11 000 Mostbirnenbäumen, der von ihren Mitgliedern bewirtschaftet wird.

Die Produkte der Lieferanten sind unverfälscht und unstandardisiert, man verwendet aus Überzeugung ausschließlich sorgfältig ausgewählte Rohstoffe und Zutaten und stellt die traditionellen Köstlichkeiten frei von Konservierungs-, Farb- und Aromastoffen her. Die wiederholten Auszeichnungen, die Mostland bei den Wettbewerben um die „Goldene Birne" auf der „Ab Hof"-Messe in Wieselburg in Empfang nehmen konnte, bestätigen den Weg. Und diese Auszeichnungen betreffen nicht nur die flüssigen Kostbarkeiten wie Moste, Fruchtsäfte, Obstweingetränke, Essige und Marmeladen. Auch Schokolade und Sauergemüse, Tee und Teigwaren, Kräuterkissen und Knabbereien locken mit ihren einzigartigen Geschmacksrichtungen.

Zu erstehen sind sie alle im 80 Quadratmeter großen Schmankerl-Markt „Most & Kost" des Amstettener City-Centers sowie in über 60 Geschäften zwischen Tirol und Wien. Außerdem betreibt die Genossenschaft einen Online-Shop, von dem aus man sich die Mostviertler Spezialitäten bequem nach Hause liefern lassen kann.

Mostland Gen.m.b.H.
Oberzeillern 126
A-3311 Zeillern
00 43 (0) 6 64 / 3 55 23 31
www.mostland.at

Ein Wirt, wie er im Buche steht!

Bachlerhof

Bauernschmaus
Das Rezept zur Spezialität des Hauses finden Sie auf Seite 234

„Küss die Hand, gnädige Frau! Grüß Gott, die Herrschaften!" Johann Bachler ist ein Wirt, wie er im Buche steht. Und das nicht aus Geschäftstüchtigkeit, sondern weil ihm Gastfreundschaft ein echtes Anliegen ist. Gemeinsam mit seiner Frau Anna feiert er 2010 das 40-jährige Jubiläum des Bachlerhofes in Abetzdorf, einem Ortsteil von Kematen. Das Anwesen ist ein typisch Mostviertler Bauernhof, auf dem die Landwirtschaft lebt. 64 Hausschweine leben auf dem Hof, die auch hier geschlachtet werden und Blutwürste, Braten, Geselchtes und Pfefferstelzen ergeben. Und diese Spezialitäten ziehen wiederum Gäste an, die die bodenständige Küche von Anna Bachler schätzen. „Ich mache alles selbst, von der Knödelmasse über die Torten und Schnitten bis hin zum Strudelteig", erzählt sie. Gelernt, wie es schmecken soll, hat Anna Bachler von ihrer Mutter und Großmutter und freut sich darüber, dass sowohl ihre Kardinalschnitten als auch Grammel- und Fleischknödel sowie der Tafelspitz mit Most anziehend auf Freunde der heimischen Küche wirken. Zur Verkostung der Schmankerln lädt der Bachlerhof jeden Donnerstag im Rahmen seines Riesen-Bauernpfandl-Essens. Ab 12 Uhr kann man sich wöchentlich wechselnd mit Ripperl, Knödel, Blunzngröstel oder Obprasseltem satt essen.

Im Frühsommer laden die Erdbeerfelder von Johann Bachler hinter dem Haus zum Selberpflücken ein. Die weiche Frucht der alteingesessenen Gartenerdbeere zeichnet sich durch ihren intensiven Geschmack aus, der sich im Bachlerhof in der Erdbeertorte ebenso wiederfindet wie im „Erdbeerzauber", einem Saft mit 50 Prozent Fruchtanteil. Wer ihn „geistvoller" möchte, kombiniert ihn als „Zauberflöte" mit Sekt. Und für seinen Erdbeergeist hat Johann Bachler bei der „Ab Hof-Messe" Wieselburg 2009 sogar das „Goldene Stamperl" geholt!

Eine Skulptur des Extremschnitzers Ernst Adelsberger fällt dem Besucher besonders ins Auge. Sie heißt „Der Dankbare". „Das Korn erinnert an die Früchte, die die Natur schenkt. Der Blick zum Himmel zeigt die Dankbarkeit und der Grenzstein, dass unser Leben Grenzen hat", erläutert Johann Bachler. Und wahrscheinlich macht ihn das zu einem (Land-)Wirt mit Leidenschaft: die Dankbarkeit für das, was ihm gegeben wurde.

Bachlerhof
Abetzdorf 1
A-3331 Kematen/Ybbs
☎ 00 43 (0) 74 48 / 23 74
www.bachlerhof.at

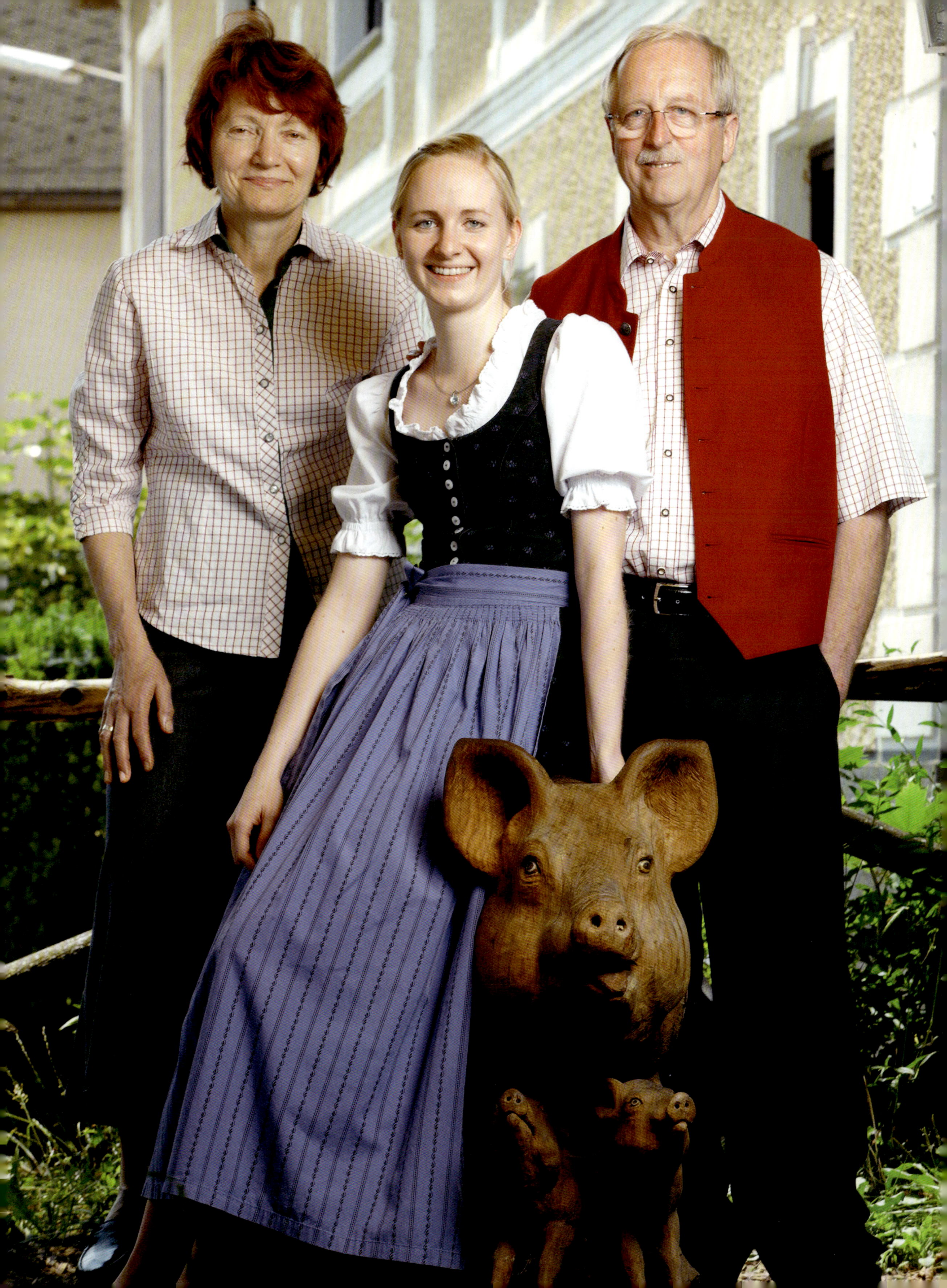

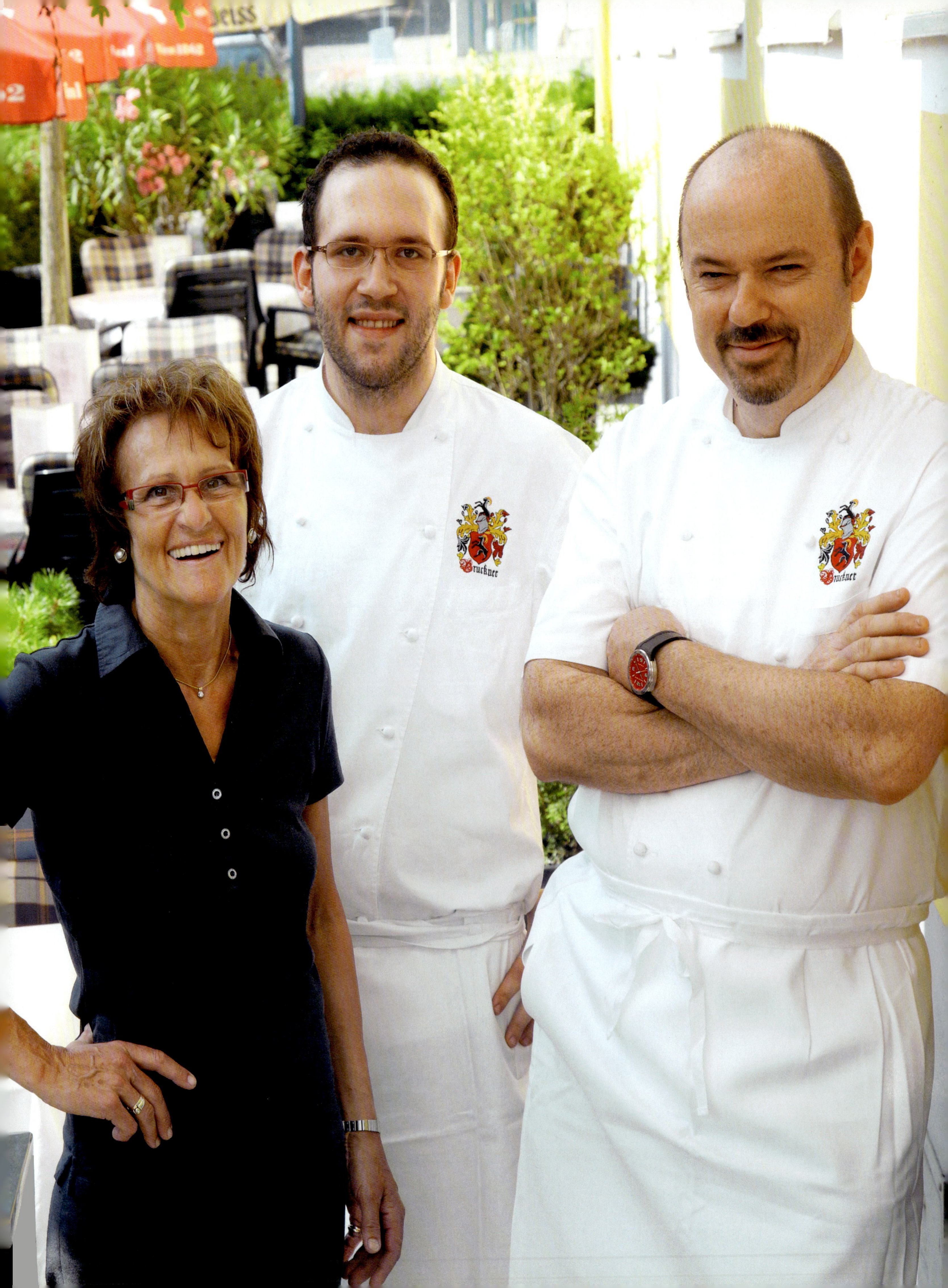
Bruckner
Bruckner

Tradition der langjährigen Gastfreundschaft

Gasthof Bruckner

Die Zeiten, wo in der Scheibbserstraße 10 die Postkutschenpferde gewechselt wurden, sind lange vorbei. Heute steht der Gasthof Bruckner für eine abwechslungsreiche, saisonal ausgerichtete Küche. Die Abstimmung der Speisekarte kommt von Wolfgang Bruckner. Seine Eltern haben den Gasthof 1959 übernommen. Sohn Wolfgang ist mit dem Betrieb mitgewachsen und hofft, dass auch sein Sohn die Tradition der langjährigen Gastfreundschaft weiterhin aufrechterhalten wird.

Früher kam man zum „Bruckner", um ein Beuschel mit Knödel, einen deftigen Schweinsbraten oder ein knuspriges Henderl zu genießen. Heute findet man auf der Karte auch heimische und internationale Spezialitäten. „Das Essen ist unser Hauptgeschäft", betont Wolfgang Bruckner. Besonders die Ritteressen sind sehr beliebt. Dafür gibt es eigene Räumlichkeiten, das „Ritterstüberl". Hier kann man in uriger Atmosphäre unabhängig vom übrigen Tagesbetrieb Feste feiern und sich kulinarisch ins Mittelalter zurückfallen lassen. Es werden warme Speisen der rustikalen Küche angeboten und zur Unterhaltung werden „alte" Ritterspiele zum Leben erweckt. Rund 35 Personen finden im „Ritterstüberl" Platz.

Das Gasthaus ist sehr beliebt bei Menschen, die im Kreise ihrer Familie feiern wollen. Die Gäste können zwischen dem Tirolerstüberl, dem Herrenstüberl für kleinere Familienfeste oder dem Wappensaal für größere Feste oder Hochzeiten wählen. Insgesamt stehen 200 Sitzplätze in fünf Stüberln zur Verfügung. Wer die vertraute Zweisamkeit schätzt, kann jeden Freitag zum Candle-Light-Dinner kommen. Gegen eine kurze Voranmeldung bereitet der Küchenchef ein viergängiges Menü mit Sektbegleitung. Der Gasthof Bruckner bietet auch 15 Komfortbetten in Ein- und Zweibettzimmern an. Die Lage ist zentral, Parkplätze finden sich vor der Haustür.

Schweinekoteletts in Kümmel und Wieselburger Biersabayon

Das Rezept zur Spezialität des Hauses finden Sie auf Seite 235

Gasthof Bruckner
Scheibbserstraße 10
A-3250 Wieselburg
☎ 00 43 (0) 74 16 / 5 23 59
www.gasthof-bruckner.at

Mostheuriger „Zur steinernen Birne"

Ausgezeichnete Produkte!

Mostkekse
Das Rezept zur Spezialität des Hauses finden Sie auf Seite 235

Die „Ab Hof"-Messe in Wieselburg ist seit Jahren Europas Branchentreffpunkt für Direktvermarkter. Einer der Höhepunkte: die Verleihung der „Goldenen Birne". Knapp 500 verschiedene Moste und 60 Obstweingetränke waren 2010 im Wettbewerb – eine harte Konkurrenz für Alois Binder aus St. Peter/Au. Doch er hat sie bravourös hinter sich gelassen. Zwei „Goldene Birnen" nahm er heuer mit nach Hause, und zwar für den Apfel-Birne-Cuvée und das Obstweingetränk Jonagold Frizzante „Moscante". Über die letzten 10 Jahre konnten insgesamt 18 „Goldene Birnen" in das Haus Binder einziehen. „Als Mostsommeliers beschäftigen wir uns sehr viel mit der Ausgeglichenheit des Mosts. Wir kombinieren Früchte mit unterschiedlichen Säuregraden zu einem harmonischen Gesamterlebnis", erläutert Alois Binder. Und er erkennt den Zeitgeist. Denn eine junge Generation von Mosttrinkern begeistert sich zunehmend für die liebliche Variante des Mostes, wie beispielsweise den prämierten „Amadeus". 15 verschiedene Sorten stellt Alois Binder her, mit Früchten von eigenen Streuobstwiesen und regionalen Bauern. Seit 2008 ist er mit seinem Mostheurigen „Zur steinernen Birne" Top-Heuriger, mit einem ganz besonderen Wahrzeichen: einer zwölf Meter hohen, selbst gemauerten Birne, in die 110 Tonnen Beton geflossen sind. „Wahrscheinlich haben wir die größte Birne der Welt geschaffen", sagt Binder.

Groß sind die Binders auch beim Brot. Während Alois „Goldene Birnen" sammelt, häuft seine Frau Theresia Auszeichnungen für ihr Brot an. 2010 wurden ihr Vollkornbrot und ihr klassisches Bauernbrot in Wieselburg vergoldet. Sie bilden die Basis für die Brettl-Jaus'n im Mostheurigen – vor allem für das Bauernbrat'l, das ganz langsam mit viel Zwiebel und Paprika im Steinofen gart, bis es eine warme rötlich-braune Farbe hat. Aber auch die Mostkekse, Apfelschlangerl oder -krapfen ziehen die Gäste ins Haus und in den Hofladen. Dort gibt es neben Brot, Mehlspeisen, Säften und Mosten auch Eier von den 1500 Freilandhühnern, das frische Bauernbrot gibt es Freitag vormittags.

Mostheuriger
„Zur steinernen Birne" –
Ab-Hof-Verkauf
St. Johann 155
A-3352 St. Peter/Au
☎ 00 43 (0) 74 34 / 4 21 12
www.steinernebirne.at

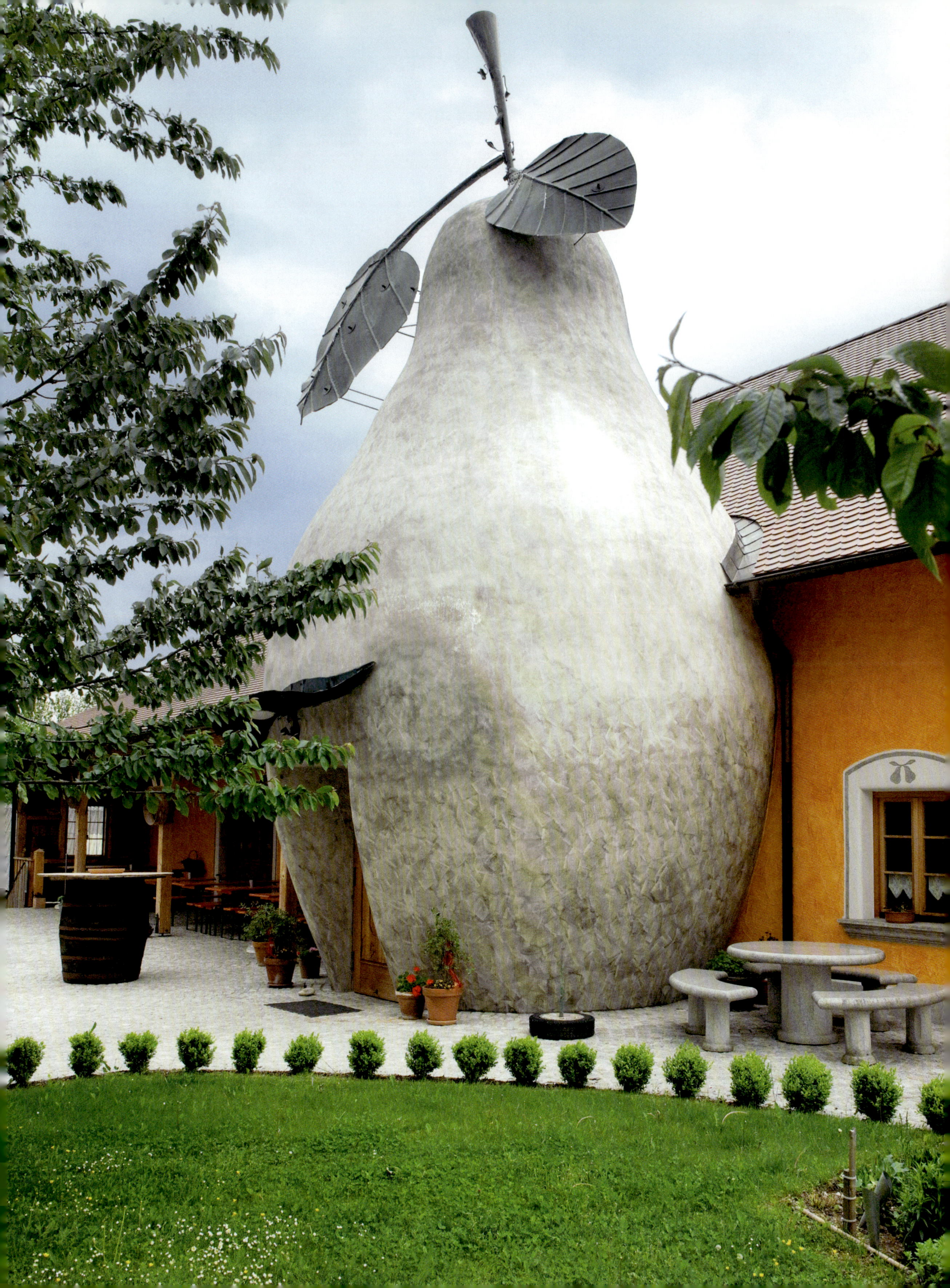

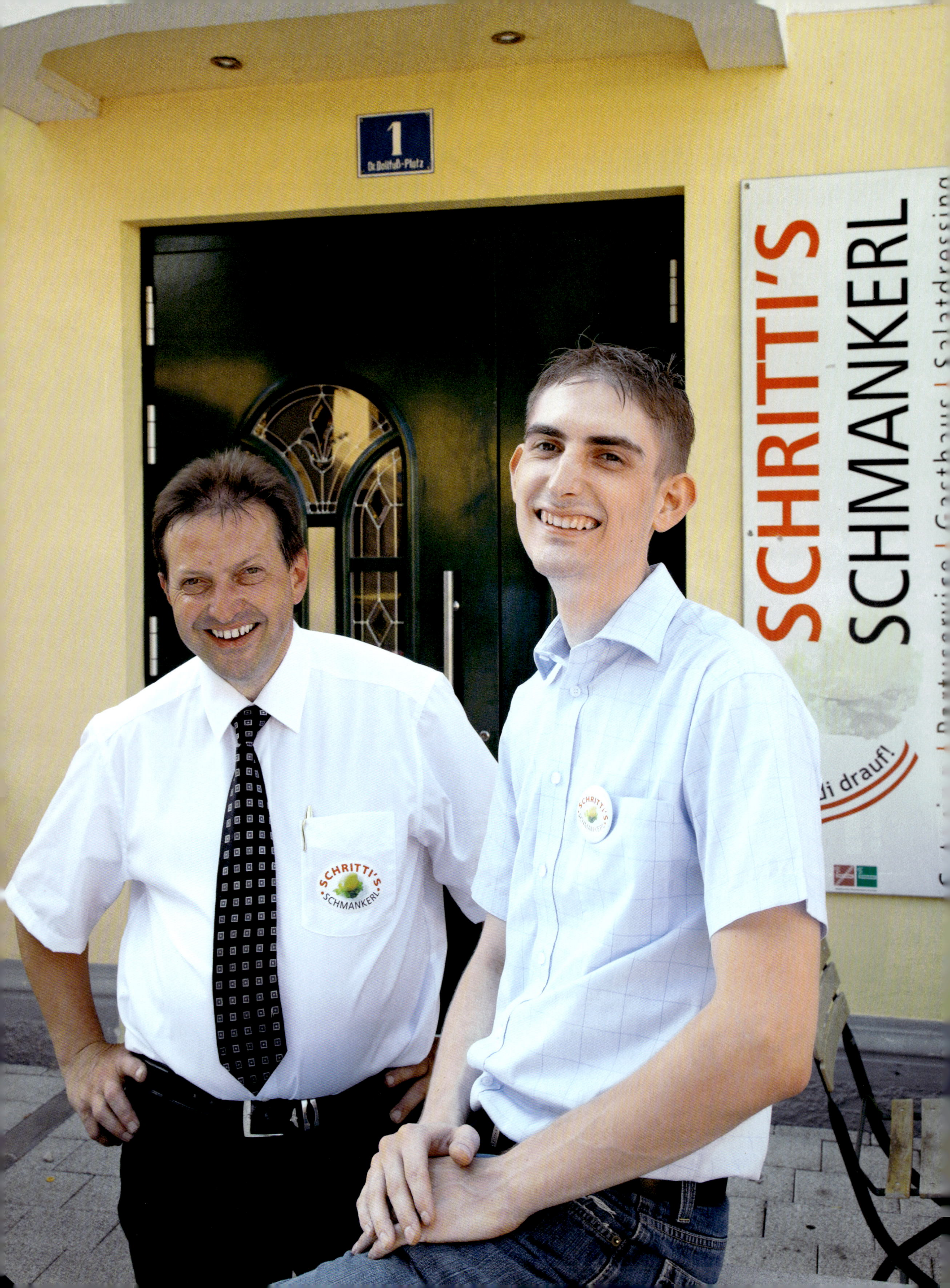
1
SCHRITTI'S
SCHMANKERL
di drauf!
SCHRITTI'S
SCHMANKERL

Eine Institution in Mank und Umgebung

Gasthaus Schrittwieser

Die Schrittwiesers sind eine Institution in Mank und Umgebung. Seit 23 Jahren ist das Gasthaus in Familienbetrieb. Thomas ist der Geschäftsführer, Johannes zieht hinter den Kulissen die Fäden, Karin ist für die Patisserie zuständig und deren Mann Leo – ja, wegen ihm wurde das Wirtshaus zu dem, was es ist. Dem gelernten Fleischhauer und Koch kann man beim Fleisch nichts vormachen. Er kennt jedes Tier in der Umgebung und sucht es sorgfältig aus, bevor es als Schmankerl auf den Teller kommt. Den Leberkäse und die Extrawurst macht er selbst, auch das eine oder andere Schwein schlachtet er noch. Doch für mehr fehlt die Zeit. Schließlich ist da noch der Schrittwieser'sche Supermarkt, die Filiale in Sankt Leonhard am Forst und die Herstellung von „Schrittis Salatmarinade". „Am besten schmeckt sie auf dem Schweizer Wurstsalat mit Extrawurst und Käse. Es gibt aber auch Leute, die trinken sie pur", schwärmt Johannes. Und weil viele Menschen alleine wegen des Dressings ins Gasthaus Schrittwieser gekommen sind, wurde die Salatsauce einfach in Gläser gefüllt und kann nun im Wirtshaus und umliegenden Geschäften käuflich erworben werden.

„Ich spiel' mich gerne", sagt Leo Schrittwieser, was seine lange Liste an (geglückten) Experimenten unterstreicht. Er war der erste in Mank, der eine Menütafel aufgestellt hat, der erste mit einem Tagesmenü, der erste mit einem Catering-Service und der erste, der Buffets zu verschiedenen Anlässen gestaltet. Und wenn er Schmankerl mit Zutaten aus regionaler Hanf- und Dinkelproduktion auf die Karte stellt, dann aus genau demselben Grund. „Für uns ist Essen nicht nur satt werden, sondern auch Ernährung im besten Sinne", erklärt Johannes Schrittwieser die gesunde Herangehensweise ans Kochen. Und dass die Schrittwiesers dafür ein gutes Händchen haben, beweisen die vielen Feiern, die man ausrichtet. Fünf unterschiedlich große Räume stehen zur Verfügung; auch Seminarteilnehmer lassen sich gerne verköstigen.

Tournedos von der Stute mit Hanfbiersauce, Dinkelvollkorn-Gemüsepralinen und gedämpftem Wurzelgemüse

Das Rezept zur Spezialität des Hauses finden Sie auf Seite 236

Gasthaus Schrittwieser
Dr. Dollfußplatz 1
A-3240 Mank
00 43 (0) 27 55 / 23 13
www.schritti.at

Landgasthof Bärenwirt

Die Kunst am Teller wird mit der Kunst im Raum verbunden

Beiriedschnitte auf Schwammerlgulasch mit Lauchroulade

Das Rezept zur Spezialität des Hauses finden Sie auf Seite 236

Hungrig und in Niederösterreich auf der Autobahn A1 unterwegs? Dann Augen auf und nach Exit 100 Ausschau halten. Denn nur vier Kilometer von der Ausfahrt Ybbs entfernt, können sich Freunde der gehobenen Esskultur auf Jahreszeiten-Kulinarik und Bodenständiges freuen: „Wir sind ganz ohne Kulisse eines der besten Wirtshäuser in Niederösterreich geworden", sagt der Gastgeber Erich Mayrhofer. Ohne Kulisse – das bedeutet, dass er mit seinem Landgasthof in Petzenkirchen weder auf imposante Berge noch auf idyllische Seen setzt, das Erlebnis ist sein Essen, auf das man sich ablenkungslos konzentrieren kann.

In allen anerkannten Gourmet-Führern findet man den Bärenwirt, wo sich Empfehlung an Empfehlung reiht. Und das geschieht nicht nur wegen seiner pfiffigen Gerichte wie Bio-Pute mit Brennnesselspinat und Mango oder Jakobsmuscheln auf Blunzn-Risotto. Seine bodenständige Küche vom Würstl mit Saft bis hin zum Schnitzel und Beuschl zieht die Einheimischen an, nach der Kirche ebenso wie zu Familienfeiern. Und auch Erich Mayrhofer persönlich liebt die österreichische Küche: „Ich mache mir am liebsten einen Zwiebelrostbraten." Teil der heimischen Kulinarik sind auch die Innereien, die derzeit eine Renaissance erleben. Daraus werden beim Bärenwirt Nierndln in Wurzelrahmsauce oder zweierlei Bries – gebacken und natur – auf Eierschwammerl-Risotto. Verwendet werden in der Küche nur Grundprodukte aus den österreichischen Genuss-Regionen, vom Mostviertler Schofkas bis zum Marchfelder Spargel.

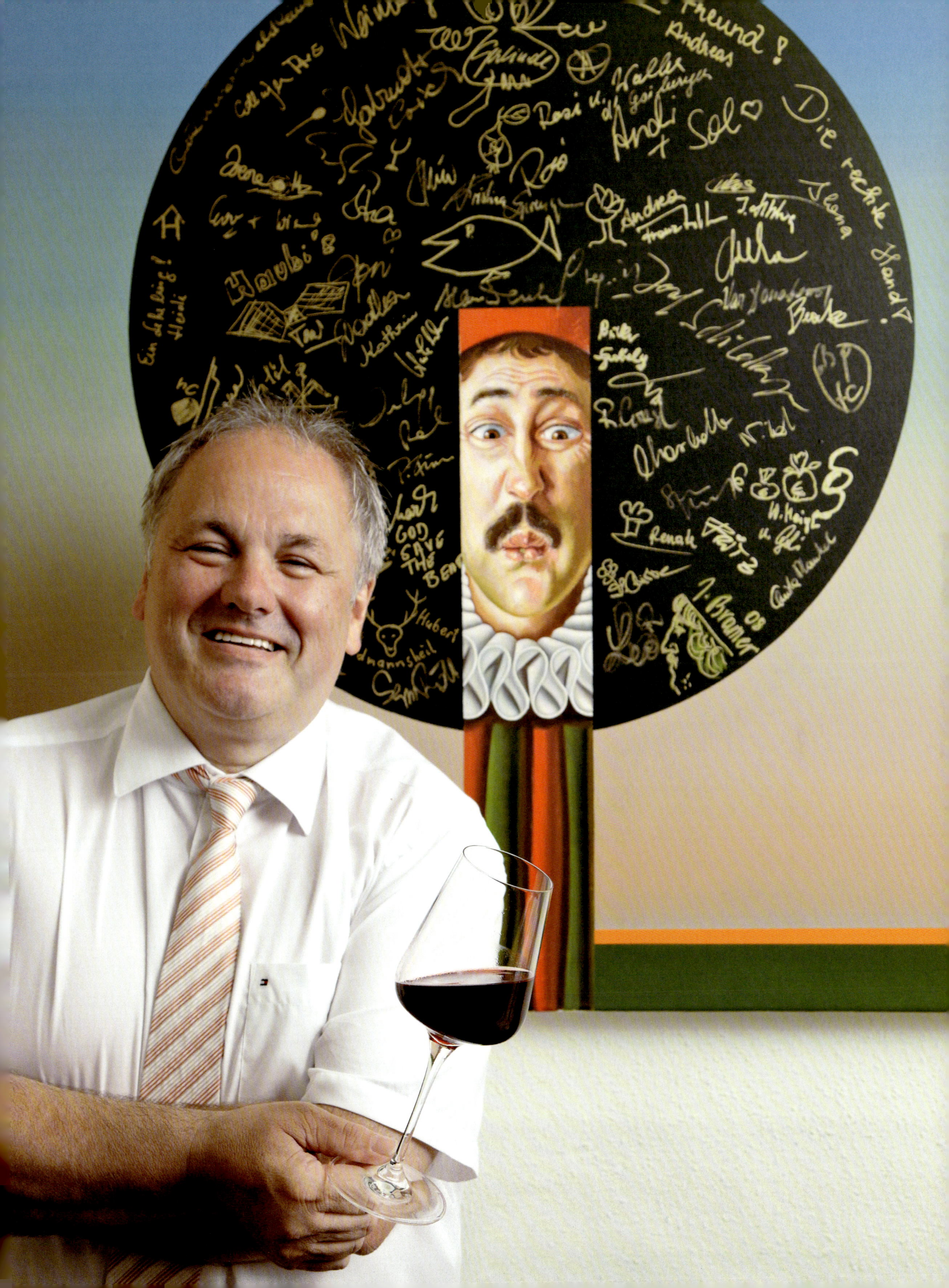
Freund !
Andreas
Die rechte Hand !
Andi + Sol
Hubert

Diese Initiative stellt seit einigen Jahren gezielt regionale Spezialitäten in den Fokus, die bestes Grundmaterial für kulinarische Tüftler wie Erich Mayrhofer und seine Küchenchefin Renate Schaufler sind. Seine Saison-Speisekarte wechselt alle drei bis vier Wochen. Einheimische wie Prominente kehren gerne beim Bärenwirt ein, sitzen im Sommer im liebevoll gestalteten Gastgarten unter einer großen Platane und einer ebenso mächtigen Linde.

Eine besondere Vorliebe pflegt Erich Mayrhofer für Künstler, denn: „Ich möchte die Kunst am Teller mit der Kunst im Raum verbinden." Deshalb hat er zwei Räume seines Wirtshauses heimischen Künstlern gewidmet. Das Bramer-Stüberl ist dem bekannten Scheibbser Maler Josef Bramer gewidmet, dessen zahlreiche Gemälde die Wände zieren. Und Bramer ist auch der Schöpfer des Bildes „Bärenwirt". Die Idee für dieses Aquarell hatten Freunde von Erich Mayrhofer, die ihm anlässlich eines runden Geburtstages ein Bild des Künstlers und Stammgastes schenken wollten. Bramer schuf mit diesem Werk eine Brücke zwischen dem geschichtlichen Ursprung von Petzenkirchen und dem damit verbundenen Namen des Landgasthofs. Denn die Sage erzählt vom siegreichen Kampf eines Ritters gegen einen mächtigen Bären in der Gegend. Bramer bringt den Bären und den Wirt mit Erich Mayrhofers Antlitz hervor. Das Original ist selbstverständlich im Bramer-Stüberl zu betrachten. Im Extrazimmer hingegen haben der Purgstaller Robert Kabas und andere Mostviertler Künstler ihre Handschrift hinterlassen. Faszinierend: Das überdimensionale Bild „Bärentreff" von Kabas, das mit wenigen Strichen die Anmutung von Bären deutlich zu machen versteht.

Erich Mayrhofer hat auch ein Händchen für die Kunst, erfolgreiche Lehrlinge auszubilden. Sieben goldene und silberne Auszeichnungen in zwölf Jahren haben seine Auszubildenden errungen, zwei von ihnen in der Kategorie Kochen: „Die Lehrlinge lernen bei uns einfach ein anderes Kochen kennen, das ihnen im direkten Vergleich mit anderen zugutekommt." Im Service sind seine jungen Leute deshalb so gut beschlagen, „weil ich ihnen klarmache, dass die zufriedenen Gäste ihre Ausbildung ermöglichen und entsprechend respektvoll zu behandeln sind", sagt Mayrhofer.

Als Wirtshausbesucher fühlt man sich im Bärenwirt ebenso gut aufgehoben wie als Teilnehmer in einem der beiden Seminarräume oder als Hotelgast in einem der 20 Drei-Sterne-Zimmer, die auf den Innenhof hinausgehen.

204 | 205 Petzenkirchen

Landgasthof Bärenwirt

Landgasthof Bärenwirt
Ybbser Straße 3
A-3252 Petzenkirchen
☎ 00 43 (0) 74 16 / 52 15 30
www.baerenwirt1.at

Scheibbs

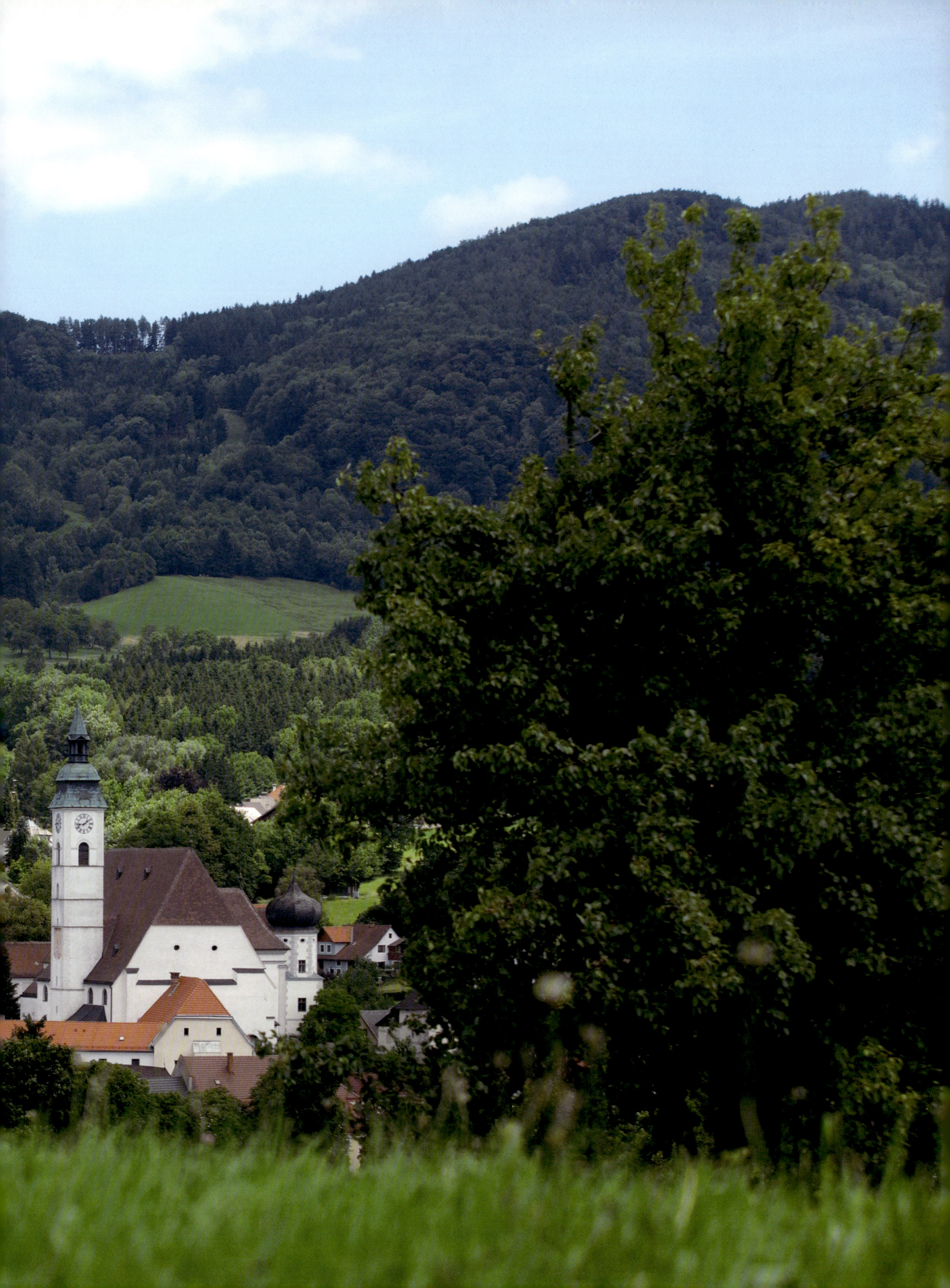

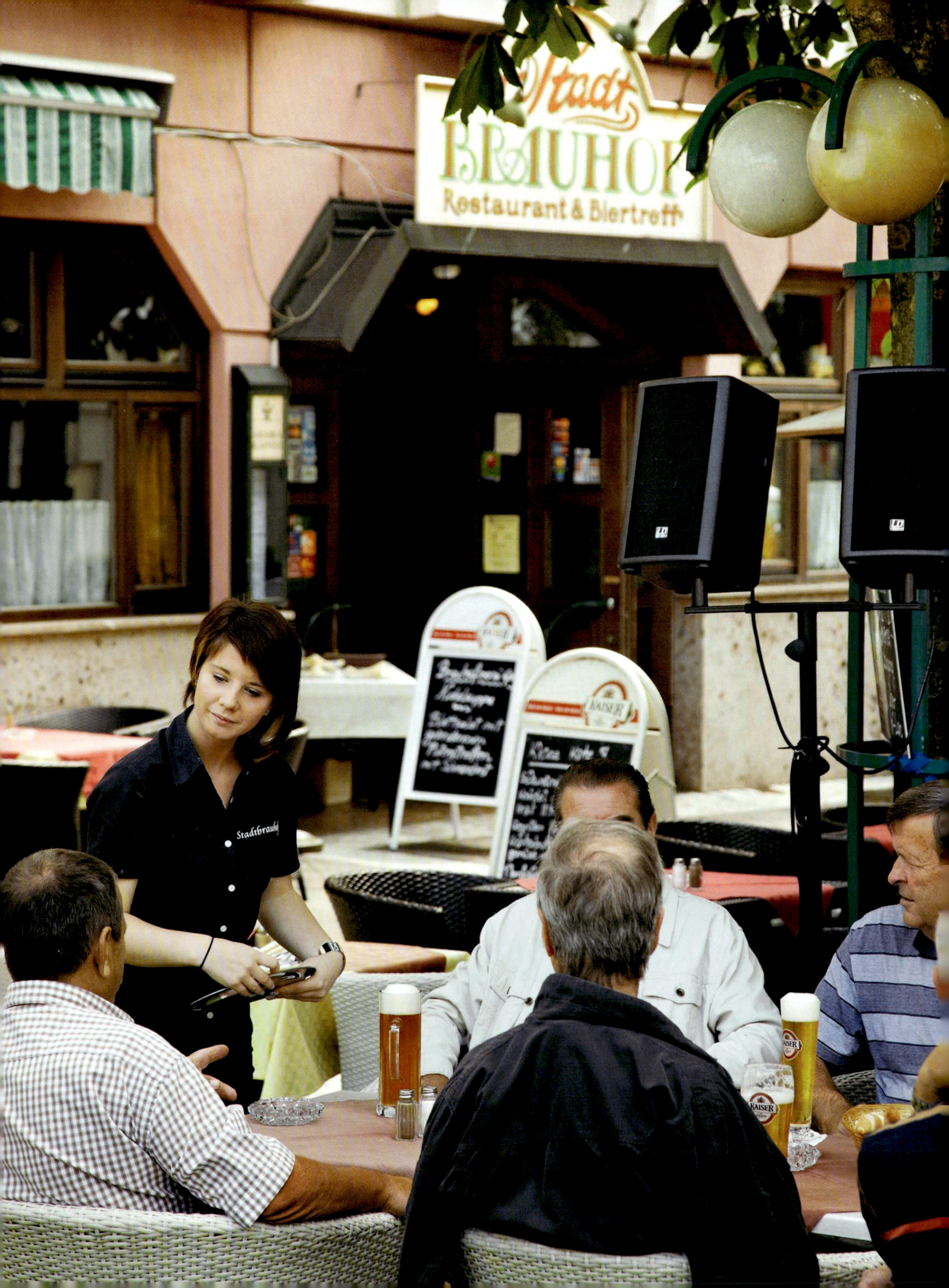

Stadt
BRAUHOF
Restaurant & Biertreff
Stadtbrauhof
KAISER

Internationale Einflüsse treffen auf heimische Tradition

Stadtbrauhof

Der Hauptplatz von Amstetten zeugt von einem regen Stadtleben. Hier gibt es alles, was der Alltag erfordert. Und wer diesen für die Dauer eines hausgemachten Kuchens samt Kaffee oder ein gut-bürgerliches Essen hinter sich lassen will, kehrt im Stadtbrauhof ein.

Im Sommer lockt der Gastgarten unter den Kastanienbäumen mit sonnigen und schattigen 100 Sitzplätzen. In der kalten Jahreszeit nimmt der Gast in der mit Eichenholz getäfelten Gaststube Platz. Früher wurde hier Bier gebraut, jetzt ist das Restaurant bekannt und beliebt für seine gutbürgerliche Küche: „Darunter verstehen wir Gerichte, die mit frischen, regionalen Zutaten der Saison zubereitet werden. Unser Küchenchef Gerald Freudenberger bringt seine Erfahrungen aus Großbritannien, Frankreich und den USA ein und versteht es, feinfühlig die kulinarische heimische Tradition mit internationalen Einflüssen zu verbinden", sagt Herbert Houska. Kreativ ist die Küche im Stadtbrauhof auf jeden Fall, egal ob man sich am Stammtisch Gulasch oder Zander mit Basilikumschaum, Melanzani-Zucchini und Polenta gönnt. Von sogenannten Convenienceprodukten, die vorgefertigt und nur mehr aufgewärmt auf den Teller des Gastes wandern, hält Houska gar nichts: „Wir machen sogar unsere Eiernockerln selbst!"

Keine Mahlzeit im Stadtbrauhof ohne den passenden Wein dazu, vorzugsweise aus der Wachau oder dem Burgenland. Der Trend gehe einfach wieder zurück in die Heimat, sagt der Chef: „Schließlich haben wir in Österreich auch Rotweine, die sich vor einem Bordeaux nicht verstecken müssen." Trotzdem: Der Weinkeller umfasst neben den heimischen Rebensäften Weine aus Frankreich und Spanien, Italien und der Neuen Welt. Und auch Edelbrände schenkt Houska gerne aus. Die stammen allerdings von Bauern aus der Region. Auch am Aperitif erkennt man die Verbundenheit der Houskas mit ihrer Heimat, dem Mostviertel. Denn vor dem Essen schenkt man hier Mostbirnensekt aus.

Stadtbrauhof
Hauptplatz 14
A-3300 Amstetten
☎ 00 43 (0) 74 72 / 6 28 00
www.stadtbrauhof.at

Bio-Bauernhof und „Urlaub am Bauernhof" Kaltenbrunner

Einfach mal die Seele baumeln lassen!

Vollkornbrot

Das Rezept zur Spezialität des Hauses finden Sie auf Seite 237

Am Walnussbaum hängt ein Bambuswindspiel, das für die meditative Begleitmusik beim Blick auf Ybbsitz, Prochen- und Maisberg sorgt. Wer den Alltagsstress hinter sich lassen will, ist bei Familie Kaltenbrunner auf ihrem Kirchweg-Biohof genau richtig. Hier kann man die klassische Sommerfrische erleben, die Seele baumeln lassen oder in ein anderes Leben eintauchen – in das eines Bauern nämlich. „Viele unserer Gäste, vor allem die Kinder, können überall mitmachen", erklärt Lambert Kaltenbrunner. Und „überall" erstreckt sich von A wie Ausmisten bis Z wie Zitzenzupfen, also melken. Der Hof liegt inmitten von Wiesen und Weiden, über die die Kinder völlig ungefährdet streifen können, meist in Gesellschaft der drei jungen Kaltenbrunners David, Jonas und Emma. Sie freuen sich über und auf die wechselnde Gesellschaft, die im Normalfall schon Jahre auf den Hubberg urlaubt: „Viele unserer Gäste sind Stammgäste. Nachdem wir schon jahrzehntelang Urlaub auf dem Bauernhof anbieten, kommen inzwischen schon die Kinder der damaligen Kinder zu uns. Dadurch sind schöne Freundschaften entstanden", sagt Silvia Kaltenbrunner. Sie schätzen eben das Lagerfeuer mit Ötscherblick ebenso wie das unkomplizierte Skifahren entlang des Kaltenbrunnerschen Hauslifts.

In der 70 Quadratmeter großen und ruhigen Ferienwohnung haben vier bis sechs Personen Platz, die sich bei Bedarf auf dem Biohof mit Lebensmitteln eindecken können. Sie bekommen Eier und Joghurt, Most und Saft, Gemüse und Brot. Bei dessen Herstellung wirken alle Kaltenbrunners mit: Die Männer vermischen die Zutaten, die Frauen kneten und lassen die Teiglaibe in eigenen Körben, Simperl genannt, rasten. Wenn die Zeit reif ist, schießen die Männer die künftigen Brote in den Ofen. „Das Besondere an unserem Brot ist, dass wir es ohne Strom herstellen", ist Silvia Kaltenbrunner überzeugt. Und sie freut sich auch, dass sie manchem die Lust auf Rohmilch einpflanzen konnte: „Für manche ist sie ungewohnt, weil sie noch richtig nach Milch schmeckt. Andere wieder sind bei uns erst auf den Geschmack gekommen."

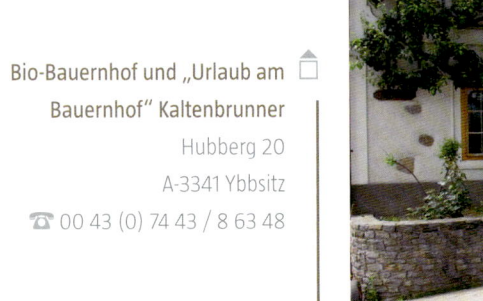

Bio-Bauernhof und „Urlaub am Bauernhof" Kaltenbrunner
Hubberg 20
A-3341 Ybbsitz
☎ 00 43 (0) 74 43 / 8 63 48

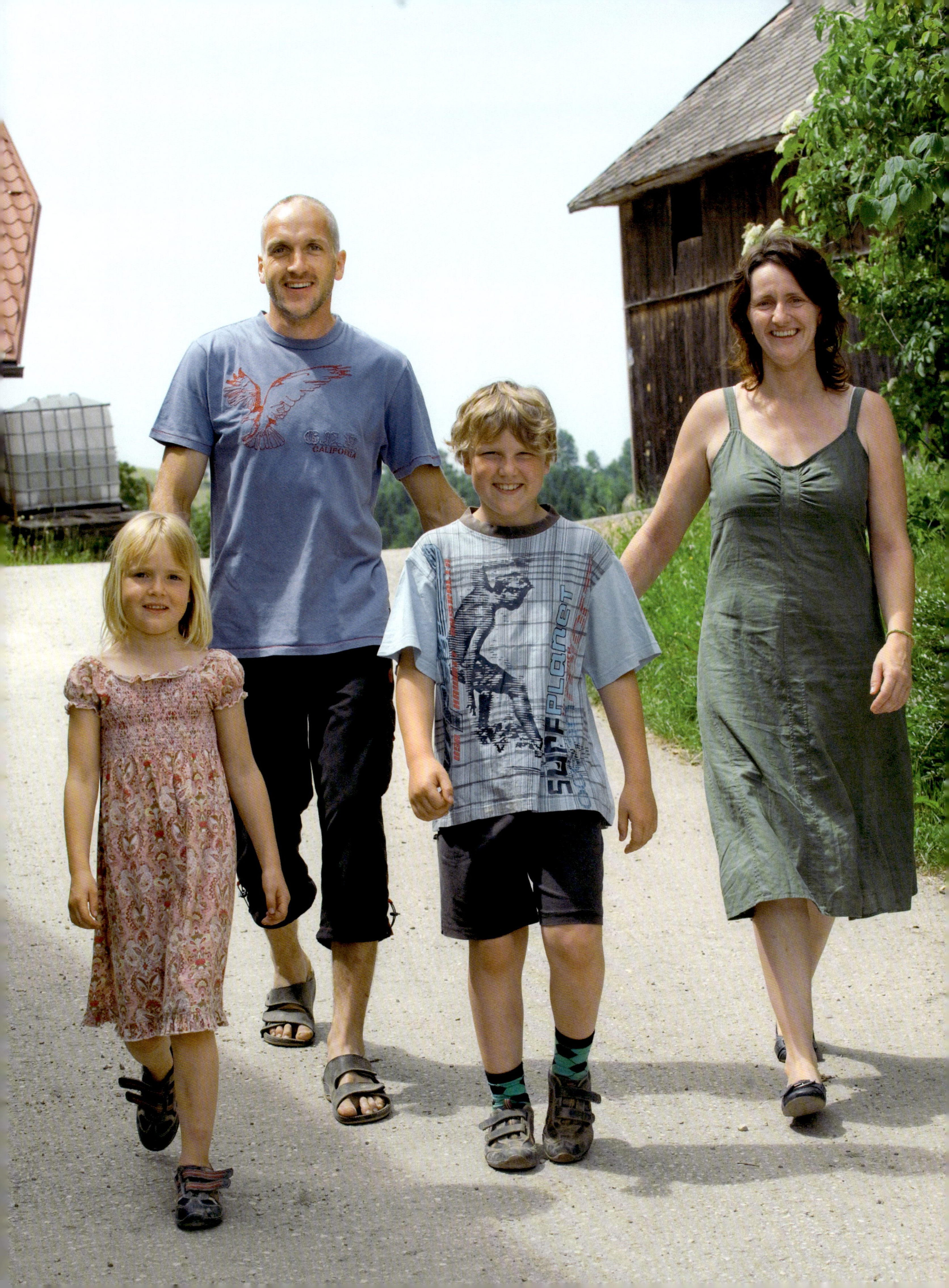
CALIFORNIA
surfplanet

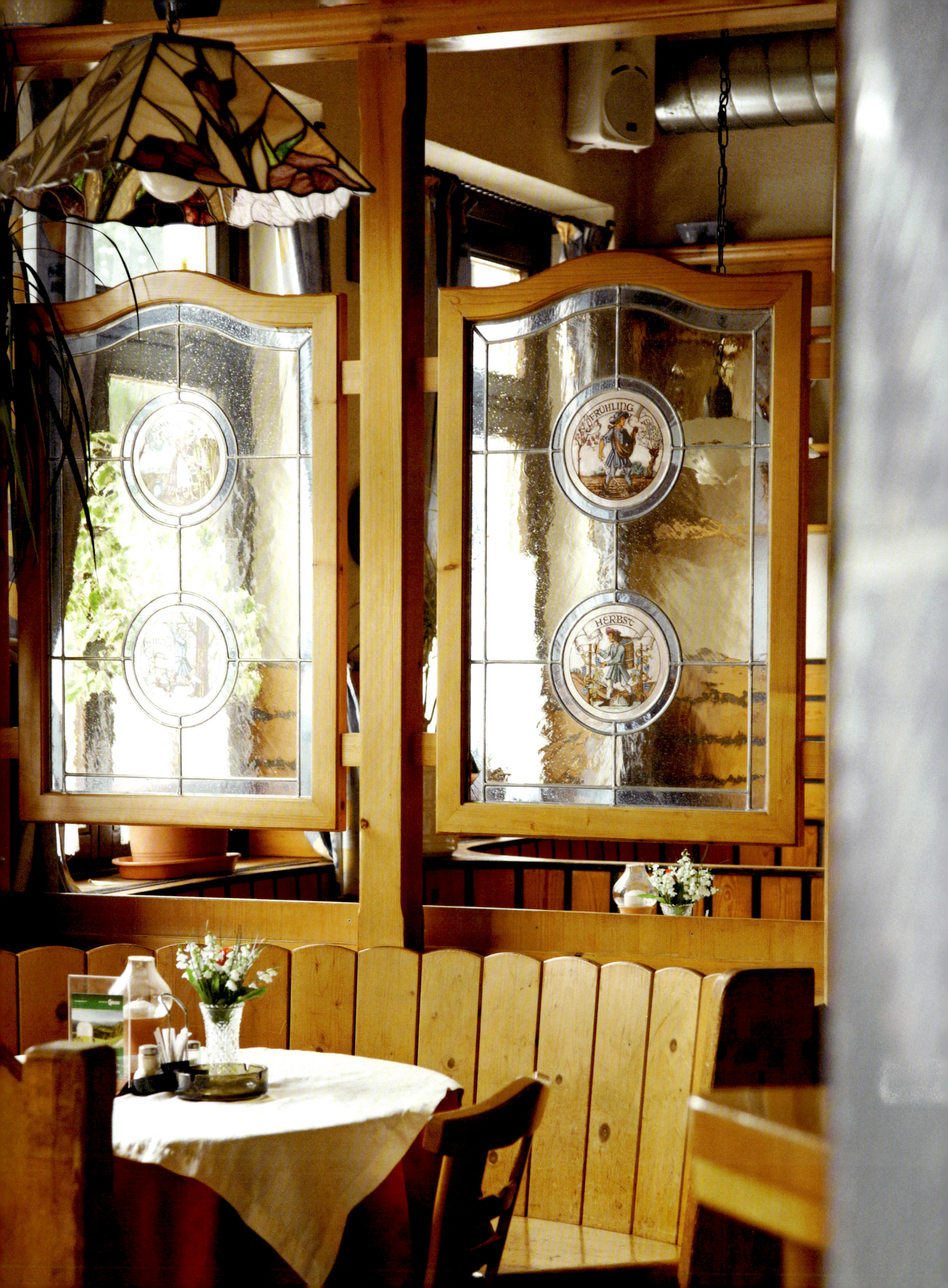
FRÜHLING
HERBST

Einfach nur wohlfühlen!

Gasthaus Mahrer

Wer in der Region Dirndltal an hübsche Mädchen oder Kleider für sie denkt, ist nur bedingt auf der richtigen Spur. Im Dirndltal steht die Kornelkirsche im Mittelpunkt, „Dirndl" genannt. Und sie spielt auch eine wichtige Rolle im Wohlfühlgasthaus Mahrer in Kirchberg an der Pielach. Für die kulinarische Verarbeitung der regionalen Kostbarkeit ist Sabine Mahrer zuständig. Sie macht aus der Kornelkirsche Marmelade, Dicksaft, Gelee und Likör. Auf der Speisekarte findet man Dirndleis und Palatschinken mit der für die Region so typischen Marmelade. „Selbstverständlich können unsere Gäste auch die speziellen Produkte der Region bei uns als Souvenirs mitnehmen", sagt Wirt Franz Mahrer.

Ihm ist es wichtig, dass er den Besuchern jeden Wunsch erfüllt. Sie sollen sich schließlich wohlfühlen. Und wenn sich ein Gast beispielsweise Hummer wünscht, setzt Franz Mahrer alles daran, diesen auf den Tisch zu bringen. Dabei ist die Menükarte der Mahrers ausgesprochen reichhaltig: Immer einen Blick auf das saisonale Angebot der Natur habend, kann der Gast hier bodenständige Küche und anständige Portionen erwarten. „Wir sind bekannt für unser gutes Preis-Leistungs-Verhältnis", sagt Franz Mahrer. Eine Spezialität des Hauses sind die Schweinsmedaillons „Braumeister". Dabei grillt Sabine Mahrer Schweinslungenbratenstücke, gratiniert sie mit Käse und begleitet sie mit einer Pilzsauce. Dazu passen Kroketten und Gemüse. Dieses und andere Rezepte gibt das Wirtsehepaar gerne preis.

Die österreichischen Spezialitäten sind wesentlicher Bestandteil der zahlreichen Feste und Feiern, die im Gasthaus Mahrer zelebriert werden. Auch hier gilt: „Der Gast ist König." Ein Saal steht für rund 70 Personen zur Verfügung, intimer sitzen 20 Leute im Stüberl. Und im gemütlichen Gastraum, den ein himmelblauer Kachelofen und eine einladende Holztheke prägt, finden circa 40 hungrige und durstige Besucher Platz. Busgesellschaften sind herzlich willkommen, wer sich anmeldet, kann auf die Erfüllung seiner Wünsche vertrauen. Logisch – schließlich besucht er ein Wohlfühlgasthaus!

Gasthaus Mahrer
Bahnhofstraße 8
A-3204 Kirchberg an der Pielach
☎ 00 43 (0) 27 22 / 73 14
www.mahrer.at

Gasthof Teufl

Ein g'standener Kirchenwirt mit starken Wurzeln

Kalbsbries gebacken mit Spargelnudeln

Das Rezept zur Spezialität des Hauses finden Sie auf Seite 237

„Wir sind ein g'standener Kirchenwirt, auch wenn wir Teufl heißen", sagt Inhaber Martin Teufl mit einem Augenzwinkern. Sein Reich ist historischer Boden, im Deckenbalken des Gastzimmers findet man die Jahreszahl 1598. Und so ist es kein Wunder, dass hier die Tradition groß geschrieben wird. Tradition bedeutet im Gasthof Teufl beispielsweise stets für seine Gäste da zu sein. Das beginnt mit dem Frühstück oder dem Gabelfrühstück und reicht bis nach Mitternacht. An die Schank im Stüberl kommt, wer ein Glas auf die Schnelle trinken, Neuigkeiten austauschen oder Schnapsen will. Im Gastzimmer isst man gediegen unter der 420-jährigen Holzdecke und in den beiden Extraräumen wird so manches gefeiert.

Sich der eigenen Wurzeln bewusst zu sein – das gilt auch für die Küche des Wirtshauses. Hier findet man das klassische Salonbeuschl ebenso wie das große oder kleine Gulasch und die saisonal-moderne Küche. „Wir versuchen, internationale Rezeptideen regional zu interpretieren", erklärt Martin Teufl. Und deswegen kommt statt dem Lachs die Lachsforelle und statt den Riesengarnelen die Flusskrebse auf den Tisch. Frische Kräuter aus den Gärten der Nachbarinnen geben jeder Speise den letzten Schliff.

Zu jedem Gericht empfiehlt der Hausherr zwei Weine zur Auswahl, „für die wir übrigens auch Gassenpreise auf der Karte anbieten." Dass beim Teufl gerne Wein getrunken wird, ist unübersehbar. Ein Winzerfries mit sämtlichen, jemals im Haus präsent gewesenen Weinbauern läuft entlang der Gastzimmer-Decke. Ein 150 Jahre alter, wertvoller Weintresor wird von einem eisernen Baum umrankt und demonstriert die Verbundenheit zum edlen Rebensaft, übrigens ebenso wie jene zur Eisenstraße, an der Purgstall liegt. „An dieser Strecke wurde einerseits Eisen an die Donau gebracht, andererseits die Menschen am Erzberg mit Proviant und Kleidung versorgt. Viele Betriebe entlang dieses Weges gibt es seit Hunderten von Jahren", erzählt Martin Teufl. Und ein wenig spukt dieser Proviant-Gedanke noch immer durch den Gasthof, denn seit Kurzem kann man sich hier mit hausgemachter Marmelade, Gewürzmischungen und seltenen Pfeffersorten wie tasmanischem Bergpfeffer oder Kubeben-Pfeffer im kleinen Gewürzladen eindecken.

Gasthof Teufl
Kirchenstraße 9
A-3251 Purgstall
☎ 00 43 (0) 74 89 / 23 22
www.gasthof-teufl.at

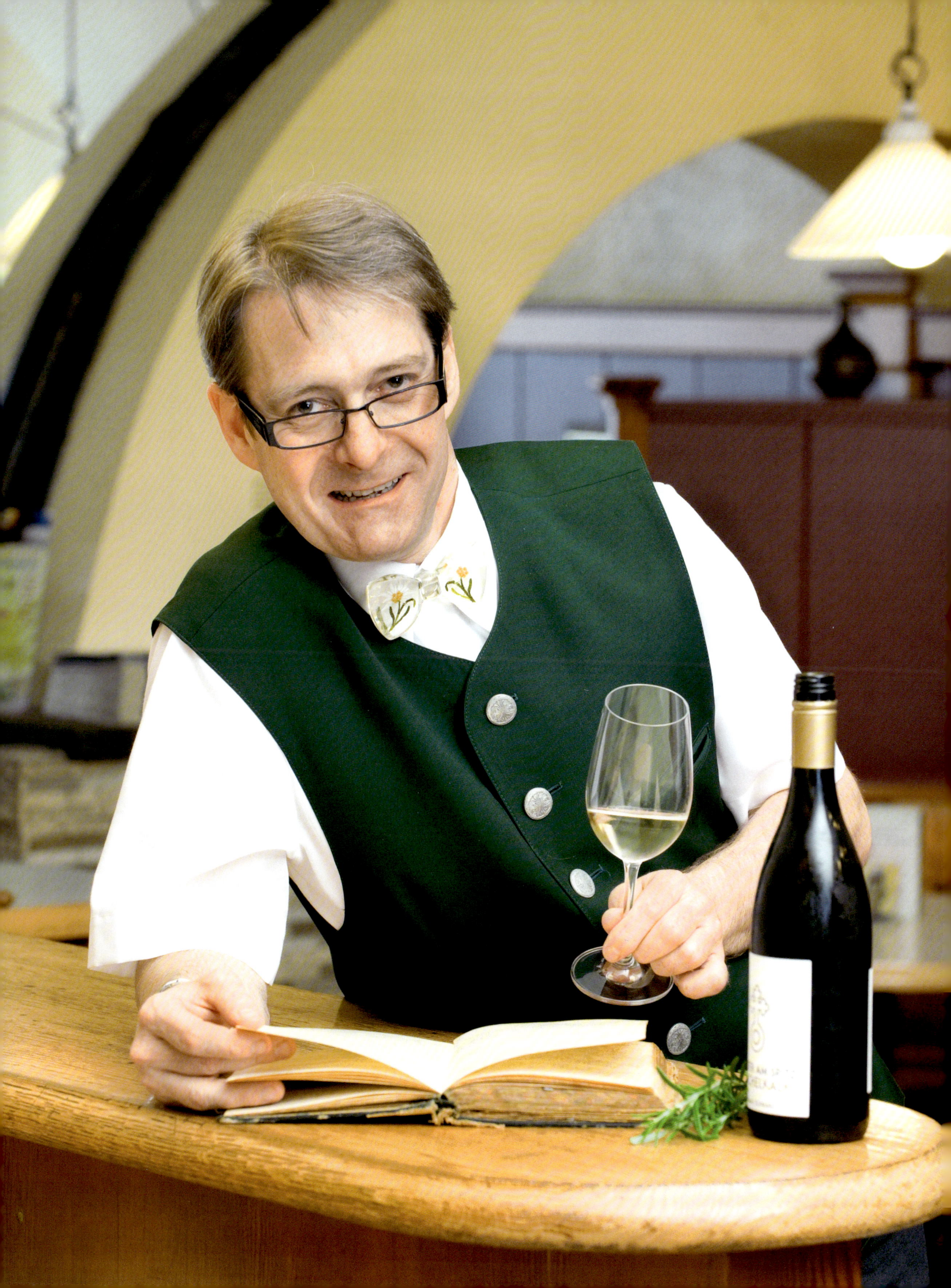

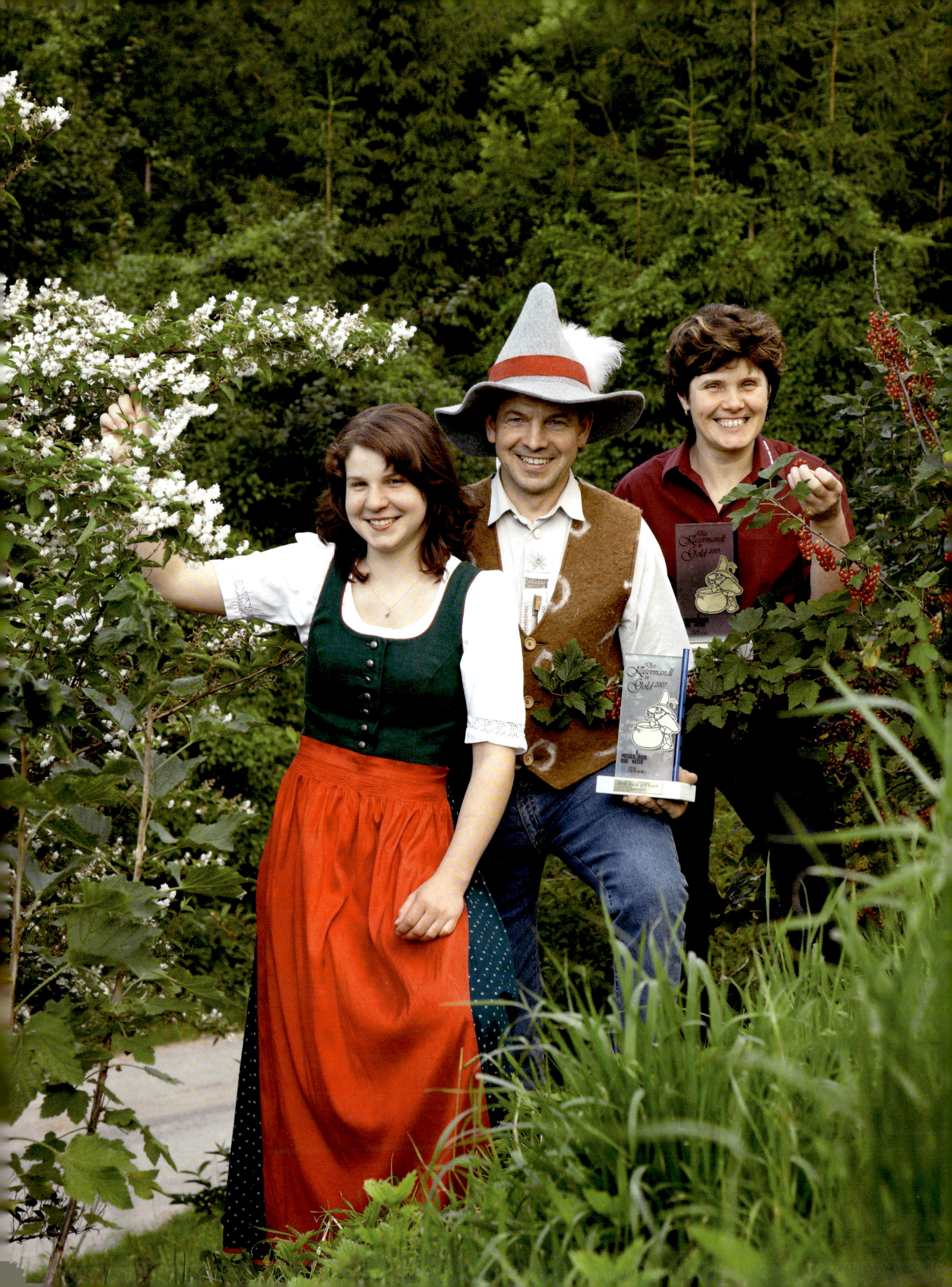

Ein Schafhimmel auf Erden!

Melktaler Hofkäserei

Schafe haben auf dem Anwesen „Große Grub" in Oberndorf eine lange Tradition. Schon um 1800 spendeten sie den Rohstoff für Schafskäse, 1987 entschlossen sich Maria und Rudolf Enner diesen Teil der Hofgeschichte wieder aufleben zu lassen. „Die Liebe zu den Schafen kommt von meiner Großmutter. Sie schenkte mir und meiner Schwester zu Ostern immer ein Lamm, das wir dann aufziehen durften", erzählt Maria. Gemeinsam mit ihrer Familie versorgt sie rund 180 Muttertiere, die 350 Lämmer im Jahr auf die Welt bringen. Und sie finden den (Schaf-)Himmel auf Erden. Das feine Gras, das ausschließlich von den eigenen, organisch-biologisch bewirtschafteten Wiesen und Feldern kommt, wird vor der Blüte geschnitten, zu Heu getrocknet und zu einwandfreien Silagen verarbeitet. Denn bestes Futter ist die Grundlage für eine ausgezeichnete Milchqualität.

Dieses Futter genießen auch die 20 Milchkühe, die auf dem Enner-Hof leben.

In der Käserei produziert Maria Enner die verschiedensten Schmankerl: Schafskäse, Schafsmilchtopfen, Schafsmilchrollen und Schafsmilchjoghurt. Und die Enners stellen einen Schafmischkäse sowie Topfen, Aufstriche und einen Weichkäse aus 100 Prozent Kuhmilch her. Das typische Aussehen eines Mostviertler „Schofkas" ist die längliche Striezelform. Gute Qualität merkt man beim ersten Bissen: „Er soll glatt und glänzend aussehen, mild-säuerlich schmecken und schnittfest sein", erklärt Maria Enner. Dass sie ihr Geschäft versteht, hat sie Schwarz auf Weiß: Fünf „Kasermandln" (Prämierungen von Käse und Milchprodukten) wurden ihr über die Jahre verliehen, das letzte bekam sie für ihren Schafsmilchjoghurt natur.

Die Schafsmilchprodukte und das Lammfleisch finden auf die verschiedensten Arten zu ihren Kennern. Auf den Sankt Pöltener Märkten – dem Bauernmarkt bei der Josefskirche (Freitag) und dem Wochenmarkt am Domplatz (Samstag) – begegnet man Rudolf Enner und seinem Stand. Natürlich kann man auch am Hof vorbeikommen und gustieren. Und schließlich bietet Familie Enner ihre Schmankerl auch im Internet und in ausgewählten Bioläden und Reformhäusern an.

Gebratene Schulter vom Junglamm mit Erdäpfellaibchen

Das Rezept zur Spezialität des Hauses finden Sie auf Seite 238

Melktaler Hofkäserei
Grub 6
A-3281 Oberndorf
☎ 00 43 (0) 74 83 / 4 10
www.enner.at

Florian's Teichstüberl

Rastplatz mit kulinarischer Perspektive

Zanderfilet kross gegrillt mit Spargel auf Rieslingrisotto

Das Rezept zur Spezialität des Hauses finden Sie auf Seite 238

Banker in der Mittagspause, Pedalritter auf dem Traisen-Gölsental-Radwanderweg oder Ausflügler aus Sankt Pölten – sie alle suchen einen Rastplatz mit kulinarischer Perspektive. Und sie finden ihn bei Christa und Florian Rappl und ihrem Teichstüberl etwas außerhalb von Wilhelmsburg. Hier ist die Natur pur, erfrischend und leise. Links und rechts des beliebten Speiselokals liegen Fischteiche, in denen man nach vorheriger Anmeldung angeln kann. Was vor allem Eltern freut: Ihre Kinder können vom Autoverkehr ungestört und ungefährdet auf dem großen Spielplatz herumtollen. Auch Busreisende steuern gerne das Teichstüberl an, denn hier können sie sich in Ruhe die Füße vertreten, bevor oder nachdem sie die Küchenkunst von Florian Rappl genossen haben.

Der Chef steht selbst in der Küche, hält Ausschau nach den saisonalen Schätzen der Natur und kredenzt sie zu regionalen Gerichten wie Schweinsbraten oder Hendl ebenso wie zum Fisch. Und das zu einem hervorragenden Preis-Leistungs-Verhältnis, das sich herumspricht. Nicht umsonst hat das Teichstüberl viele Stammgäste aus der näheren und weiteren Umgebung. Sie schätzen auch die zwei Mittagsmenüs, die montags bis freitags zur Auswahl stehen.

Eigentlich ist Florian Rappl ja gelernter Zuckerbäcker. Und weil er von seiner beruflichen Abstammung nicht loskommt, sind seine Torten erste Klasse. Der „absolute Renner" ist die Wilhelmsburger Torte, die Rappl 2009 kreiert hat. Jeden Tag bäckt er eine seiner süßen Köstlichkeiten und die Leute reißen sie ihm aus den Händen. „Länger als 24 Stunden steht keine in der Vitrine", erzählt er stolz.

Florian's Teichstüberl
Altenburg 12a
A-3150 Wilhelmsburg
☎ 00 43 (0) 27 46 / 53 53
www.teichstueberl.at

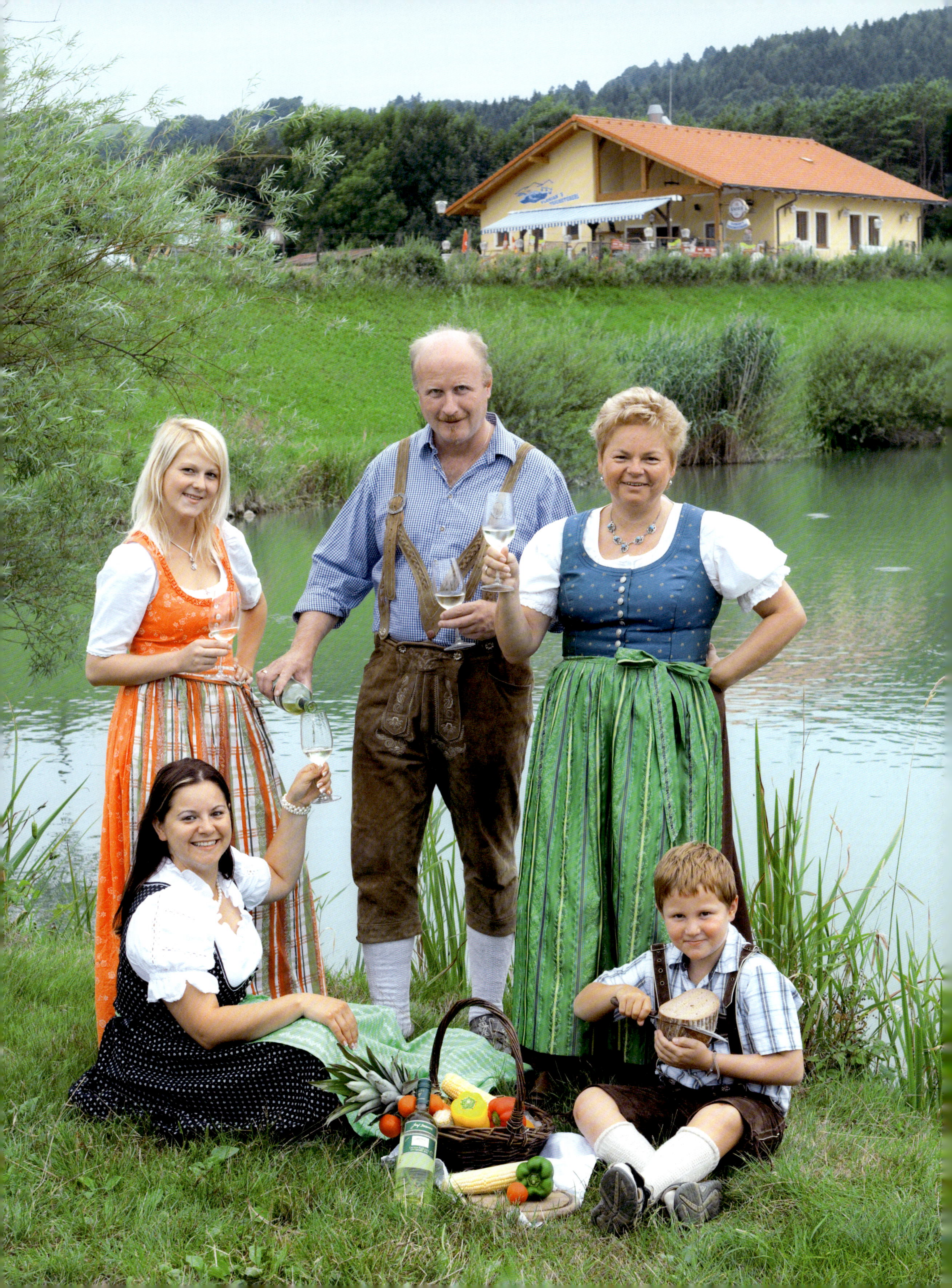

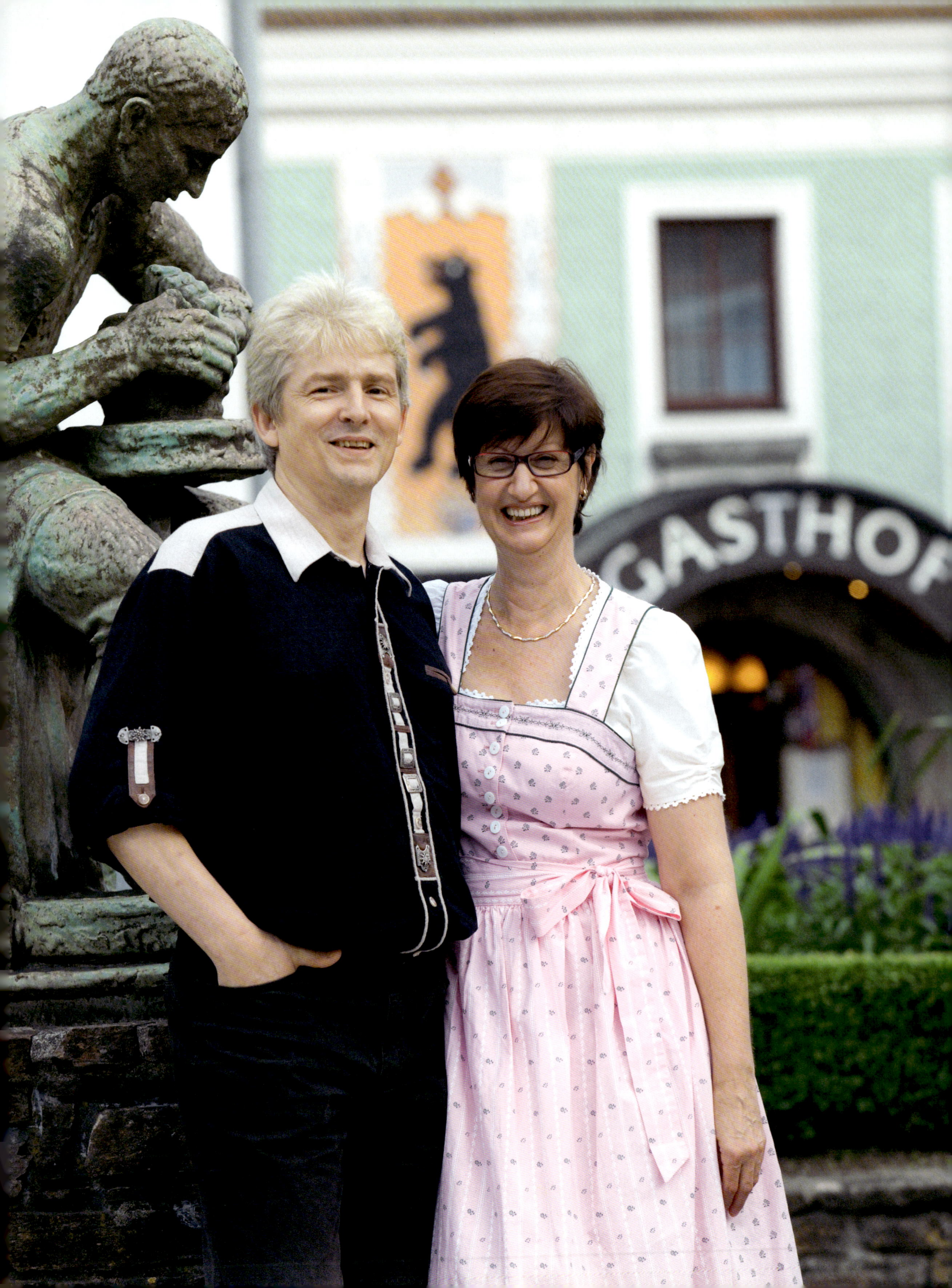
GASTHOF

Wunschlos glücklich im historischen Wirtshaus

Gasthof Fischer

Wilhelmsburger Pfandl
Das Rezept zur Spezialität des Hauses finden Sie auf Seite 239

Erstmals erwähnt wurde der Gasthof Fischer in Wilhelmsburg 1591 als „Schwarzer Pern", seit 1896 ist es Inhaber der Maria-Theresien-Konzession für „Handel mit Waren aller Art". Seit 2006 betreiben nun Hubert Winkler und Monika Schellenbacher das unter Denkmalschutz stehende Wirtshaus in unmittelbarer Nähe zum Geschirrmuseum.

Weithin bekannt ist es für seine bodenständige Küche, die gemütliche Atmosphäre und noch viel mehr für das Mittagsbuffet an Sonn- und Feiertagen. Da werden im großen Speisesaal mit bis zu 90 Plätzen sechs bis sieben verschiedene Speisen aufgetragen. Eine Suppe stillt den ersten Appetit, wer Handfestes braucht, kann zwischen panierten und „soßigen" Hauptspeisen wählen. Dazu gibt's jede Menge Gemüse der Saison und Beilagen. Salatfreunde können sich an einem eigenen Buffet satt essen. Das Schönste: Im Gasthof Fischer kann man sich an diesen Tagen so viel auf den Teller laden, bis der Magen „Stop!" ruft – und das zu einem äußerst gastfreundlichen Preis. Kinder zahlen einen ermäßigten Betrag. Wer es übrigens nicht schafft, an einem Sonn- oder Feiertag das Gasthaus zu besuchen: Dienstags bis samstags serviert die Wirtin ein g'schmackiges Mittagsmenü. Auch Senioren finden auf der Karte ein eigens für sie zusammengestelltes Menü.

Gerne betreut man auch Familienfeste mit dem „Rundum-Sorglos-Paket" und liest den Beteiligten (fast) jeden Wunsch von den Augen ab. Das gilt ebenso für Busgesellschaften, die von der gebürtigen Wilhelmsburgerin Monika Schellenbacher auch Tipps für Ausflüge in die Umgebung bekommen. Und weil der Küchenchef aus dem Pielachtal kommt, kann man sich mit dem Dirndl-Likör oder dem Dirndl-Schnaps Lust auf einen Abstecher dorthin holen.

Neben seinem gastronomischen Angebot übernachten Radfahrer, Wanderer und Mariazell-Pilger sowie Messe- und Festivalbesucher gerne beim „Fischer". Drei Doppel- und drei Einzelzimmer mit Zusatzbett sowie ein Appartement für sechs Personen stehen bereit.

Gasthof Fischer
Obere Hauptstraße 1
A-3150 Wilhelmsburg
☎ 00 43 (0) 27 46 / 23 82
www.gasthoffischer.at

Moststube Pihringer
Most, Edelbrände und Forellenschmankerl

Haussülzchen mit geräucherter Regenbogenforelle, mariniert mit Birnenbalsam und Balsamico-Glace

Das Rezept zur Spezialität des Hauses finden Sie auf Seite 239

Wenn man die Moststube von Maria Pihringer betritt, fallen einem zuerst die originellen Barhocker ins Auge. Diese Barhocker wurden aus alten Traktorsitzen und Milchkannen zusammengebaut. Die Theke, die angrenzenden Stüberln und die Mostlaube im Freien sind wie geschaffen, den Gast kulinarisch zu verwöhnen – mit typischen Heurigen- und Forellenspezialitäten sowie Most und Edelbränden aus eigener Produktion.

Den Most gibt es in blanken, sortenreinen Variationen von Apfel- und Birnenmosten und Apfel-Birnen-Frizzante. „Früher war der Most hauptsächlich ein Getränk für Bauern, Mägde und Knechte", erzählt die Mostsommelière. Heute ist er sehr beliebt bei Jung und Alt, die die hohe Qualität zu schätzen wissen. „Ein guter Most hat eine goldgelbe oder grünlich-gelbe Farbe", erklärt die Kennerin. Und wer einige Prozente mehr Naturgenuss haben möchte, steigt auf die Edelbrände „Strong Spirits" von Edelbrandsommelier Karl Pihringer um. Sie haben zwischen 38 und 48 Volumenprozent Alkohol und sind weltweit prämiert.

Damit der Alkohol einem nicht zu schnell in den Kopf steigt, serviert Maria ihre Forellenspezialitäten aus den drei eigenen Teichen. Darin tummeln sich die Regenbogenforellen, die von der Köchin zu geschmackvollen Haussülzchen oder Forellen geräuchert und gebraten weiter verarbeitet werden. Wie für die Moste und Edelbrände ist Maria Pihringer auch für ihre Forellenschmankerl ausgezeichnet worden.

Die Einzellage des Pihringer-Hofes ist ideal für einen Urlaub mit Kindern. Viele Spielmöglichkeiten stehen ihnen zur Verfügung und als besonderes Highlight gibt es seit Kurzem einen Waldlehrpfad mit Pfeil und Bogen. Das Besondere ist ein 3D-Parcours mit 28 Stationen.

Moststube Pihringer
Schiselhof 1
A-3300 Winklarn
☎ 00 43 (0) 74 72 / 6 69 57
www.pihringer.at

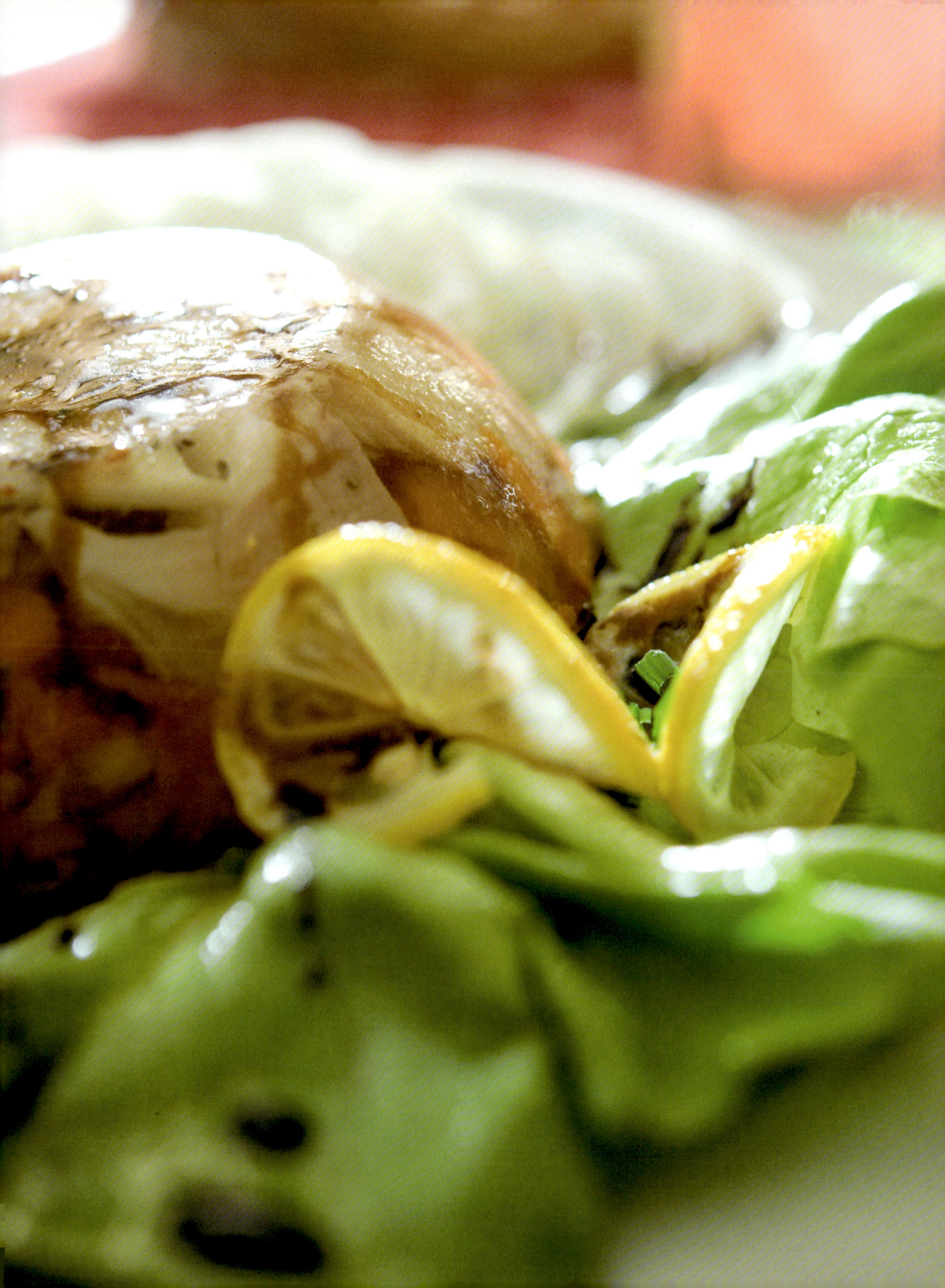

KIRCHENWIRT

Klassische österreichische Küche im stimmigen Ambiente

Kirchenwirt

„Wir wollen, dass sich unsere Gäste im Kirchenwirt wohlfühlen." Darin sind sich Rosa-Maria und Franz Czepl einig. Seit 24 Jahren betreiben sie den Landgasthof in Ernsthofen, sind Anlaufstelle für Pedalritter auf dem Ennsradweg ebenso wie für Hochzeiter und Seminarveranstalter.

Wohlfühlen – das bedeutet für die Czepls, dass das Ambiente stimmen muss. Im Sommer plätschert im Gastgarten der Springbrunnen und Einheimische wie Gäste treffen sich an der Schirmbar oder unter den mit Wein überwucherten Laubenplätzen. Im Winter kommt man in einem der vier Galerieräume zusammen, in denen die klassische österreichische Küche zelebriert wird. „Als wir das Haus übernommen haben, wollten wir bodenständig bleiben. Das waren die Leute einfach gewohnt." Und so finden sich auf der Karte Beuschl, Schweinsbraten und geröstete Knödel mit Ei, aber auch Grillspezialitäten, die der Küchenchef im Sommer schon einmal im Garten am Holzkohlengrill brutzelt. Daneben sind Themenwochen obligatorisch, in denen Fisch, Spargel, Schwammerl, Wild oder das Gansl die Hauptrolle spielen. Und weil Kinder gern gesehene Gäste im Kirchenwirt sind, gibt es auch für sie ganz spezielle Gerichte. Hunger holen sie sich am einsehbaren Spielplatz mit Trampolin, am Wuzeltisch oder auf der Kegelbahn.

Genießen kann man die Kreationen von Franz Czepl natürlich auch als Hausgast. 2006 wurden 20 Zimmer und zwei Appartments neu gebaut, in denen Geschäftskunden ebenso gerne absteigen wie Hochzeitsgäste und Urlauber. Auch für Seminare bietet sich der Kirchenwirt an, denn die Teilnehmer können dort wohnen, wo sie lernen. Der Seminarraum des Hauses stellt die modernste Präsentationstechnik und Platz für bis zu 40 Personen zur Verfügung.

Mostbraten mit Kartoffelroulade

Das Rezept zur Spezialität des Hauses finden Sie auf Seite 240

Kirchenwirt
Kirchenplatz 15
A-4432 Ernsthofen
☎ 00 43 (0) 74 35 / 82 19
www.kirchenwirt-ernsthofen.at

Fischerparadies | Einzigartiges Angebot an Fischspeisen

Ein George Gershwin muss sein Lied „Summertime" auf der Terrasse von Brandners Fischerparadies geschrieben haben: *„Summertime and the living is easy. Fish are jumping ..."* Es liegt in den Donauauen, wo man eine einzigartige Flora und Fauna vorfindet, die nur aus den jährlichen Überschwemmungen des Stromes entstehen. An diesen selten naturbelassenen Ort kommen die Menschen, wenn sie angeln wollen, Erholung suchen und ausgezeichneten Fisch essen möchten. Zander und Forellen, Karpfen und Welse, Hechte und viele andere schwimmen in fünf Teichen, der größte von ihnen ist drei Hektar groß. „Das Wichtigste ist, dass der Fisch frisch zubereitet wird, 80 Prozent unserer Gäste kommen wegen unserer Fischspezialitäten", sagt Johanna Brandner. Das einzigartige Angebot an Fischspeisen und die dazugehörige Weinempfehlung lassen keine Wünsche offen und machen jeden Besuch zum unvergesslichen Erlebnis.

Familie Brandner bietet für ihre Gäste auch Tages- und Jahreskarten an. „Das Schöne am Fischen ist, dass man die Tiere in aller Ruhe entspannt fangen kann und sie dann wieder freilässt, ganz nach dem Motto ‚Catch and release'. Das gilt vor allem für den Karpfen", erläutert Christoph Brandner. Diese Fischart nimmt eine spezielle Stellung ein. Christoph Brandner schafft es nämlich, dem Fisch den schlammigen Geschmack zu nehmen. Und das macht er mit einem Futtertisch unter Wasser: „Dadurch liegt die Gerste nicht am Boden und der Karpfen frisst den Schlamm nicht mit." Brandner selbst geht im Herbst und Winter gerne zum Hechtfischen: „In dieser Zeit sind die Hechte hungrig und leicht zu fangen."

Zur persönlichen Entspannung und Erholung bevorzugen Johanna und Christoph Brandner die Jagd in der heimischen Au, weshalb das Fischerparadies auch für seine Wildspezialitäten bekannt ist. Das ganze Jahr über steht deshalb auch frisches Wild auf dem Speiseplan, wie Wildschinken und Sülzen, Frischlingskoteletten und Rehrückensteaks, Terrinen und vieles mehr.

Fischerparadies
Sommerau 14
A-3313 Wallsee
☎ 00 43 (0) 74 33 / 25 88

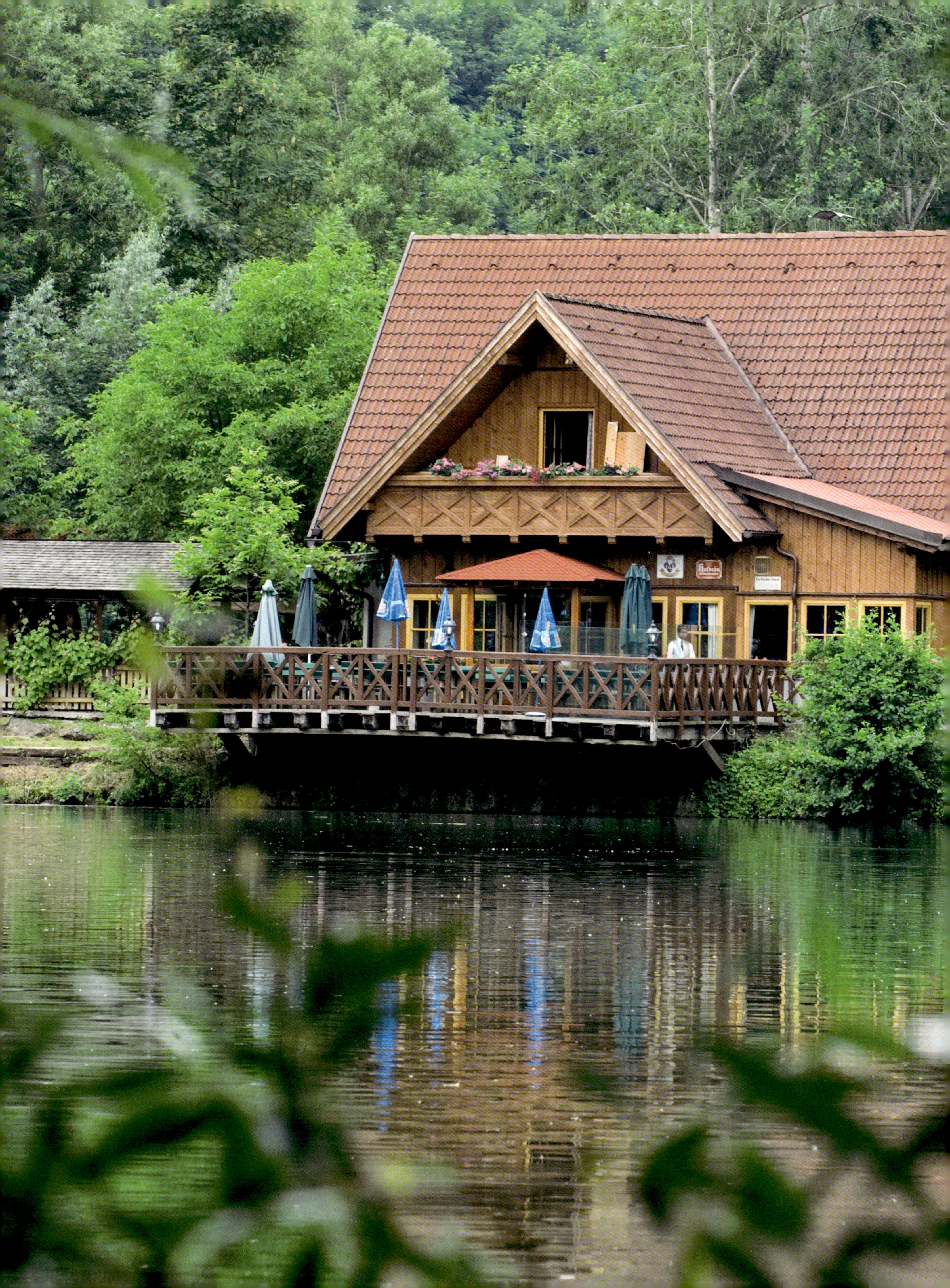

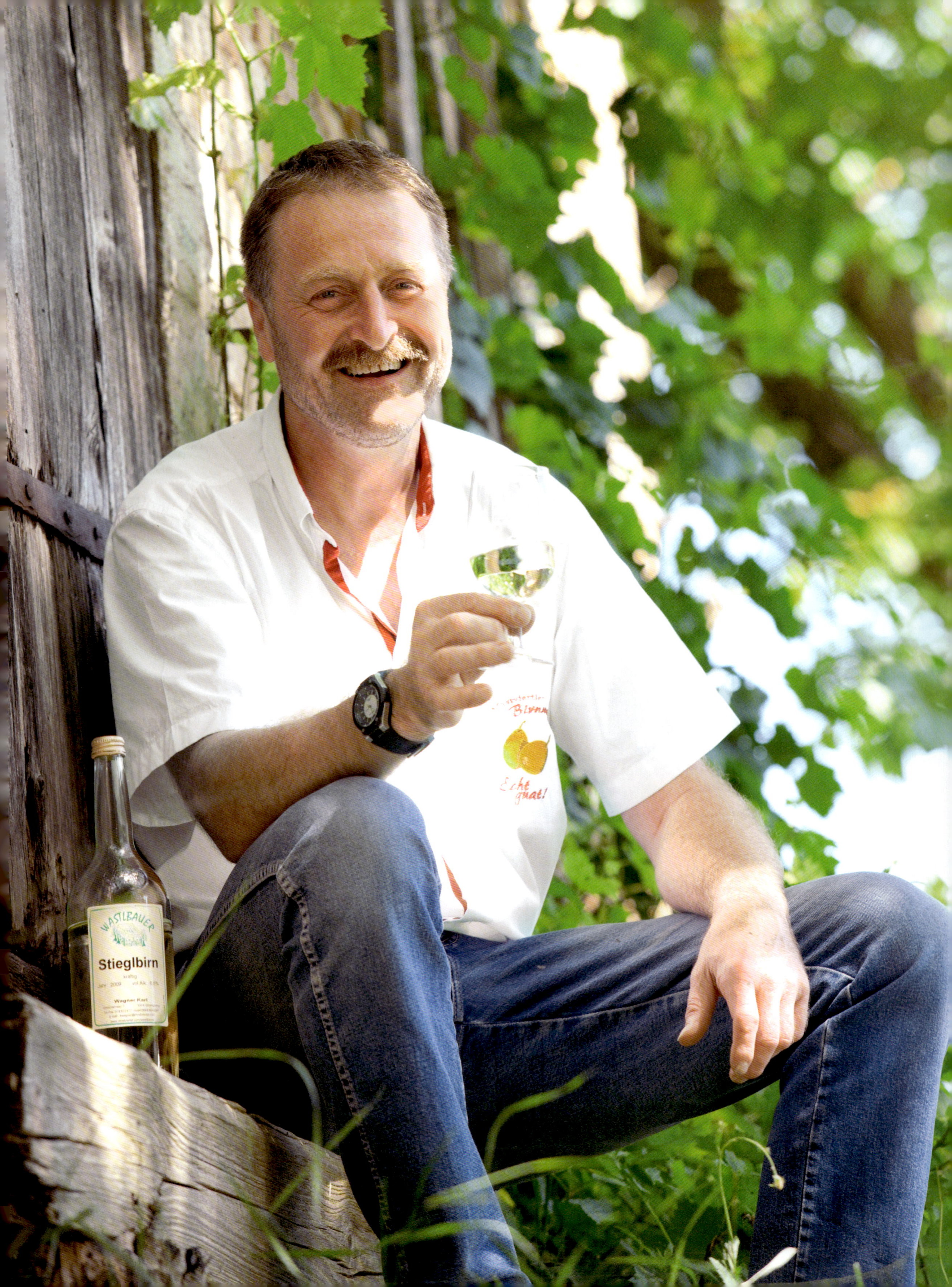
WASTLBAUER
Stieglbirn

Köstliches von der Ramsau

Wastlbauer

Orte, an denen im Frühling die Luft nach Knoblauch riecht und den Weg zu natürlichen Bärlauchfeldern weist, werden traditionell „Ramsau" genannt. An einem dieser Plätze in Strengberg liegt der Hof von Karl Wagner. 1050 erstmals urkundlich erwähnt, ist der Wastlbauer seit 1732 im Besitz der Familie Wagner, fünf Jahrzehnte später wurde die Mostproduktion und der Verkauf auf dem Hof protokolliert. Obstwein herzustellen, hat also eine lange Tradition auf dem größten Hof Strengbergs. Und die war nicht immer modern: „Vor 15 Jahren haben wir nur bis zu 50 Eimer Most produziert, denn dieses Getränk war damals richtiggehend verpönt. Seit der Most eine Renaissance erlebt, kommen wir auf bis zu 300 Eimer im Jahr", erläutert Wagner. Zur Erklärung: Ein Eimer umfasst 56 Liter. Dem Trend entspricht der geringe Alkoholgehalt, die Eigenschaft als Durstlöscher und die gesundheitlichen Aspekte, die dem Wein um nichts nachstehen. Vier verschiedene Birnenmoste stellt Karl Wagner her, einen Mischling aus Apfel und Birne sowie einen reinen Apfelmost, 120, teilweise über 200 Jahre alte Bäume liefern die Früchte dafür. Die Geschenke der Natur auf seinem Hof verarbeitet Wagner auch zu 13 Sorten Edelbränden und Fruchtlikören sowie diversen Säften. Von Mitte September bis Ende Oktober etwa können Freunde des unpasteurisierten Apfelsaftes diesen direkt nach der Pressung am Hof abholen. Und dabei vielleicht auch gleich einen der Geschenkkörbe mitnehmen, die Karl Wagner gestaltet. Wichtiger Bestandteil: Die fleischigen Spezialitäten der 400 Mastschweine. „In der Umgebung sagen viele, dass unser G'selchtes einen ganz typischen Geschmack hat", erzählt Wagner. Pfeffer, Kümmel und Koriander werden frisch gerieben mit Salz vermischt und über dem Fleisch verstrichen. Danach ruht es zehn bis 14 Tage in der Sur und wird anschließend über Holz aus dem eigenen Wald kalt geräuchert. Zu erstehen sind Bauch-, Karree- und Schinkenspeck, gekochtes G'selchtes sowie die rassigen Chiliwürste plus die flüssigen Köstlichkeiten auch über den Webshop, versendet wird europaweit.

Wastlbauer
Unterramsau 7
A-3314 Strengberg
00 43 (0) 74 32 / 24 77
www.mostviertel.com/wastlbauer
www.mostviertler-naturladen.at

Landgasthaus Berndl
Ein Schmuckstück der Gastlichkeit

Schweinsfilet in Minzpaniere mit Schupfnudeln und Mostviertler Apfelchutney

Das Rezept zur Spezialität des Hauses finden Sie auf Seite 240

Seit dem 15. Jahrhundert pilgern Gläubige zur imposanten Kirche „Maria am Anger" in Krenstetten, einem 500-Seelen-Ortsteil von Aschbach-Markt. Für die Einheimischen ist ihre Heimat weder ohne Kirche noch ohne das Landgasthaus Berndl denkbar. Vor 20 Jahren hat die Familie Berndl den Vierkant-Hof aus dem Jahr 1600 als Fast-Ruine übernommen und zu einem Schmuckstück der Gastlichkeit gemacht. Das Herz ist der Arkadenhof mit der alten Mostpresse, in dem 100 Leute ihre Geselligkeit pflegen können.

Bodenständige Küche zu bodenständigen Preisen – das zeichnet das kulinarische Angebot des Hauses aus, wird von Stammgästen und Feinspitzen auf Entdeckungsreise gleichermaßen geschätzt. Schnitzel und Mostbraten finden sich ebenso auf der Karte wie raffinierte Fischgerichte. Die Natur mit ihren saisonalen Schätzen gibt den Gerichten immer ein anderes Gesicht. Vor allem für die Wildspezialitäten ist das Landgasthaus Berndl bekannt, sind doch Vater und Sohn Herbert Berndl passionierte Jäger. Früh morgens, bevor das Wirtshaus seine Tore öffnet, gehen sie auf die Pirsch, lauern auf Rehe, Hasen und Fasane. „Man kommt in die frische Luft, erlebt ein Naturschauspiel. Der Preis dafür ist eben, dass man früh aufstehen muss", sagt Herbert junior über sein Hobby.

Und auch was das Wirtshaus angeht, ist er immer einen Schritt voraus. Ob es das Nichtraucherstüberl war, die Verwendung von regionalen Produkten oder die Vermarktung von Wild – Herbert Berndl ist ein Getriebener: „Wenn sich etwas bewährt hat, schau' ich schon nach etwas Neuem." Doch das bedeutet nicht, dass er Traditionen mit Füßen tritt. In der Gaststube fällt entlang der Decke zwischen Bar und Stammtisch eine Kette auf, in deren Glieder Geldscheine stecken. „Wenn im Dorf jemand Nachwuchs erwartet, stecken seine Freunde bis zur Geburt immer wieder Geld in die Kette. Ist das Kind dann da, legt der frisch gebackene Vater die gleiche Summe drauf, und es gibt ein Fest. Ursprünglich war dieser Brauch eine Art Versicherung für das Kind", erklärt Berndl. Idealerweise wird gleich an Ort und Stelle gefeiert: Mit drei Stüberln, einem Saal und dem Arkadenhof ist das Landgasthaus der beste Ort dafür.

Landgasthaus Berndl
Marienplatz 1
A-3361 Krenstetten
☎ 00 43 (0) 74 76 / 7 73 16
www.landgasthaus-berndl.at

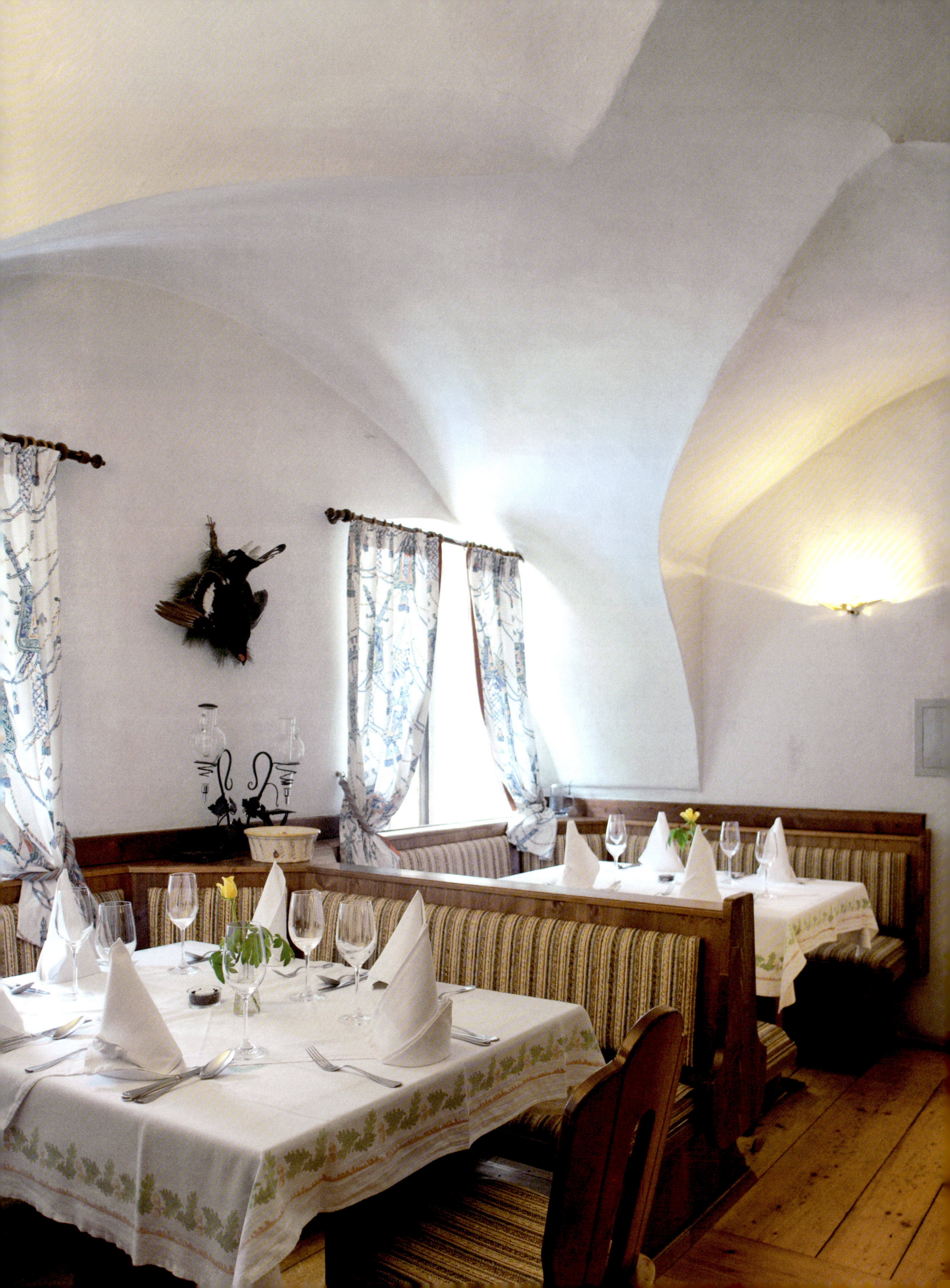

Gefüllter Schweinslungenbraten mit Mostsauce und Grammelschmarrn

Mostviertlerwirt Ott, S. 177

Zutaten für 4 Personen
4 Schweinefilets à 150 g | 16 dünne Scheiben Speck
Füllung *160 g Kohl oder Weißkraut | 50 g Speckwürfel*
Sauce *50 g Speck | 1 Zwiebel | 1/2 Lauchstange | 50 g Karotten | 50 g Sellerie | 500 ml Most | 500 ml Rindersuppe | 50 g Butter*
Grammelschmarrn *80 g Zwiebeln, fein gehackt | 150 g Grammeln | 50 g Butter | 500 g Erdäpfel, gekocht und gerieben | Salz, Pfeffer*

Zubereitung
Für die Fülle Kohl oder Weißkraut in Salzwasser blanchieren und in Eiswasser abschrecken. Die Speckwürfel anbraten und mit dem Kohl mischen. Mit Salz und Pfeffer würzen.

Die Filets der Länge nach mit einem Kochlöffelstiel durchbohren. In diese Öffnung den blanchierten Kohl füllen. Die gefüllten Schweinefilets würzen, mit den Speckscheiben umwickeln und in einer Pfanne knusprig anbraten.

Für die Sauce Speck, Zwiebel, Lauch, Karotten und Sellerie etwas anschwitzen, mit Most und Rindersuppe ablöschen und das Ganze weich kochen. Dann alles pürieren, passieren und mit kalter Butter aufschlagen.

Für den Grammelschmarrn Zwiebel und Grammeln in Butter anrösten, die geriebenen Erdäpfel dazugeben und so lange rösten, bis der Schmarrn Farbe bekommt. Mit Salz und Pfeffer abschmecken.

Seitenstettner Mosttorte

Konditorei Konfiserie Schadauer, S. 178

Zutaten für eine Tortenform mit 18 cm Ø
2 mittelgroße Birnen, würfelig geschnitten | Saft von 1 Zitrone | 100 g Zucker | 300 ml Most (beispielsweise von der Speckbirne) | 1 Zimtstange | 7 g Stärke | 1 Ei | 3 Dotter | 3 Blätter Gelatine | 1 Biskuitboden | 2–3 EL Ribiselmarmelade | 500 ml Schlagobers

Zubereitung
Die Birnen mit dem Zitronensaft beträufeln. Zucker zu goldgelbem Karamell schmelzen lassen. Birnen dazugeben und dünsten, bis sie weich sind. Dann die Früchte abschöpfen und beiseitestellen, den Karamell mit Most aufgießen. Zimtstange dazugeben und aufkochen lassen. Einen Teil der warmen Flüssigkeit mit Stärke, dem Ei und den Dottern verrühren. Zum brodelnden Sud geben und noch einmal aufkochen lassen. Die eingeweichte und ausgedrückte Gelatine hinzufügen. Im Wasserbad abkühlen lassen. Biskuitboden vorbereiten und mit Ribiselmarmelade bestreichen. In eine Form geben. Schlagobers nicht zu fest schlagen und unter die abgekühlte Mostcreme heben. Die Birnenstücke dazugeben und in die Form füllen. Für mindestens 5 Stunden kühl stellen.

💡 Die Creme allein eignet sich sehr gut für ein Dessert im Glas. Allerdings reichen dann zwei Blätter Gelatine.

Gebackene Apfelknödel auf Preiselbeersauce

Gasthof Mitter, S. 181

Zutaten für 6 Personen
*50 g Brösel | 50 g geriebene Nüsse | 50 g Butter |
500 g Äpfel, gewürfelt | 30 g Rosinen | 50 g Zucker |
1 Msp. Zimt | 2 Eier | Schale von 1 Zitrone | Öl zum Backen |
Mehl, Eier und Brösel zum Panieren*

Zubereitung
Brösel und Nüsse in der Butter vorsichtig rösten. Nach dem Abkühlen Äpfel, Rosinen, Zucker, Zimt, Eier und geriebene Zitronenschale zu einer kompakten Masse mit der Nussmasse vermischen. Gleichmäßig kleine Knödel formen, panieren und im Öl goldgelb herausbacken. Auf Preiselbeersauce anrichten und mit Apfelspalten und frischer Zitronenmelisse garnieren.

Mocca-Wind

Konditorei und Dampfbäckerei Piaty, S. 186

Zutaten für 20 Stück
*125 ml Eiweiß | 200 g Kristallzucker | 300 g Staubzucker | Moccapaste
(aus dem Konditoreibedarf) | 250 ml Milch | 180 g Zucker |
25 g Puddingpulver | 1 Dotter | 300 g weiche Butter | geröstete Haselnüsse*

Zubereitung
Den Backofen auf 120 °C vorheizen. Eiweiß und Kristallzucker aufschlagen, Staubzucker einrühren. Etwas Moccapaste nach Geschmack dazugeben. Kreisförmig auf Trennpapier dressieren und im Ofen circa 30 Minuten backen. Milch und Zucker aufkochen. Puddingpulver und Dotter in etwas Milch auflösen und in die kochende Milch einrühren. Butter schaumig rühren und den abgekühlten Pudding anschließend einarbeiten. Die Creme mit Moccapaste abschmecken.
Die Creme auf einem gebackenem Boden aufdressieren und einen zweiten als Deckel verwenden. Die Creme muss bis zum Rand der Windmasse ragen. Zum Schluss in gerösteten Haselnüssen wälzen.

Schlosswirts Lammkrone mit geschmortem Gemüse

Schlosswirt, S. 189

Zutaten für 2 Personen

2 Lammkronen | 2–3 EL Dijonsenf | 1 Zucchini | je 1 rote und gelbe Paprikaschote | 2 Selleriestangen | 1 Karotte | 1 Fenchelknolle | 125 ml Kalbsfond | je 2 Thymian-, Rosmarin- und Estragonzweige | 4 EL Butter | 3 Knoblauchzehen | Olivenöl | Meersalz aus der Mühle | Pfeffer aus der Mühle

Zubereitung

Das Backrohr auf 180 °C vorheizen. Das Lammfleisch mit Dijonsenf bestreichen und mit Salz und Pfeffer ordentlich würzen. Die Zucchini in dünne Scheiben schneiden. Die Paprikaschoten in kleine Würfel schneiden. Den geschälten Sellerie in etwa 2 Zentimeter große Stücke, die geputzte Karotte in Scheiben schneiden und den Fenchel vierteln. In einer Pfanne etwas Olivenöl erhitzen und die Lammkrone von beiden Seiten scharf anbraten. Mit der Fleischseite nach oben in das vorgeheizte Backrohr stellen und je nach gewünschtem Garungsgrad (für medium etwa 10–12 Minuten) braten. Das Lamm herausnehmen, in Alufolie wickeln und einige Minuten rasten lassen. In der Zwischenzeit das Gemüse nacheinander in wenig Öl anbraten, mit dem Fond aufgießen und den Fenchel dazugeben. Jeweils einen Zweig der Kräuter fein hacken, zugeben und alles etwa 10 Minuten zart köcheln lassen. Mit Salz und Pfeffer abschmecken. Nun 1 Esslöffel Butter in einer Pfanne schmelzen lassen. Die restlichen Kräuter fein hacken, gemeinsam mit dem in Streifen geschnittenen Knoblauch zugeben und das Lamm einlegen. Nochmals rundum kurz nachbraten. Die Lammkronen aus der Pfanne heben und jeweils halbieren. Die restliche Butter unter das Gemüse rühren und auf Tellern anrichten. Je eine Lammkronenhälfte darauf drapieren und mit den Kräutern, in Butter geschwenkten Erbsenschoten sowie Tomaten garnieren.

> Entscheidend, ob das Fleisch wirklich zart und rosig wird, ist neben der Fleischqualität vor allem auch die Temperatur, mit der es zubereitet wird. Das Fleisch unbedingt rasten lassen vor dem Servieren. Rasten bedeutet eingewickelt in einer Alufolie in einem 70 °C warmen Backofen oder in der Nähe der eingeschalteten Herdplatte. Nicht vergessen, dass das Fleisch nachzieht.

Bauernschmaus

Bachlerhof, S. 194

Zutaten für 4–6 Personen

1 kg gesurte Schweinsschulter | 1 kg ausgelöster Schweinsschopf | Knochen vom Schweinsschopf, grob gehackt | 1–2 EL Kümmel | 2–3 Knoblauchzehen | Salz, Pfeffer

Semmelknödel 5 Semmeln vom Vortag oder 250 g Semmelwürfel | 60 g Zwiebel, fein gehackt | 60 g Butter | 2 EL gehackte Petersilie | 125 ml Milch | 3 Eier | 40 g griffiges Mehl | Salz

warmer Krautsalat 600 g fein gehobelte oder geschnittenes Weißkraut | Zucker | 3 EL Apfelessig | 1 EL ganzer Kümmel | 6 EL neutrales Pflanzenöl | 100 g Speckwürfel | Bratfett | Salz

Zubereitung

Die gesurte Schweinsschulter etwa 1 Stunde in leicht wallendem Wasser kochen. Den Backofen auf 220 °C vorheizen. Den Schweinsschopf mit Salz, Pfeffer, Kümmel und Knoblauch marinieren. Die gehackten Knochen in eine Bratenpfanne geben, den marinierten Schopf darauflegen. In den vorgeheizten Ofen geben und circa 15–20 Minuten anbraten lassen. Danach Temperatur auf 170 °C reduzieren und mit Wasser untergießen. Fleisch öfters mit ausgetretenem Bratensaft übergießen, bei Bedarf Wasser ergänzen. Wenn das Fleisch fertig gebraten ist, aus der Pfanne nehmen und warmstellen. Bratensaft durch ein Sieb abseihen. Für die Knödel während der Bratzeit die Semmeln in kleine Würfel schneiden. Die Zwiebeln in einer Pfanne mit Butter anrösten, die Petersilie einrühren. Anschließend mit den Semmelwürfeln vermischen. Milch und Eier verquirlen, die Eiermilch salzen und über die Semmelmasse gießen. Alles vermischen und circa 10 Minuten quellen lassen. Das Mehl locker untermengen. Mit nassen Handflächen Knödel formen, in reichlich siedendes Salzwasser legen und circa 12 Minuten schwach wallend kochen.

Für den warmen Krautsalat Weißkraut mit Salz bestreuen. Mit Wasser einmal schnell aufkochen und beiseitestellen. Aus heißem Essig, Öl, Kümmel, Zucker und Salz eine Marinade herstellen, das Kraut damit übergießen. Zum Schluss die Speckwürfel im Bratfett anbraten und untermischen.

Das Fleisch, die Knödel und den Krautsalat servieren, wer mag, gibt noch Erdäpfel und Frankfurter Würstchen dazu.

Schweinekoteletts in Kümmel und Wieselburger Biersabayon

Gasthof Bruckner, S. 197

Zutaten für 6 Personen
*6 Schweinekoteletts à ca. 190 g | 40 ml Olivenöl | 20 g Butter |
40 g Zwiebelwürfel | 2 Knoblauchzehen, gehackt | 60 ml Weißwein |
10 g Kümmel | 250 ml brauner Kalbsfond | 40 g Butter zum Montieren |
2 Eidotter | 60 ml Bier | Salz, Pfeffer aus der Mühle*

Zubereitung
Die Koteletts, wenn nötig, etwas klopfen, mit Salz und Pfeffer würzen und in Olivenöl mit etwas Butter langsam braten.
Anschließend das Fleisch aus der Pfanne nehmen, das Fett abgießen. Etwas Butter in die Pfanne geben und darin die Zwiebelwürfel und den Knoblauch leicht anschwitzen. Mit Weißwein aufgießen und den mit etwas Öl beträufelten und fein gehackten Kümmel dazugeben. Die Flüssigkeit einkochen lassen, den Kalbsfond hineingießen. Die Sauce auf 125 Milliliter reduzieren und passieren. Zum Schluss die Sauce mit kalten Butterflocken montieren.
Die Eidotter und das Bier über Dampf mit einem Schneebesen zu einer Sabayon aufschlagen und diese mit der Kümmelsauce vermischen, jedoch nicht mehr kochen lassen. Die Sabayon abschmecken und über die Koteletts geben. Sofort servieren.

Mostkekse

Mostheuriger „Zur steinernen Birne", S. 198

Zutaten für 20–30 Stück
*250 g Butter | 250 g Mehl | 4 EL Most | 1 Prise Salz |
250 g Himbeermarmelade | 2–3 EL Zucker | ½ Päckchen Vanillezucker*

Zubereitung
Den Backofen auf circa 180 °C vorheizen.
Butter, Mehl, Most und Salz zu einem Teig verarbeiten und auswalken. Runde Taler ausstechen. Ein Himbeermarmelade-Klecks jeweils in die Mitte der Taler geben, diese zusammenklappen und die Ränder festdrücken. Die Mostkekse etwa 30 Minuten im vorgeheizten Ofen backen. Nach dem Backen noch warm mit Zucker und Vanillezucker bestreuen.

Tournedos von der Stute mit Hanfbiersauce, Dinkelvollkorn-Gemüsepralinen und gedämpftem Wurzelgemüse

Gasthaus Schrittwieser, S. 201

Zutaten für 4 Personen

Pferdejus 1 kg Fleischknochen | 1 kg Mirepoix | etwas Öl | 5 EL Tomatenmark | 3–4 EL Mehl | 125 ml Rotwein | 2 l Wasser | Koriander, Lorbeerblatt, Wacholderbeeren, Knoblauch | Salz, Pfeffer
Dinkelvollkorn-Gemüsepralinen 140 g Gemüsebrunoise | 140 g Dinkelvollkorngries | 100 g Butter | 125 ml Gemüsefond | 1 Ei | 1 Knoblauchzehe, fein gehackt | 1 Prise Muskat | 100 g Semmelbrösel | Petersilie, Kerbel, Schnittlauch | Salz, Pfeffer
Wurzelgemüse 140 g Kohlrabi, in Julienne geschnitten | 140 g gelbe Rüben, in Julienne geschnitten | 140 g Karotten, in Julienne geschnitten | Butter | Salz
Stutentournedos 600 g Stutenfilet | 50 g Butter | 125 ml Zipfer Bier | 500 ml Pferdejus | Hanfmehl zum Binden | 3–4 EL Obers | Schälhanf nach Bedarf | Salz, Pfeffer

Zubereitung

Pferdejus Die Fleischknochen und das Mirepoix in Öl goldbraun rösten. Tomatisieren, mit Mehl bestauben und mit Rotwein ablöschen. Danach mit dem Wasser aufgießen, die Gewürze dazugeben und drei Stunden kochen lassen.
Dinkelvollkorn-Gemüsepralinen Die Gemüsebrunoise in Salzwasser blanchieren. Den Gemüsefond mit dem Dinkelvollkorngries zu einem Brandteig kochen, auskühlen lassen und mit Salz, Pfeffer, Knoblauch und Muskat würzen. Das Ei, die Gemüsebrunoise und die frischen Kräuter daruntermischen. Pralinen formen und in Semmelbrösel wälzen. In der Fritteuse goldbraun backen.
Wurzelgemüse Karotten, gelbe Rüben und Kohlrabi in Salzwasser blanchieren und in Butter schwenken.
Stutentournedos plattieren, mit Salz und Pfeffer würzen und in Butter braten. Den Bratenrückstand mit Bier ablöschen und mit Pferdejus aufgießen. Danach mit Hanfmehl binden und mit Obers verfeinern. Sauce in einer Sauciere anrichten und mit Schälhanf bestreuen.

Beiriedschnitte auf Schwammerlgulasch mit Lauchroulade

Landgasthof Bärenwirt, S. 202

Zutaten für 4 Personen

4 Stück abgelegene Beirieden à 180 g
Sauce 2 Schalotten | 4 große rote fleischige Paprika | 65 ml Weißwein | 125 ml klare Gemüsesuppe | 125 ml Obers | 500 g Eierschwammerl und Steinpilze | Olivenöl zum Braten | Salz, Pfeffer
Lauchroulade 4 Schalotten | 2 Lauchstangen, nicht zu groß | 4 Eier | 8 Scheiben Tramezzinibrot | 250 g Butter | frische Kräuter nach Wahl | Salz

Zubereitung

Für die Sauce Schalotten mit den geschälten, in großen Rauten geschnittenen Paprika in Olivenöl anschwitzen. Mit Weißwein ablöschen, reduzieren lassen. Mit der Gemüsesuppe und dem Obers auffüllen, aufkochen und im Mixbecher mixen. Durch ein feines Sieb streichen und abschmecken. Die gut geputzten Eierschwammerl und Steinpilze anschwitzen, würzen und mit der Paprikasauce aufgießen. Danach 10–12 Minuten köcheln lassen und dann anrichten.
Für die Beirieden den Ofen auf 150 °C vorheizen. Die Beirieden mit Salz und Pfeffer würzen, danach im heißen Fett beidseitig kurz anbraten und im Ofen circa 4 Minuten garen lassen.
Für die Lauchroulade Schalotten und Lauch fein schneiden, in Butter ein paar Minuten durchrösten, mit Salz und Kräutern würzen und abkühlen lassen. Danach die Eier einrühren. Brotscheiben mit der Masse bestreichen, einrollen und in Frischhaltefolie gewickelt in kochendem Wasser 15 Minuten sieden lassen. Die Rouladen abkühlen lassen, aus der Folie nehmen und in der Pfanne rundum anbraten. Danach 8 Minuten bei 150 °C im Ofen nachwärmen.

Vollkornbrot

Bio-Bauernhof und „Urlaub am Bauernhof" Kaltenbrunner, S. 210

Zutaten für 10 Laibe
*3 kg Bio-Vollkornroggenmehl | 1 kg Bio-Vollkornweizenmehl |
1 kg Bio-Weizenmehl | 1,25 kg Sauerteig (selbst gemacht oder vom Bäcker) |
20 g Hefe | insgesamt 7 l lauwarme Bio-Rohmilch und warmes Wasser
100 g Salz | Kümmel, Anis, Fenchel*

Zubereitung
Das Mehl und die Gewürze vermengen. Sauerteig mit Hefe in warmer Milch einweichen. Vermischen und gehen lassen. Anschließend das Sauerteiggemisch ins Mehl mit warmem Wasser einarbeiten. Teig gehen lassen. Nach circa 1 Stunde den Teig nochmals kneten und portionsweise in bemehlte Brotkörberl legen. Dort nochmals 1 Stunde gehen lassen. Dann die Laibe mit Wasser bestreichen und in den mit Fichtenholz angeheizten und mit Tannenreisig ausgewischten Ofen einschießen. Bei 280–300 °C backen. Nach 35 Minuten das Brot herausnehmen, nochmals an der Oberseite nass machen und wieder in den Ofen geben. Weitere 15 Minuten bei gleichbleibender Temperatur ausbacken.

Kalbsbries gebacken mit Spargelnudeln

Gasthof Teufl, S. 214

Zutaten für 4 Personen
*600–700 g Kalbsbries, gewässert und abgezogen | 200 g Mehl | 3 Eier |
40 g Semmelbrösel | 60 g Butterschmalz | 200 g weißer Spargel |
1 Toastscheibe | 200 g weiße Bandnudeln | 1 Lauchstange | Zucker |
Salz, weißer Pfeffer*

Zubereitung
Kalbsbries in sechs bis acht Teile teilen, vorsichtig mit Salz und weißem Pfeffer würzen und mit Mehl, Eiern und Semmelbrösel panieren. Schwimmend in Butterschmalz goldgelb backen. Auf Küchenpapier etwas abtropfen lassen. Spargel schälen, die unteren, holzigen Enden abschneiden und circa 10 Minuten im Wasser mit etwas Salz, Zucker und einer Toastscheibe ziehen lassen. Anschließend in circa ein Zentimeter große Stücke schneiden. Das Spargelwasser seihen und für die Bandnudeln zum Kochen verwenden. Die Bandnudeln im Spargelwasser und etwas Butter knackig kochen. Abseihen. Lauch in kleine Streifen schneiden und glasig dünsten. Die Spargelstücke dazugeben. Die gekochten Bandnudeln darunter schwenken. Abschmecken. Anschließend auf vier Tellern anrichten und das gebackene Kalbsbries darübergeben. Mit der Pfeffermühle nochmals kurz darübergehen und servieren. Dazu passt gut Vogerlsalat und ein reifer Weißburgunder.

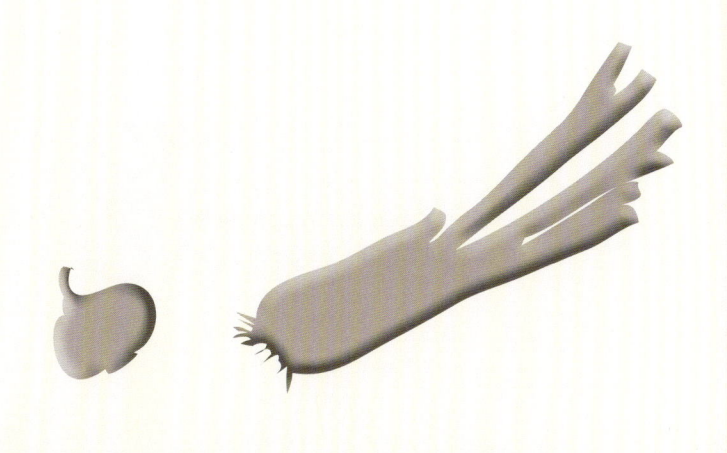

Gebratene Schulter vom Junglamm mit Erdäpfellaibchen

Melktaler Hofkäserei, S. 217

Zutaten für 4 Personen
Lammschulter 1 Lammschulter mit Knochen | 1 kg Cipolline (Flachzwiebeln), geschält | 3 Knoblauchzehen | je 1 Rosmarin- und Thymianzweig | Öl | Salz, Pfeffer
Erdäpfellaibchen 700 g mehlige Erdäpfel | 125 ml lauwarme Milch | 50 g Butter | Muskatnuss | 1 Ei | Öl | Salz

Zubereitung
Ofen auf 180 °C vorheizen. Junglammschulter kräftig mit Salz und Pfeffer würzen. Öl in der Bratpfanne erhitzen und das Fleisch auf beiden Seiten kräftig anbraten. Zwiebeln dazugeben und ebenfalls kurz anbraten. Gemeinsam mit den Kräutern und den Knoblauchzehen in den Ofen schieben und braten. Nach 1 Stunde die Hitze auf 130 °C reduzieren und noch etwa 1,5 Stunden braten. Während des Bratens öfters mit eigenem Saft übergießen. Erdäpfel schälen, in Stücke schneiden und in einer Mischung aus Milch und Wasser weichkochen. Restliche Flüssigkeit abseihen und Butter dazugeben. Erdäpfel zerstampfen und dabei ständig Milch dazugeben, bis das Püree sämig wird. Mit Salz und wenig abgeriebener Muskatnuss würzen. Kurz abkühlen lassen und mit einem Ei verrühren. Jeweils einen Esslöffel von der Masse in die Pfanne geben, flach drücken und in Öl goldgelb braten.

Zanderfilet kross gegrillt mit Spargel auf Rieslingrisotto

Florian's Teichstüberl, S. 218

Zutaten für 4 Personen
Spargel 8 Stangen Spargel | 250 ml Wasser | 250 ml Riesling | 3 TL Zucker | 1 TL Salz | 120 g Butter
Risotto 1/2 Zwiebel | 1 EL Butter | 150 g Rundkornreis | Salz, Pfeffer
Zanderfilet 4 Zanderfilets à 180 g | Saft einer halben Zitrone | Olivenöl | Mehl | Salz
Spargelschaum 2 Dotter | 4 EL Spargelsud

Zubereitung
Wasser, Wein, Salz, Butter und Zucker zum Kochen bringen und den geschälten Spargel bissfest kochen. Spargelstangen herausheben und den Sud aufheben. Die fein geschnittene Zwiebel mit Butter glasig anschwitzen, Reis hinzugeben und mit dem Spargelsud nach und nach aufgießen. Unter ständigem Rühren auf kleiner Flamme kochen, bis der Reis die optimale Konsistenz erreicht hat. Die Haut des Zanderfilets leicht einschneiden, salzen, mit Zitronensaft beträufeln und die Hautseite leicht bemehlen. In heißem Olivenöl beidseitig braten. Zum Anrichten den Spargelsud mit den zwei Dottern über Dunst schaumig schlagen.

Wilhelmsburger Pfandl

Gasthof Fischer, S. 221

Zutaten für 2 Personen

300 g Schweinefilet | 3 EL Butter | 3 kleine Zwiebeln, fein gehackt | 200 g Eierschwammerl | 200 g Steinpilze | 2 EL Mehl | 125 ml Weißwein | 375 ml Gemüsebrühe | 125 ml Schlagobers | Schnittlauch | Petersilie | 200 g Nockerln | Öl | Salz, Pfeffer

Zubereitung

Das Schweinefilet in circa 1,5 Zentimeter dicke Scheiben schneiden und mit Salz und Pfeffer würzen. In einer Pfanne Öl erhitzen und die Filetstücke von jeder Seite 2 Minuten anbraten. Warmstellen.
Butter in einem Topf erhitzen und die fein gehackten Zwiebeln darin glasig dünsten. Die geputzten und eventuell klein geschnittenen Pilze dazugeben und kurz mitdünsten. Mit Mehl bestäuben, mit Weißwein ablöschen und mit der Gemüsebrühe auffüllen. Bei mittlerer Hitze 8–10 Minuten köcheln lassen. Mit Salz und Pfeffer würzen und mit Schlagobers verfeinern. Die verlesenen und klein geschnittenen Kräuter unter die Sauce mischen, nochmals abschmecken und anrichten. Die Filets auf das Pilzragout legen und mit Nockerln servieren. Mit Schnittlauch bestreuen.

Haussülzchen mit geräucherter Regenbogenforelle, mariniert mit Birnenbalsam und Balsamico-Glace

Moststube Pihringer, S. 222

Zutaten für 4–6 Personen

6 Blatt Gelatine | 400 g geräucherte Forelle, entgrätet | 100 g Karotten und Sellerie | 10 ml Wasser oder Fischfond | 4 cl Speckbirnenmost | 1–2 EL Zucker | 1 EL gehackter Dill | Salz

Zubereitung

Gelatineblätter in kaltem Wasser einweichen. Räucherforelle in kleine Stücke, Karotten und Sellerie in etwas kleinere Würfel schneiden. Wasser oder Fischfond mit dem Most und Zucker aufkochen, salzen. Die Gelatine aus dem Wasser heben, einrühren und erkalten, aber nicht stocken lassen. Den gehackten Dill einrühren, Räucherforellenstücke, Karotten und Sellerie darunter geben, in kleine, vorbereitete Förmchen oder in eine entsprechend große Terrinenform gießen. Terrine gut durchkühlen lassen. Vor dem Servieren die Formen kurz in sehr heißes Wasser tauchen, dann sofort stürzen. Mit Salatblättern, Tomaten und Eiern garnieren und servieren.

Mostbraten mit Kartoffelroulade

Kirchenwirt, S. 225

Zutaten für 10 Personen

Mostbraten 1 ganzer Schopfbraten | 3 Karotten | 2 Sellerieknollen | 500 ml Most | 500 ml Rindersuppe | 1 Zwiebel | 3 säuerliche Äpfel | 125 ml Obers | 1 TL Zucker | Salz, weißer Pfeffer
Kartoffelroulade 2 kg mehlig kochende Kartoffeln | 1 Zwiebel | 3 Streifen Speck | 3 Eier | Butterschmalz | etwas Grieß (nach Bedarf) | Salz, Muskatnuss

Zubereitung

Backrohr auf 180 °C vorheizen. Schopfbraten würzen, eine Karotte und eine Sellerie in Stifte schneiden und den Schopf damit spicken. Rundherum in heißem Fett anbraten. Mit Most und Suppe aufgießen und im Rohr 45–60 Minuten schmoren. Das restliche Gemüse mitdünsten. Für die Sauce die andere Sellerie andünsten, die geschnittenen Äpfel dazugeben und nach dem Dünsten pürieren. Mit Obers, Salz, weißem Pfeffer und etwas Zucker abschmecken.

Für die Kartoffelroulade die Kartoffeln kochen, heiß schälen und durch die Kartoffelpresse drücken. Die Zwiebel und den Speck fein geschnitten anschwitzen und unter die Kartoffel geben. Mit Salz und Muskat würzen, die Eier dazugeben und zu einem Teig verarbeiten. Bei Bedarf etwas Gries dazugeben, damit eine kompakte Masse entsteht. Eine Rolle formen. Mit dem Messer circa ein Zentimeter dicke Scheiben schneiden und im heißen Butterschmalz goldgelb backen.

Den Mostbraten aufschneiden, mit Sauce, der Kartoffelroulade und Salat servieren. Dazu passt ein gutes Glas Most.

Schweinsfilet in Minzpaniere mit Schupfnudeln und Mostviertler Apfelchutney

Landgasthaus Berndl, S. 230

Zutaten für 4 Personen

Schweinsfilet 1 Schweinsfilet | 1 Handvoll Minzblätter | Brösel, Mehl, Ei zum Panieren | Salz, Pfeffer
Schupfnudeln 400 g mehlig kochende Kartoffeln | 2 Dotter | 50 g flüssige Butter | 150–200 g Mehl (je nach Kartoffelsorte) | 1 Prise Muskatnuss | Salz, Pfeffer
Apfelchutney 2 große Äpfel | 2 große Zwiebeln | 2 EL Butter | 125 ml Weißwein (Veltliner) | etwas Zimt | 1 kleiner scharfer Pfefferoni (Piripiri) | 2 El Honig | Salz

Zubereitung

Das Schweinsfilet in Scheiben schneiden, leicht klopfen, salzen und pfeffern. Die Minze hacken und unter die Panierbrösel mischen. Das Schweinsfilet zuerst in Mehl, dann in Ei und zum Schluss in die Minzbrösel panieren und in Rapsöl schwimmend rasch ausbacken. Die Filets dürfen innen noch leicht rosa sein.

Für die Schupfnudeln die geschälten und gekochten Kartoffeln fein reiben, Eidotter und flüssige Butter gut unter die Masse mischen und mit Salz, Pfeffer und Muskatnuss abschmecken. Auf einem bemehlten Brett Rollen formen und diese in gleichmäßig kleine Stücke schneiden. Auf einem Brett mit der Hand kleine Nudeln formen. Sie sollen an beiden Enden dünner als in der Mitte sein. In Salzwasser kochen und in Butter schwenken. Je nach Belieben können die Nudeln auch in Butterbröseln oder feinen Kräutern geschwenkt werden.

Für das Apfelchutney die Äpfel halbieren, das Kerngehäuse ausstechen und die Hälften in je 8 gleich große Teile schneiden. Die Zwiebeln schälen, ebenfalls halbieren und die Hälften in je 8 gleich große Teile schneiden. Die Zwiebelstücke in Butter sautieren, mit dem Weißwein circa 5 Minuten dünsten. Apfelstücke, Honig, Salz, Zimt und den klein geschnittenen Pfefferoni dazugeben und weitere 5 Minuten dünsten. Die Form der Apfelstücke soll dabei erhalten bleiben.

Zusammen servieren.

Seitenstett

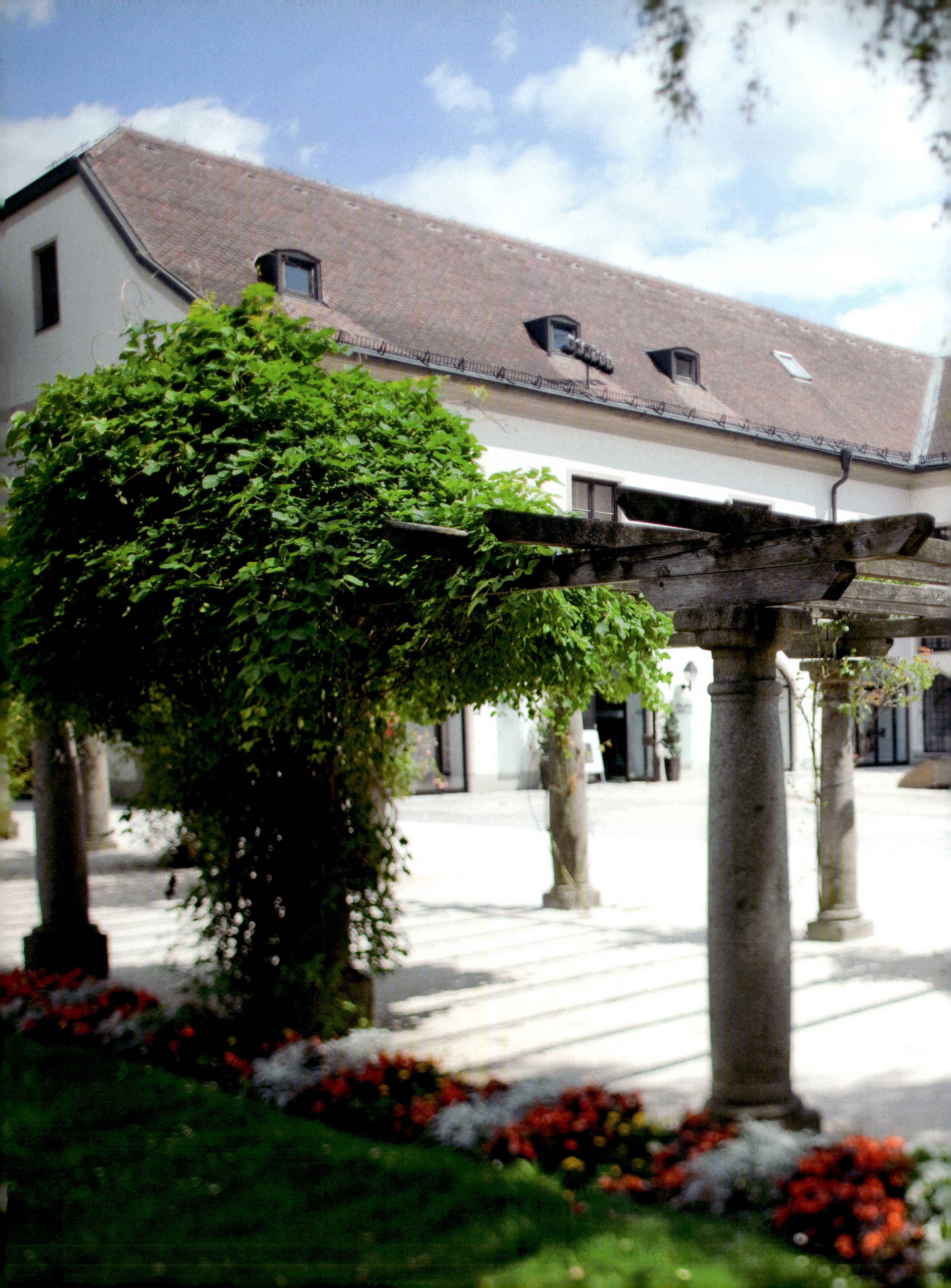

Wels

Adressverzeichnis

A

Anseldner Gänse und Enten 156
Margarete Almeder-Langmayr
und Hannes Langmayr
Moos 12
A-4053 Haid/Ansfelden
☎ 00 43 (0) 72 29 / 7 83 85
📠 00 43 (0) 72 29 / 7 83 85
📱 00 43 (0) 6 76 / 5 45 97 67
h.langmayr@aon.at
www.freilandgaense.at

B

Bachlerhof 194
Familie Bachler
Abetzdorf 1
A-3331 Kematen/Ybbs
☎ 00 43 (0) 74 48 / 23 74
📠 00 43 (0) 74 48 / 2 37 44
wirt@bachlerhof.at
www.bachlerhof.at

Bäckerei Takacs 50
Marktplatz 15
A-4650 Lambach
☎ 00 43 (0) 72 45 / 2 89 64
📠 00 43 (0) 72 45 / 2 89 64-4
office@brotmobil.at
www.brotmobil.at

Benediktinerstift Kremsmünster 112
Stift 1
A-4550 Kremsmünster
☎ 00 43 (0) 75 83 / 52 75-0
📠 00 43 (0) 75 83 / 527 5-159
tourismus@stift-kremsmuenster.at
www.stift-kremsmuenster.at

Bestleitner Hendl 122
Sonja und Hermann Huber
Bestleitenstraße 4
A-4521 Schiedlberg
☎ 00 43 (0) 72 51 / 6 00
📠 00 43 (0) 72 51 / 6 00
📱 00 43 (0) 6 50 / 5 36 77 45
hendl@bestleitner.at

Biergasthaus Schiffner 32
Karl Schiffner
Linzer Straße 9
A-4160 Aigen-Schlägl
☎ 00 43 (0) 72 81 / 88 88
📠 00 43 (0) 72 81 / 88 88 88
schiffner@biergasthaus.at
www.biergasthaus.at

Bio-Bauernhof und „Urlaub am Bauernhof" 210
Familie Kaltenbrunner
Hubberg 20
A-3341 Ybbsitz
☎ 00 43 (0) 74 43 / 8 63 48
📠 00 43 (0) 74 43 / 8 63 48
l.kaltenbrunner@gmx.net

Biobauernhof Zöttl 108
Josef Zöttl
Moosgraben 54
A-4443 Maria Neustift
☎ 00 43 (0) 73 53 / 4 93
📱 00 43 (0) 6 64 / 5 31 69 58
zoettl_biobauernhof@kt-net.at
www.genussland.at

Bio-Eis Stadler 36
Sylvia und Gerhard Stadler
Krien 40
A-4134 Putzleinsdorf
☎ 00 43 (0) 72 83 / 85 42
📠 00 43 (0) 72 83 / 85 42 19
stadler@bio-eis.net
www.bio-eis.net

Biohof Döberl 34
Ingrid und Franz Sonnberger
Kohlgrub 6
A-4193 Reichenthal
☎ 00 43 (0) 72 14 / 42 54
die-firma@gmx.at

Biohof Hackl 28
Renate und Johann Nenning
Vorderdimbach 12
A-4371 Dimbach
☎ 00 43 (0) 72 60 / 72 47
📱 00 43 (0) 6 64 / 9 31 82 86
nenning.johann@aon.at

Bio-Hof Haslmayr 66
Gabriele und Christian Haslmayr
Annaberg 8
A-4072 Alkoven
☎ 00 43 (0) 72 74 / 2 01 77
haslmayr@little-texas.at
www.little-texas.at

Biohof Wirany 30
Leopold und Annemarie Kastler
Oberpassberg 3
A-4263 Windhaag bei Freistadt
☎ 00 43 (0) 79 43 / 2 52
biohof.kastler@gmx.at

C

Café Konditorei Lebzelterei Lubinger 26
Lubinger GmbH
Hauptplatz 10
A-4240 Freistadt
☎ 00 43 (0) 79 42 / 7 26 86
📠 00 43 (0) 79 42 / 72 68 64
info@lubinger.at
www.lubinger.at

Confiserie Wenschitz GmbH 118
Helmut Wenschitz
A-4511 Allhaming 47
☎ 00 43 (0) 72 27 / 71 15
📠 00 43 (0) 72 27 / 2 10 44
office@wenschitz.at
www.wenschitz.at

D

D'Brennerin 64
Rosi Huber
Seedorf 4
A-4852 Weyregg am Attersee
☎ 00 43 (0) 76 64 / 8 22 20
📱 00 43 (0) 6 76 / 6 63 62 80
rosi.huber@brennerin.at
www.brennerin.at

Destillerie Hiebl 184
Georg Hiebl
Reichhub 36
A-3350 Stadt Haag
☎ 00 43 (0) 74 34 / 4 21 14
📠 00 43 (0) 74 34 / 4 21 14
📱 00 43 (0) 6 76 / 9 40 33 21
schnaps@die-schnapsidee.at
www.die-schnapsidee.at

Direktvermarktung Klement 146
Thomas und Monika Nowak
Hausleitnerstraße 5
A-4407 Steyr/Gleink
☎ 00 43 (0) 72 52 / 3 83 74
📱 00 43 (0) 6 76 / 6 05 54 40
thomas.nowak@tmo.at

F

Fischerparadies 226
Johanna und Christoph Brandner
Sommerau 14
A-3313 Wallsee
☎ 00 43 (0) 74 33 / 25 88
fischerparadies@aon.at

Fischzucht Maier 124
Ilse Maier
Goldberg 20
A-4521 Schiedlberg
☎ 00 43 (0) 72 51 / 3 64
📠 00 43 (0) 72 51 / 5 66
📱 00 43 (0) 6 64 / 3 16 83 89
maier@besatzfische.at
www.besatzfische.at

Florian's Teichstüberl 218
Christa und Florian Rappl
Altenburg 12a
A-3150 Wilhelmsburg
☎ 00 43 (0) 27 46 / 53 53
📠 00 43 (0) 27 46 / 53 53
info@teichstueberl.at
www.teichstueberl.at

G

Gasthaus Mahrer 212
Franz Mahrer
Bahnhofstraße 8
A-3204 Kirchberg an der Pielach
☎ 00 43 (0) 27 22 / 73 14
📠 00 43 (0) 27 22 / 7 31 44
office@mahrer.at
www.mahrer.at

Gasthaus Schrittwieser 200
Schrittwieser Gastronomie GmbH
Dr. Dollfußplatz 1
A-3240 Mank
☎ 00 43 (0) 27 55 / 23 13
📠 00 43 (0) 27 55 / 2 31 34
office@schritti.at
www.schritti.at

Gasthaus Sternwirt 110
Claudia und Karl Mayr
Rosenthal 25
A-4452 Ternberg
☎ 00 43 (0) 72 56 / 87 87
office@sternwirt.eu
www.sternwirt.eu

Gasthof Auerhahn 126
Maria und Jorge Machado
Bahnhofstraße 55
A-4802 Ebensee
☎ 00 43 (0) 61 33 / 53 20
📠 00 43 (0) 61 33 / 53 20
machado@gh-auerhahn.at
www.gh-auerhahn.at

Gasthof Bruckner 196
Wolfgang und Rosalinde Bruckner
Scheibbserstraße 10
A-3250 Wieselburg
☎ 00 43 (0) 74 16 / 5 23 59
📠 00 43 (0) 74 16 / 52 35 94
info@gasthof-bruckner.at
www.gasthof-bruckner.at

Gasthof Fischer 220
Monika Schellenbacher und Hubert Winkler
Obere Hauptstraße 1
A-3150 Wilhelmsburg
☎ 00 43 (0) 27 46 / 23 82
📱 00 43 (0) 6 50 / 7 75 67 75
office@gasthoffischer.at
www.gasthoffischer.at

Gasthof Kemmetmüller 150
Familie Mayerhofer
Hauptstraße 22
A-4580 Windischgarsten
☎ 00 43 (0) 75 62 / 2 00 66
📠 00 43 (0) 75 62 / 2 00 66 33
gasthof@kemmet.at
www.kemmet.at

Gasthof Mitter 180
Silvia und Albin Hawel
Linzer Straße 11
A-3350 Stadt Haag
☎ 00 43 (0) 74 34 / 42 42 60
📠 00 43 (0) 74 34 / 4 24 26 42
office@mitter-haag.at
www.mitter-haag.at

Gasthof Rahofer 140
Rudolf Rahofer
Hauptstraße 56
A-4484 Kronstorf
☎ 00 43 (0) 72 25 / 83 03
rudolf.rahofer@gmx.at
www.rahofer.at

Gasthof Teufl 214
Gasthof Teufl GmbH & Co. KG
(Martin Teufl)
Kirchenstraße 9
A-3251 Purgstall
☎ 00 43 (0) 74 89 / 23 22
📠 00 43 (0) 74 89 / 25 57
office@gasthof-teufl.at
www.gasthof-teufl.at

GemüseLust Hofladen Haiß 54
Maria und Anton Haiß
Karling 37
A-4081 Hartkirchen
☎ 00 43 (0) 72 73 / 62 80
📠 00 43 (0) 72 73 / 62 80 18
📱 00 43 (0) 6 50 / 6 28 00 01
hofladen@haiss.at
www.haiss.at

H

Habermair 70
Roman Aichinger
Oberreitbach 9
A-4712 Michaelnbach
☎ 00 43 (0) 72 77 / 60 04
📱 00 43 (0) 6 64 / 3 81 97 00
office@habermair.at
www.habermair.at

Adressverzeichnis

Hofladen Rosstauscher 22
Erich Innendorfer und Ursula Painsi
Grensberg 7
A-4291 Lasberg
☎ 00 43 (0) 79 47 / 72 16
📱 00 43 (0) 6 64 / 5 90 35 93
rosstauscher.lasberg@aon.at
www.hofladen-rosstauscher.at

I

Imkerei Burgstaller 92
Rudolf Burgstaller
Bankham 9
A-4970 Eitzing
📱 00 43 (0) 6 76 / 9 56 17 49
rudolf.burgstaller@aon.at
www.honigprodukte.at

Imkerei Pointecker 84
Wolfgang Pointecker
Neuratting 47
A-4942 Wippenham
📱 00 43 (0) 6 64 / 1 21 52 23
imkerei1@a1.net

Ischler Lebkuchen 152
Franz Tausch
Josef Zeppetzauer
Zentrale
Wolfganger Straße 7
A-4820 Bad Ischl
☎ 00 43 (0) 61 32 / 2 34 35
📠 00 43 (0) 61 32 / 2 34 35 17
Geschäft
Schulgasse 1
A-4820 Bad Ischl
☎ 00 43 (0) 61 32 / 2 36 34-1
📱 00 43 (0) 6 64 / 6 25 06 50
office@ischler-lebkuchen.at
www.ischler-lebkuchen.at

J

Jagerbauer 148
Familie Hiesmayr
Kiebach 6
A-4491 Hofkirchen
☎ 00 43 (0) 72 25 / 73 40
📠 00 43 (0) 72 25 / 73 40
fische@jagerbauer.at
www.jagerbauer.at

K

Kirchenwirt 224
Rosa-Maria und Franz Czepl
Kirchenplatz 15
A-4432 Ernsthofen
☎ 00 43 (0) 74 35 / 82 19
📠 00 43 (0) 74 35 / 82 19 40
fam.czepl@aon.at
www.kirchenwirt-ernsthofen.at

**Konditorei Konfiserie
Schadauer** 178
Ilona Schadauer und Bert Cleemann
Steyrer Straße 6
A-3353 Seitenstetten
☎ 00 43 (0) 74 77 / 4 22 68
cafe@schadauer.at
www.schadauer.at
www.schokoladenart.at

Konditorei Sturmberger 132
Andrea Sturmberger
Simon-Redtenbacherplatz 1
A-4560 Kirchdorf
☎ 00 43 (0) 75 82 / 6 21 81
📠 00 43 (0) 75 82 / 62 18 13
konditorei@sturmberger.com
www.sturmberger.com

Konditorei und 186
Dampfbäckerei Piaty
Thomas Piaty
Unterer Stadtplatz 39
A-3340 Waidhofen an der Ybbs
☎ 00 43 (0) 74 42 / 5 31 10
📱 00 43 (0) 6 76 / 5 76 19 74
thomas@piaty.at
www.piaty.at

Kremstaler Freilandpute 128
Sandra und Günther Holzinger
Oberschlierbach 30
A-4553 Schlierbach
☎ 00 43 (0) 75 82 / 81 20 30
📠 00 43 (0) 75 82 / 8 12 03 05
guenther.holzinger@aon.at
www.freilandpute.at

L

**Lammkiste –
Lamm und Wildkräuter** 56
Familie Grausgruber
Hinterschützing 6
A-4691 Schlatt
☎ 00 43 (0) 76 73 / 29 10
office@lammkiste.at
www.lammkiste.at

Landgasthaus Berndl 230
Familie Berndl
Marienplatz 1
A-3361 Krenstetten
☎ 00 43 (0) 74 76 / 7 73 16
landgasthaus-berndl@aon.at
www.landgasthaus-berndl.at

Landgasthof Bärenwirt 202
Erich Mayrhofer
Ybbser Straße 3
A-3252 Petzenkirchen
☎ 00 43 (0) 74 16 / 52 15 30
📠 00 43 (0) 74 16 / 5 21 53 10
baerenwirt@aon.at
www.baerenwirt1.at

Landhotel Grünberg am See 142
Familie Pernkopf
Traunsteinstraße 109
A-4810 Gmunden
☎ 00 43 (0) 76 12 / 7 77 00
📠 00 43 (0) 76 12 / 7 77 00-33
hotel@gruenberg.at
www.gruenberg.at

Leikermosermühle 86
Familie Leikermoser
Kolming 4
A-5552 Munderfing
☎ 00 43 (0) 77 44 / 62 35
📠 00 43 (0) 77 44 / 6 23 55
muehle@leikermoser.co.at
www.leikermoser.co.at

M

Marienhof 90
Tatjana Vorhauer
A-4982 Kirchdorf am Inn 26
☎ 00 43 (0) 77 58 / 20 50
📠 00 43 (0) 77 58 / 2 05 04
office@marienhof.co.at
www.marienhof.co.at

Melktaler Hofkäserei 216
Maria und Rudolf Enner
Grub 6
A-3281 Oberndorf
☎ 00 43 (0) 74 83 / 4 10
📠 00 43 (0) 74 83 / 4 10
info@enner.at
www.enner.at

Mostheuriger Hansbauer 182
Rosi und Hans Hiebl
Krottendorf 7
A-3350 Stadt Haag
📱 00 43 (0) 6 64 / 2 75 35 16
📠 00 43 (0) 74 34 / 4 47 02
hieblhans@aon.at
www.hansbauer.at

Mostheuriger 198
„Zur steinernen Birne" –
Ab Hof-Verkauf
Familie Binder
St. Johann 155
A-3352 St. Peter/Au
☎ 00 43 (0) 74 34 / 4 21 12
📱 00 43 (0) 6 64 / 1 30 01 90
binder@steinernebirne.at
www.steinernebirne.at

Mostland Gen.m.b.H. 192
Oberzeillern 126
A-3311 Zeillern
📱 00 43 (0) 6 64 / 3 55 23 31
📠 00 43 (0) 74 72 / 6 77 06 20
office@mostland.at
www.mostland.at

Mostothek 62
Gerlinde und Karl Penetsdorfer
Moarstraße 7
A-4690 Oberndorf bei Schwanenstadt
☎ 00 43 (0) 76 73 / 22 49
📠 00 43 (0) 76 73 / 3 00 05
karl.penetsdorfer@utanet.at
www.mostothek-penetsdorfer.at

Moststube Pihringer 222
Maria Pihringer
Schiselhof 1
A-3300 Winklarn
☎ 00 43 (0) 74 72 / 6 69 57
📠 00 43 (0) 74 72 / 6 69 57 10
📱 00 43 (0) 6 76 / 6 09 13 65
moststube@pihringer.at
www.pihringer.at

Mostviertlerwirt Ott 176
Ott KG
Marktplatz 4
A-3353 Seitenstetten
☎ 00 43 (0) 74 77 / 4 23 04
📠 00 43 (0) 74 77 / 42 30 44
ott@mostviertlerwirt.at
www.mostviertlerwirt.at

Mühlviertler Ziegenhof 38
Maria und Karl Saxinger
Höhenweg 11
A-4154 Kollerschlag
☎ 00 43 (0) 72 87 / 83 63
📱 00 43 (0) 6 80 / 2 17 50 17
ziegenhof@miex.cc

O

Obergut 88
Familie Ober
Auf der Haiden 42
A-5280 Braunau am Inn
Gegenüber Freibad Braunau
☎ 00 43 (0) 77 22 / 8 73 21
📠 00 43 (0) 77 22 / 8 73 21
📱 00 43 (0) 6 76 / 8 21 25 02 54
hofladen@obergut.at
www.obergut.at

R

Rainer's Schafspezialitäten 138
Markus und Regina Zaunmair
Seebach 34
A-4560 Kirchdorf
☎ 00 43 (0) 75 82 / 6 31 59
📱 00 43 (0) 6 99 / 81 98 10 92
schafspezialitaeten@aon.at

Reichlgut 144
Annemarie und Rudolf Unterholzer
Sipbach 11
A-4055 Pucking
☎ 00 43 (0) 72 29 / 7 82 23
📠 00 43 (0) 72 29 / 7 82 23
📱 00 43 (0) 6 76 / 7 04 30 51
rudolf.unterholzer@reichlgut.at
www.reichlgut.at

Riethalerhof 52
Ernst und Birgit Mielacher
Riethal 4
A-4623 Gunskirchen
☎ 00 43 (0) 72 46 / 63 24
📠 00 43 (0) 72 46 / 63 24-4
info@riethalerhof.at
www.riethalerhof.at

Ritterbräu 72
Ritterbräu Neumarkt GmbH
Bräuhausgasse 1
A-4720 Neumarkt/Hausruck
☎ 00 43 (0) 77 33 / 7 55 50
📠 00 43 (0) 77 33 / 75 55 30
office@ritterbraeu.at
www.ritterbraeu.at

S

Salzkammergut 58
Biofreilandeier
Biohof Familie Reither
Schacha 1
A-4844 Regau
📱 00 43 (0) 6 76 / 5 64 17 50
alois.reither@web6262.at
www.salzkammergut-
biofreilandeier.at

Schlosswirt 188
Andreas Plappert
Schlossweg 1
A-3340 Waidhofen/Ybbs
☎ 00 43 (0) 74 42 / 5 36 57
wirtshaus.rothschild@aon.at
restaurant.rothschild@aon.at
www.schlosswirt-rothschild.at

Schnaps & Design Rosner 68
Alois Rosner
Pohn 1
A-4841 Ungenach
☎ 00 43 (0) 76 72 / 81 43
📱 00 43 (0) 6 64 / 1 83 30 11
a.rosner@fnet.cc
www.rosner-schnaps.at

Adressverzeichnis

Spezialitätenhof Deichsel   120
Veronika und Wolfgang Deichsel
Steinersdorfstraße 49
A-4595 Waldneukirchen
☎ 00 43 (0) 72 58 / 24 02
📠 00 43 (0) 72 58 / 24 02
wolfgang.deichsel@telering.at
www.deichsel.at

Stadtbrauhof   208
Familie Houska
Hauptplatz 14
A-3300 Amstetten
☎ 00 43 (0) 74 72 / 6 28 00
📠 00 43 (0) 74 72 / 62 80 04
stadtbrauhof@gmx.at
www.stadtbrauhof.at

Steigerwirt   106
Familie Schraml
Pechgraben 23
A-4463 Großraming
☎ 00 43 (0) 72 54 / 82 72
office@steigerwirt.at
www.steigerwirt.at

Stiftsschank Kremsmünster   116
Michael Taschée
Stift 1
A-4550 Kremsmünster
☎ 00 43 (0) 75 83 / 75 55
📠 00 43 (0) 75 83 / 65 39
stiftsschank@hotmail.com
www.stiftsschank.at

Stockinger Rapsöl   154
Herbert Stockinger
Thal 7
A-4663 Laakirchen
☎ 00 43 (0) 76 13 / 31 16
📱 00 43 (0) 6 64 / 73 63 36 50
herbert.stockinger@yahoo.de

T

Traunstein-Kernöl   60
Roland und Christa Oberndorfer
Staig 1
A-4691 Schlatt
☎ 00 43 (0) 76 73 / 26 60 11
📠 00 43 (0) 76 73 / 26 60 26
📱 00 43 (0) 6 76 / 5 00 31 25
roland-oberndorfer@aon.at

W

W2) Wurm & Wurm   158
Uwe Wurm
Weiling 10
A-4490 Sankt Florian
☎ 00 43 (0) 72 24 / 43 87
📱 00 43 (0) 6 76 / 3 25 32 60
wurm-wurm@aon.at
www.wurm-wurm.at

Wastlbauer   228
Karl Wagner
Unterramsau 7
A-3314 Strengberg
☎ 00 43 (0) 74 32 / 24 77
📱 00 43 (0) 6 64 / 4 54 48 87
kwagner@mostviertel.com
www.mostviertel.com/wastlbauer
www.mostviertler-naturladen.at

Weindlhof   20
Familie Siebenhofer-Weindl
Kirchenweg 12
A-4310 Mauthausen
☎ 00 43 (0) 72 38 / 26 41
📠 00 43 (0) 72 38 / 2 64 16
office@weindlhof.at
www.weindlhof.at

Wirt im Hochhaus   136
Sigrid und Roland Klinser
Ottsdorf 28
A-4560 Kirchdorf
☎ 00 43 (0) 75 82 / 6 26 13
restaurant@wirtimhochhaus.at
www.wirtimhochhaus.at

Z

Zeillerner Mostg'wölb   190
Familie Zeiner
Oberzeillern 126
A-3311 Zeillern
☎ 00 43 (0) 74 72 / 6 77 06
📠 00 43 (0) 74 72 / 6 77 06 20
📱 00 43 (0) 6 64 / 3 55 23 31
office@mostgwoelb.at
www.mostgwoelb.at

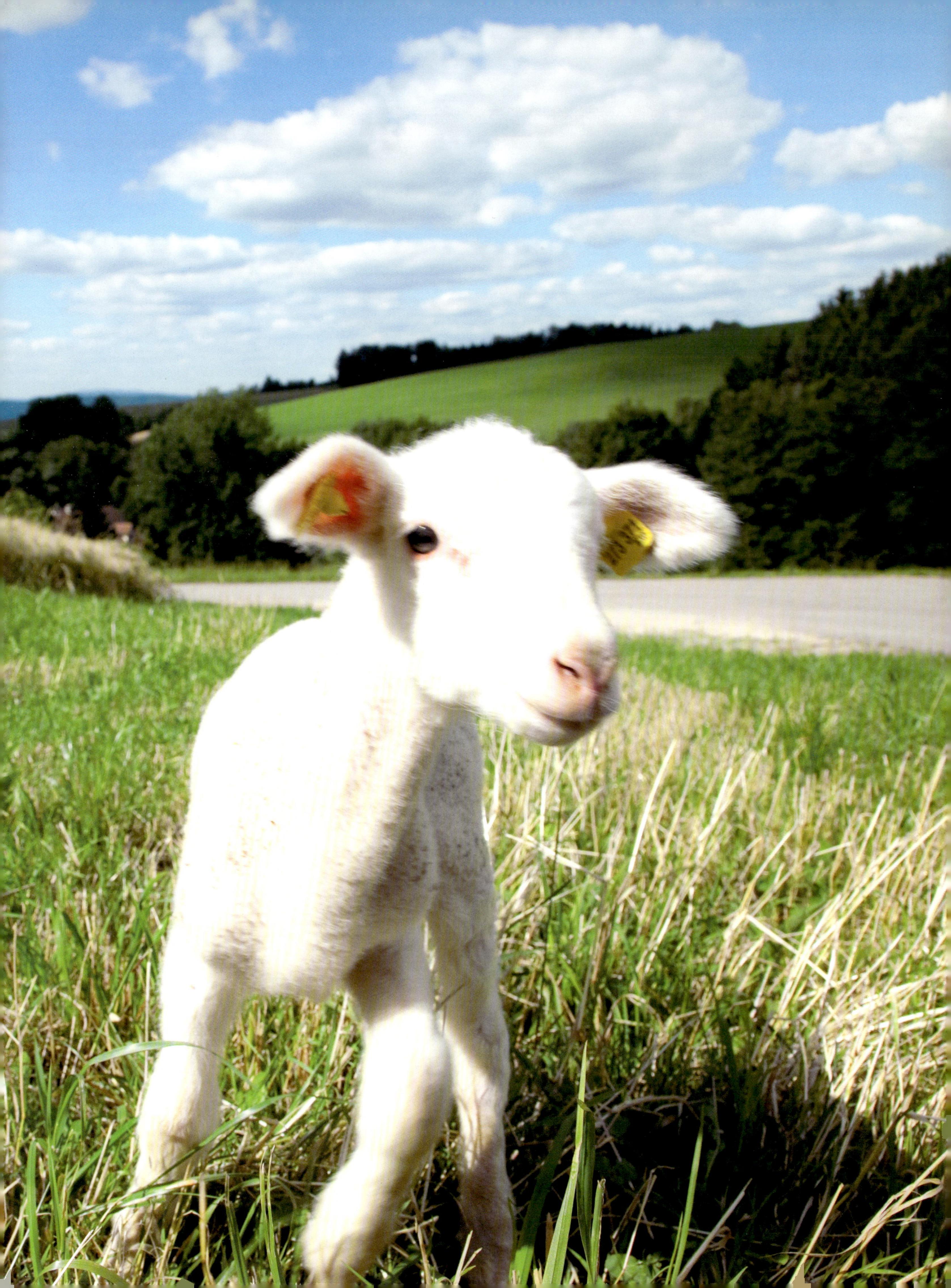

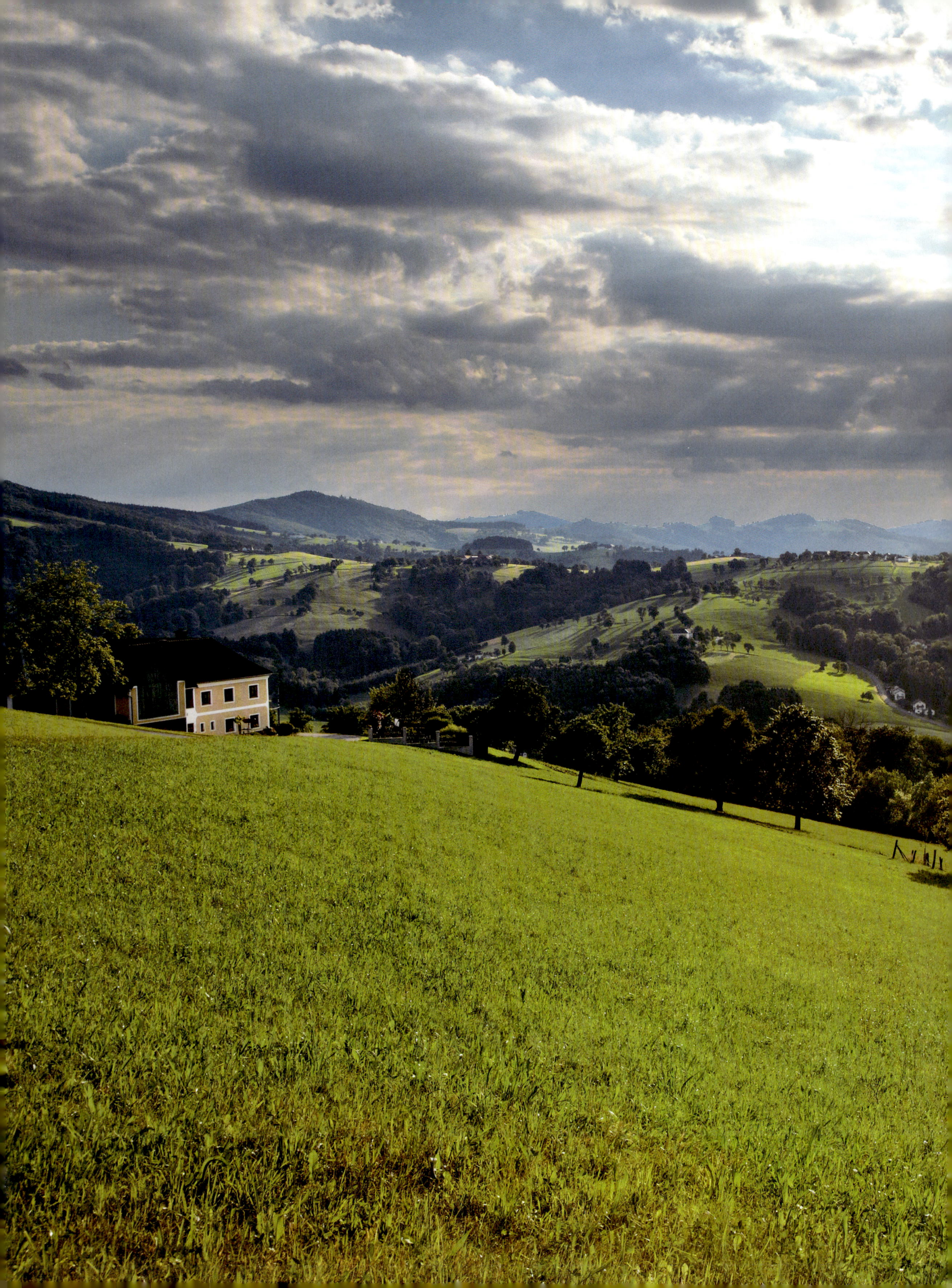

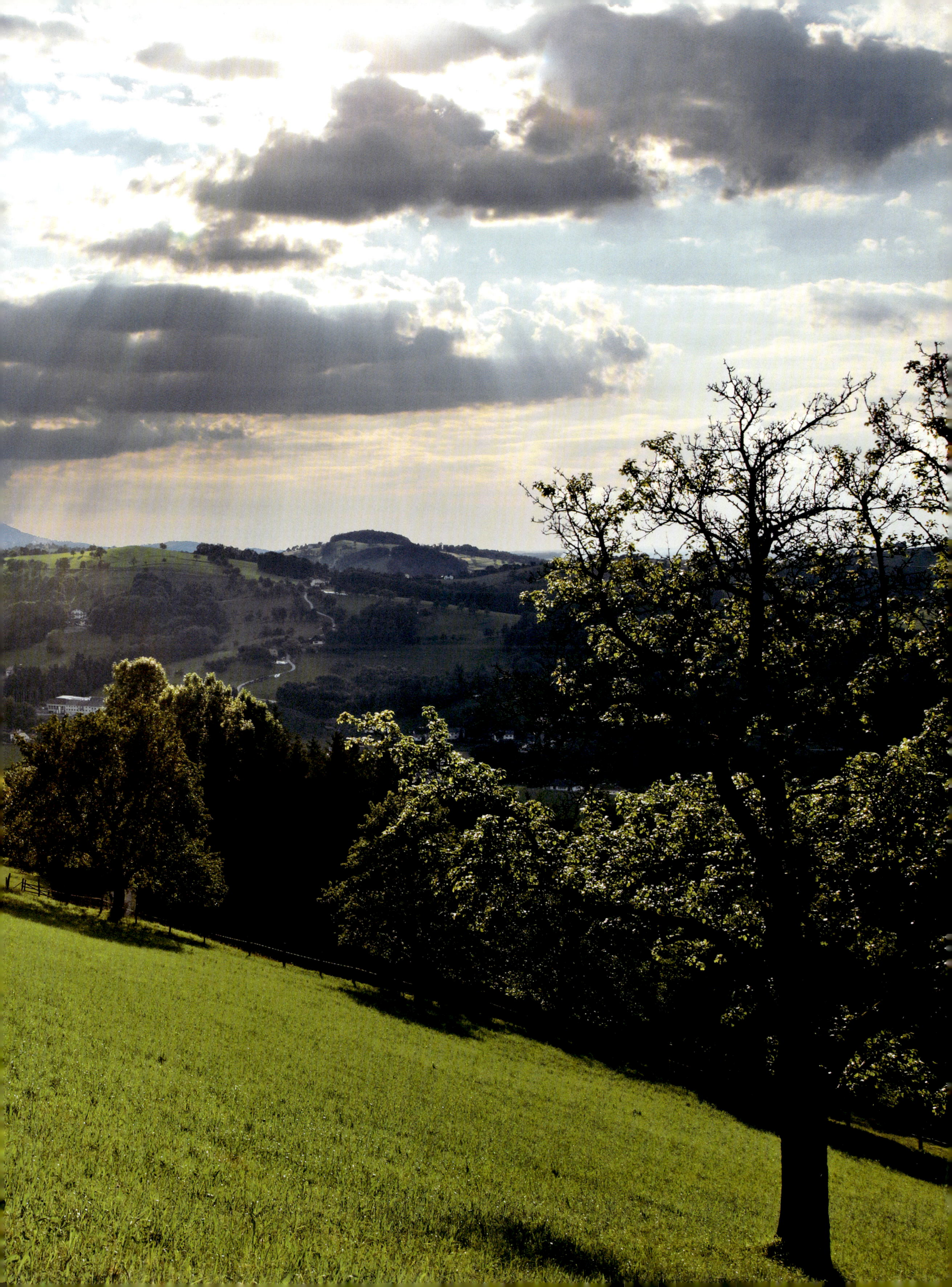

Rezeptverzeichnis

A

Ansfeldner Freilandgans nach Art des Hauses 167
Apfelschmalz 94

B

Bauernschmaus 234
Beiriedschnitte auf Schwammerlgulasch mit Lauchroulade 236
Braumeistersteak 166
B'soffener Kapuziner 75

D

Dreierlei: Unsere beliebte Vorspeisenvariation 40
  1. Dörrzwetschken-Grammelknödel auf Kraut
  2. Gebackene Chiliblunzen auf Erdäpfelsalat
  3. Tafelspitzsulz mit Gemüsevinaigrette

E

Eisparfait mit Ziegenfrischkäse 42
Erdäpfelkas 40
Erdäpfelknödel mit Schwammerlsauce 164
Espresso-Kirsch-Trüffel 163

F

Freistädter Biertrüffel 41

G

Gebackene Apfelknödel auf Preiselbeersauce 233
Gebratene Schulter vom Junglamm mit Erdäpfellaibchen 238
Gebratener Saibling mit Petersilienkartoffeln 161
Gefüllter Schweinslungenbraten mit Mostsauce und Grammelschmarrn 232
Gefülltes Schweinefilet 41
Gekochtes Rindfleisch mit klassischen Beilagen 76
Gezogener Apfelstrudel 42

H

Haussülzchen mit geräucherter Regenbogenforelle, mariniert mit Birnenbalsam und Balsamico-Glace 239

I

Innviertler Ofenbraten 95

K

Kalbsbries gebacken mit Spargelnudeln 237
Kernöl-Topfen-Aufstrich 75
Kirchdorfer Schweinskotelett nach Bauernart mit Serviettenknödel 95

L

Lammrollbraten mit Wildkräuterfülle 74
„Leberschedl" 165

M

Marinierte Forelle mit Buchweizen-Eierblinis und Schnittlauchsauerrahm 74
Mocca-Wind 233
Mostbraten mit Kartoffelroulade 240
Mostkekse 235

O

Ofenbrat'l vom Gustino-Schwein 160
Ölkuchen 167

P

Palatschinken mit W2)-Kirschen-Amaretto-Fruchtaufstrich 168

S

Saltimbocca von der Bestleitner Hendlbrust 162
Schafkäsestrudel mit Blattsalat 164
Schlosswirts Lammkrone mit geschmortem Gemüse 234
Schweinefiletmedaillons mit Honigglasur 94
Schweinekoteletts in Kümmel und Wieselburger Biersabayon 235
Schweinemedaillons mit Muscheln 162
Schweinsfilet in Minzpaniere mit Schupfnudeln und Mostviertler Apfelchutney 240
Seitenstettner Mosttorte 232
Soufflierter Restental-Saibling mit Kartoffelrösti und gebratenem Gemüse 160

T

Topfen-Gewürzbrot 76
Topfenknödel pikant und süß 165
Tournedos von der Stute mit Hanfbiersauce, Dinkelvollkorn-Gemüsepralinen und gedämpftem Wurzelgemüse 236
Trauner Fischsuppe 168
Truthahnrollbraten 163

V

Vollkornbrot 237

W

Weidegans à la Klement 166
Weidegans nach Mutters Art 161
Wilhelmsburger Pfandl 239

Z

Zanderfilet kross gegrillt mit Spargel auf Rieslingrisotto 238

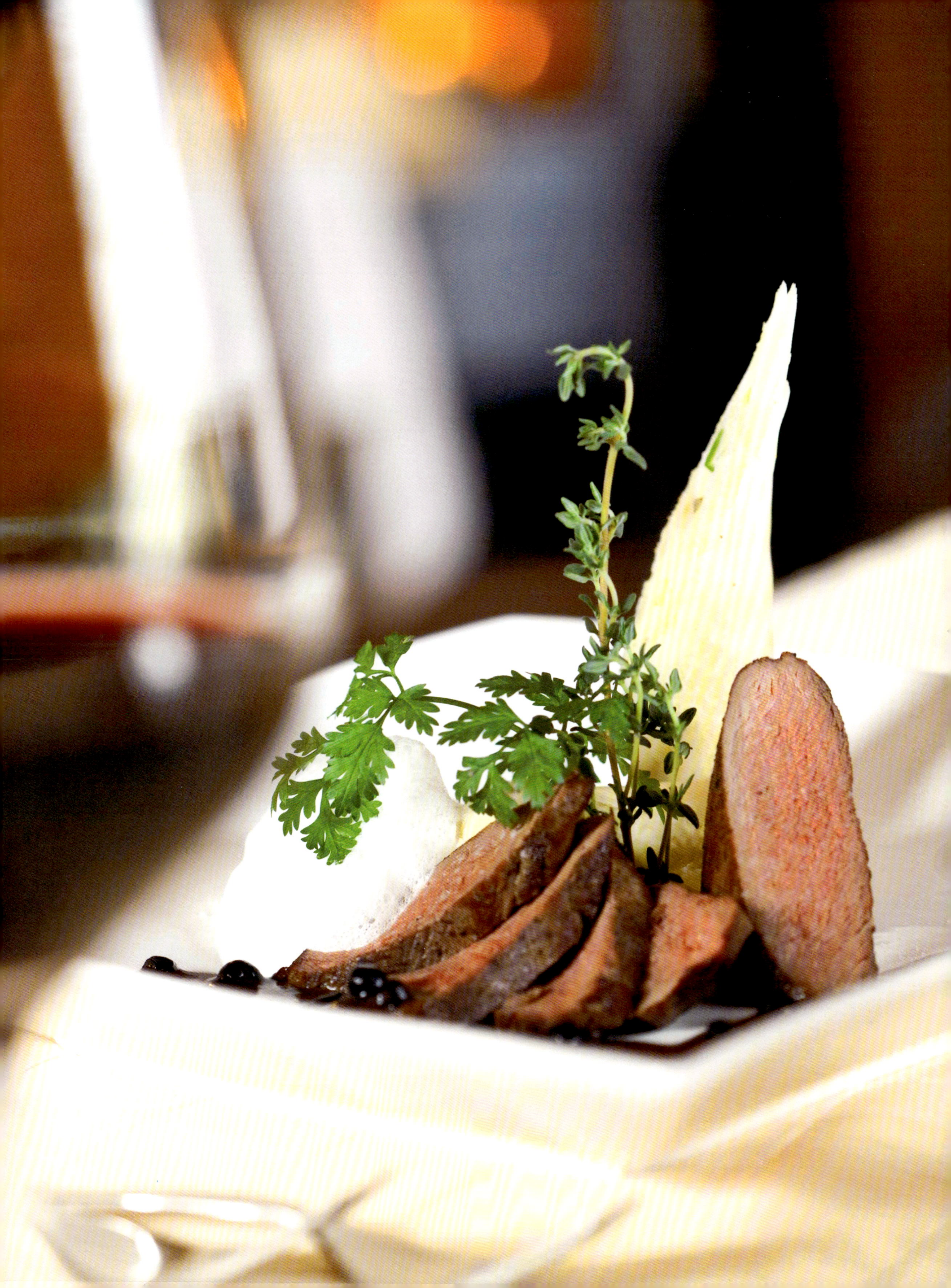

Besondere Adressen für Sie entdeckt ...

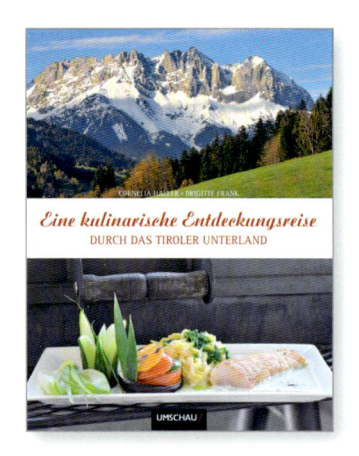

ISBN 978-3-86528-473-0
24,1 cm x 30,6 cm

ISBN 978-3-86528-441-9
24,1 cm x 30,6 cm

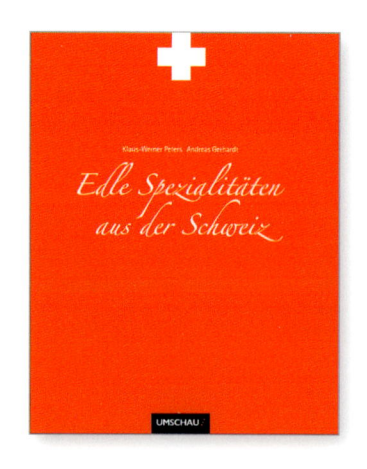

ISBN 978-3-86528-442-6
24,1 cm x 30,6 cm

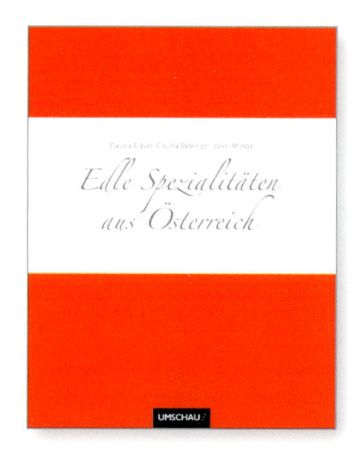

ISBN 978-3-86528-444-0
24,1 cm x 30,6 cm

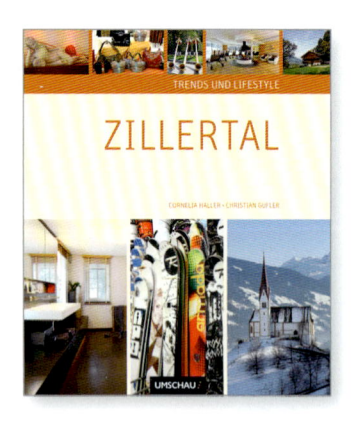

ISBN 978-3-86528-479-2
24,1 cm x 27,6 cm

ISBN 978-3-86528-394-8
24,1 cm x 27,6 cm

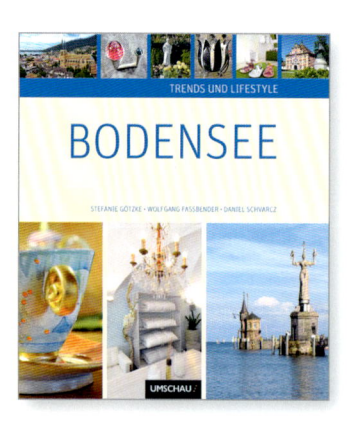

ISBN 978-3-86528-469-3
24,1 cm x 27,6 cm

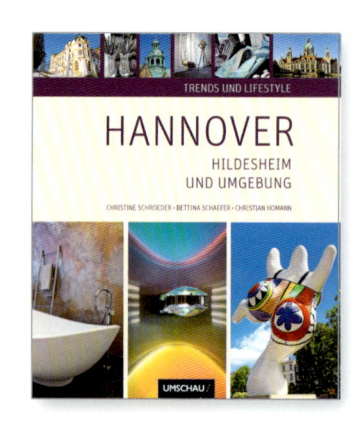

ISBN 978-3-86528-391-7
24,1 cm x 27,6 cm

ISBN 978-3-86528-447-1
24,1 cm x 30,6 cm

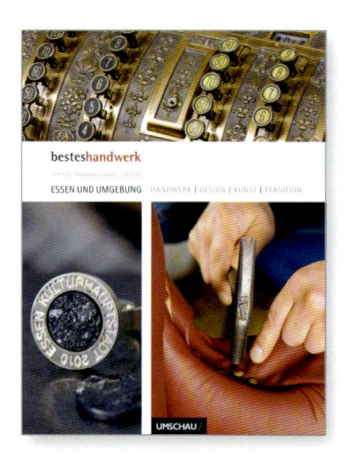

ISBN 978-3-86528-478-5
24,1 cm x 30,6 cm

ISBN 978-3-86528-475-4
24,1 cm x 30,6 cm

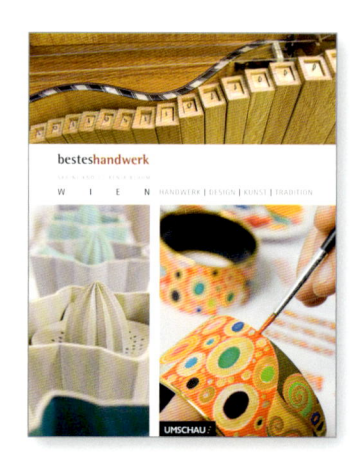

ISBN 978-3-86528-468-6
24,1 cm x 30,6 cm

Neu in unserem Programm

EINE KULINARISCHE ENTDECKUNGSREISE ...
(Buchformat: 24,1 x 30,6 cm)

... durch München – Stadt und Land
Barbara Kagerer, Daniel Schvarcz
232 Seiten, Hardcover
ISBN: 978-3-86528-498-3

... durch das Oberallgäu
Tosca Maria Kühn, Yves Hebinger
168 Seiten, Hardcover
ISBN: 978-3-86528-490-7

... durch das Sauerland
Claus Spitzer-Ewersmann, Frank Pusch
128 Seiten, Hardcover
ISBN: 978-3-86528-487-7

... durch Vorarlberg
Claudia Antes-Barisch, Anja Böhme, Daniel Schvarcz
192 Seiten, Hardcover
ISBN: 978-3-86528-476-1

... durch das Hausruckviertel, Innviertel, Mühlviertel, Traunviertel, Mostviertel
Fünf Viertel in Ober- und Niederösterreich
Claudia Dabringer, Andreas Hechenberger, Chris Rogl
256 Seiten, Hardcover
ISBN: 978-3-86528-494-5

... durch das Wallis
Un voyage culinaire à travers le Valais
Klaus-Werner Peters, Rémy Steinegger
280 Seiten, Hardcover
ISBN: 978-3-86528-474-7

... durch das Berner Oberland
Karina Schmidt, Andreas Gerhardt
224 Seiten, Hardcover
ISBN: 978-3-86528-500-3

TRENDS UND LIFESTYLE
(Buchformat: 24,1 x 27,6 cm)

HOLSTEINISCHE SCHWEIZ
Herbert Hofmann, Dirk Fellenberg
152 Seiten, Hardcover
ISBN: 978-3-86528-481-5

BERGISCHES UND OBERBERGISCHES LAND
Susanne Schaller, Christel Trimborn, Gabriele Bender
144 Seiten, Hardcover
ISBN: 978-3-86528-472-3

GÖTTINGEN
Andreas Srenk, André Chales de Beaulieu
168 Seiten, Hardcover
ISBN: 978-3-86528-492-1

ARLBERG
Cornelia Haller, Christian Gufler
184 Seiten, Hardcover
ISBN: 978-3-86528-501-0

Englische Ausgabe:
ISBN: 978-3-86528-503-4

besteshandwerk
HANDWERK | DESIGN | KUNST | TRADITION
(Buchformat: 24,1 x 30,6 cm)

DÜSSELDORF UND UMGEBUNG
Silke Martin, Magdalena Ringeling, Christine Blei
176 Seiten, Hardcover
ISBN: 978-3-86528-485-3

ST. GALLEN UND UMGEBUNG
Christina Hitzfeld, Daniel Schvarcz
136 Seiten, Hardcover
ISBN: 978-3-86528-491-4

GESUNDHEIT UND WELLNESS
(Buchformat: 24,1 x 30,6 cm)

HAMBURG
Katrin Hainke, Bettina Schaefer, André Chales de Beaulieu
208 Seiten, Hardcover
ISBN: 978-3-86528-458-7

BODENSEE
Sigrid Hofmaier, Christian Bullinger
168 Seiten, Hardcover
ISBN: 978-3-86528-480-6

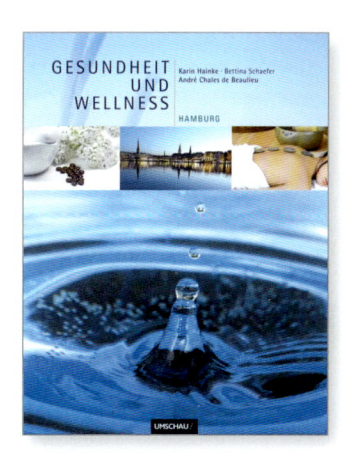

ISBN 978-3-86528-458-7
24,1 cm x 30,6 cm

Alle Titel erhalten Sie bei Ihrer örtlichen Buchhandlung.
Für weitere Informationen über unsere Reihen wenden Sie sich direkt an den Verlag:

UMSCHAU

Neuer Umschau Buchverlag
Theodor-Körner-Straße 7
D-67433 Neustadt / Weinstraße
☎ + 49 (0) 63 21 / 8 77-852
📠 + 49 (0) 63 21 / 8 77-866
@ info@umschau-buchverlag.de
www.umschau-buchverlag.de

Impressum

© 2010 Neuer Umschau Buchverlag GmbH, Neustadt an der Weinstraße

Alle Rechte der Verbreitung in deutscher Sprache, auch durch Film, Funk, Fernsehen, fotomechanische Wiedergabe, Tonträger jeder Art, auszugsweisen Nachdruck oder Einspeicherung und Rückgewinnung in Datenverarbeitungsanlagen aller Art, sind vorbehalten.

Recherche
Gottfried Hirtenlehner, Gmunden

Texte
Claudia Dabringer, Salzburg
www.freie-journalistin.at

Fotografie
Andreas Hechenberger, Salzburg
www.andreashechenberger.at
Christian Rogl, Teisendorf
www.chrisrogl.com

Lektorat
Heidrun Wirzinger, Neustadt an der Weinstraße

Herstellung
Heike Burkhart, Neustadt an der Weinstraße

Gestaltung und Satz
Kassler Grafik-Design | Steffi Kassler, Leipzig | www.kassler-design.de

Reproduktionen
Blaschke Vision | Peter Blaschke, Freigericht

Karte
Thorsten Trantow, Herbolzheim | www.trantow-atelier.de

Druck und Verarbeitung
NINO Druck GmbH, Neustadt an der Weinstraße | www.ninodruck.de

Printed in Germany
ISBN: 978-3-86528-494-5

Die Ratschläge in diesem Buch sind von den Autoren und dem Verlag sorgfältig erwogen und geprüft, dennoch kann eine Garantie nicht übernommen werden. Eine Haftung der Autoren und des Verlages für Personen-, Sach- und Vermögensschäden ist ausgeschlossen.

Besuchen Sie uns im Internet
www.umschau-buchverlag.de

Titelfotografie
Andreas Hechenberger und Christian Rogl
Landschaftsaufnahme: Vierkanthof im Hausruckviertel
Foodaufnahme: *Schweinekoteletts in Kümmel und Wieselburger Biersabayon,* zubereitet im Gasthof Bruckner.

Wir bedanken uns für die freundlicherweise zur Verfügung gestellten Fotos bei:
Bildnachweis Fotolia (www.fotolia.com):
© Liudmilla Travina (S. 42), © Uschi Hering (S. 76),
© Norbert Suessenguth (S. 85 und S. 94), © Elifant (S. 120 und S. 161),
© ExCuisine (S. 141 und S. 164), © Ulrike S. Hardberck (S. 154 und S. 167).